R고 하는 금융 분석

R고 하는 금융 분석

핵심 금융 이론부터
고급 분석 기법까지 R로 이해하기

파람 지트 · 파라샨트 바츠 지음

홍영표 · 오승훈 옮김

| 지은이 소개 |

파람 지트(Param Jeet)

인도공과대학 마드라스 캠퍼스Indian Institute of Technology in Madras에서 수학 전공으로 박사학위를 받았으며 다양한 국제 학술지에 여러 편의 수학 연구 논문을 게재했다. 지난 몇 년간 분석 업계에서 근무했으며 데이터 과학자data scientist로서 여러 기업의 컨설팅을 수행했을 뿐만 아니라 선도적인 다국적 기업들과 작업했다.

프라샨트 바츠(Prashant Vats)

인도공과대학 뭄바이 캠퍼스Indian Institute of Technology in Mumbai에서 수학 전공으로 석사학위를 받았다. 10년 이상 분석 업계에서 근무했으며 데이터 과학자로서 컨설팅뿐만 아니라 여러 업종의 다양한 선도적인 다국적 기업과 작업했다.

4

마누엘 아무네테구이(Manuel Amunategui)

응용 데이터 과학자applied data scientist다. 의료, 금융, 판매를 비롯한 여러 산업 분야에서 기업용 예측 솔루션을 구현했다. 이전에는 월 스트리트의 최대 주식옵션equity options 시장개척 기업에서 퀀트 개발자quant developer로 6년간 근무했으며 마이크로소프트Microsoft에서 소프트웨어 개발자로도 4년간 근무했다.

노스웨스턴 대학Northwestern University에서는 예측 분석Predictive Analytics 전공으로, SITSchool for International Training에서는 국제 경영International Administration 전공으로 석사학위를 받았다.

현재 고급 예측 CRM 분석 자문, 대시보드, 자동화 서비스를 중점적으로 제공하는 스타트업 기업 SpringML에서 데이터 과학자로서 근무하고 있으며 부사장을 역임하고 있다. SpringML의 고객으로는 구글 클라우드 플랫폼Google Cloud Platform, 쉐브론Chevron, 야마하Yamaha, 테소로Tesoro, 세일즈포스Salesforce 등이 있다.

데이터 과학 옹호자이자, 블로거blogger/vlogger이며amunategui.github.io, Udemy.com과 O'Reilly Media의 강사로 활동하고 있다.

| 옮긴이 소개 |

홍영표(ypyohong@kaist.ac.kr)

카이스트 경영대학에서 정보경영 석사과정을 졸업했으며 현재 금융회사에 재직 중이다. 저서로는 『기술, 경영을 만나다』(에이콘, 2016)가 있으며, 옮긴 책으로는 에이콘출판사에서 출간한 『아이폰&아이패드 인 액션』(2011), 『Professional iPhone and iPad Database Application Programming 한국어판』(2012), 『HTML5+CSS3+자바스크립트의 정석』(2012), 『HTML & CSS』(2012), 『The Modern Web』(2014), 『타입스크립트 디자인 패턴』(2017)과 『스프링 인 액션 제3판』(제이펍, 2012), 『제이콥 닐슨의 모바일 사용성 컨설팅 보고서』(제이펍, 2013)가 있다.

오승훈(sh.oh@kaist.ac.kr)

카이스트 경영대학에서 정보경영 석사과정을 졸업했다. 정보관리기술사이자 정보시스템 수석감리원이다. 개발자로 사회생활을 시작해 IT기획과 PI업무를 담당했다. 최근에는 정량적인 데이터 분석을 통한 기업혁신 사례에 관심이 많다. 저서로는 『기술, 경영을 만나다』(에이콘, 2016)가 있다.

| 옮긴이의 말 |

기술은 운명이 아니다. 우리가 운명을 만든다.

(Technology is not destiny. We shape our destiny.)

- 에릭 브린욜프슨(Erik Brynjolfsson)(MIT 슬론 경영대학원 교수)

4차 산업혁명에 대한 관심이 뜨겁다. 인공지능이 직접 빅데이터를 수집하고 분석하여 결과를 예측해 포트폴리오를 구성하고 투자전략까지 세우는 것이 이제 현실이 돼가고 있다. 4차 산업혁명 기술의 비약적인 발전으로 금융 산업에도 큰 변화가 일어났다. 금융 분석은 이제 더이상 일부 금융업에 종사하는 전문가의 영역이 아니다. R과 같은 막강한 분석 도구를 사용하면 누구나 데이터를 쉽게 분석하고 자유롭게 활용할 수 있다. 원한다면 직접 알고리즘을 만들고 포트폴리오를 구성해 투자에 활용할 수 있다. 퀀트^{Quant}나 계량경제학^{Econometrics}으로 대변되는 과거 기업의 금융 분석이 개인용 PC에서도 가능한 세상이 되고 있다.

이 책은 이러한 시대의 변화 속에 탄생했다. 통계이론부터 파생상품 같은 고급 분석까지 R 코드로 설명한다. 이제 기본적인 개념과 원리만 이해하면 R에서 제공하는 패키지와 함수로 원하는 분석을 쉽게 수행할 수 있다. R이라는 기술을 활용하면 난공불락처럼 느껴졌던 금융 분석을 쉽고 빠르고 정확하게 수행할 수 있다. 이 책은 방대한 금융 분석의 주요 내용을 R 코드 예제를 통해 간결하게 설명한다. 이를 위해 이 책에 설명한 모든 코드는 그 결과와 함께 별도의 파일로 제공해 독자들의 이해를 높이고 흐름을 파악할 수 있게 했다.

4차 산업혁명 시대는 새로운 기술을 지배하는 자와 그렇지 못한 자로 구분될 것이다. 이제 R이라는 유용한 기술을 금융 분석에 사용할 수 있느냐는 선택이 아니라 생존의 문제요 성공의 열쇠다. 그 중대한 갈림길에서 이 책이 조금이나마 도움이 되길 바란다.

| 차례 |

| 들어가며 |

이 책은 통계 언어인 R로 금융 분석의 실용적인 예제를 설명한다. 이 책의 목적은 R을 활용한 금융 분석에 관심 있는 독자들에게 지식을 전달하는 데 있다. 이 책은 기본적인 이론부터 고급 분석까지 다양한 주제를 다룬다. 특히 통계 분석, 시계열 분석, 웨이블릿 분석뿐만 아니라 이를 알고리즘 트레이딩에 응용하는 방법도 살펴본다. 또한 머신 러닝, 리스크 관리, 최적화, 옵션가격결정의 응용에 대해서도 설명한다.

▌ 이 책의 구성

1장. R 속으로에서는 R의 기본 명령들을 설명한다. R과 해당 패키지 설치를 시작으로 데이터 유형, 데이터프레임, 반복문을 살펴본다. 또한 함수를 작성하고 호출하는 방법과 다양한 형식의 데이터 파일을 R로 가져오는 방법도 다룬다. 1장을 통해 R에 대한 기본적인 개념을 잡을 수 있다.

2장. 통계 모델링에서는 공통분포, 상관관계, 중심경향척도, 이상치 검출과 같은 탐색적 분석을 통해 데이터에 대한 이해도를 높인다. 또한 분석용 데이터를 준비하는 데 도움이 되는 데이터 샘플링과 표준화/정규화를 설명한다. 또한 가설검정과 파라미터 추정도 다룬다.

3장. 통계 분석에서는 모든 분석의 기본인 단순 및 다중선형회귀 모델을 다룬다. 이 장에서는 ANOVA와 특징 선택도 살펴본다. 또한 웨이블릿 분석을 사용한 모델 구축에 대해서도 다룬다.

4장. 시계열 모델링에서는 모델예측 작업에 기본적으로 사용되는 ts, zoo, xts로 시계열 데이터를 변환하는 예제를 살펴본다. 그런 다음 AR, ARIMA, GARCH, VGARCH 등의 다양한 예측기법을 알아보고 R에서 실행하는 방법을 예제와 함께 살펴본다.

5장. 알고리즘 트레이딩에서는 모멘텀 트레이딩과 다양한 방법을 사용한 페어 트레이딩을 포함해 알고리즘 트레이딩 분야에 필요한 실전 예제를 살펴본다. 또한 CAPM, 다중요인 모델, 포트폴리오 구성도 알아본다.

6장. 머신 러닝 트레이딩에서는 자본시장 데이터를 사용해 머신 러닝 알고리즘을 모델링하는 방법을 살펴본다. 이때 지도와 자율학습 알고리즘도 다룬다.

7장. 리스크 관리에서는 시장과 포트폴리오 리스크 측정 기법을 설명한다. 또한 VaR 계산에 사용되는 일반적인 방법을 알아본다. 그리고 신용 리스크, 사기 탐지, 바젤 규제와 같은 은행업무와 관련된 리스크도 다룬다.

8장. 최적화에서는 동적 재조정, 전진분석, 그리드 평가, 금융분야에서의 유전 알고리즘 같은 최적화 기법을 예제와 함께 살펴본다.

9장. 파생상품 가격결정에서는 파생상품 가격결정에서 R의 활용 사례를 다룬다. 이색옵션, 채권 가격결정, 신용 스프레드, 신용파산스왑과 함께 바닐라 옵션 가격결정을 살펴본다. 이 장의 복잡한 내용을 이해하기 위해서는 파생상품에 대한 기본적인 이해가 필요하다.

▌ 준비 사항

먼저 R을 컴퓨터에 설치해야 한다. 이 책의 모든 예제는 R로 구현돼 있으므로 R 콘솔에서 실행해야 한다. R은 오픈 소스 플랫폼이며, https://r-project.org/에서 사용하는 운영체제에 맞는 버전을 무료로 다운로드해 설치할 수 있다. 설치 방법은 웹사이트를 참조하자. R을 설치했다면 1장으로 이동해 시작한다. 각 장은 필요한 패키지를 소개하고, 설치 방법을 안내하며, 작업공간으로 불러오는 방법을 설명한다.

▌ 대상 독자

이 책은 R에 관심 있고 이를 금융 분석에 활용하고 싶은 독자들에게 가장 적합하다. 이 책은 복잡한 금융 예제를 R 코드로 설명한다. R 프로그래밍 지식이 필요조건은 아니지만 기본적인 수학적 분석 개념은 알고 있어야 한다. R을 잘 활용한다면 이 책에서 제공하는 자본시장 데이터분석과 관련된 다양한 실전 예제를 통해 금융 분석 기법을 쉽게 이해할 수 있다.

▌ 편집 규약

이 책에서는 다양한 종류의 정보를 구별하기 위해 많은 텍스트 스타일을 사용한다. 이러한 스타일의 예제와 그 의미에 대한 설명은 다음과 같다.

텍스트, 데이터베이스 테이블명, 폴더명, 파일명, 파일 확장명, 경로명, 더미 URL, 사용자 입력, 트위터 핸들에서의 코드 용어는 다음과 같이 표시한다.

"quantmod 패키지가 상당히 많이 사용된다."

코드 영역은 다음과 같이 표기한다.

```
> getSymbols("^DJI", src = "yahoo")
> dji <- DJI[, "DJI.Close"]
```

R 영역 앞에 사용한 > 표시는 명령 프롬프트에서 작성한 코드를 의미한다.

새로운 용어와 **중요한 단어**는 굵게 표시한다. 예컨대 메뉴나 대화 상자에서 화면에 표시되는 단어는 다음과 같이 표시한다. "**다음** 버튼을 클릭하면 다음 화면으로 이동한다."

 경고나 중요한 노트는 이와 같이 나타낸다.

18

독자 의견

독자 의견은 언제나 환영이다. 이 책에 대한 생각, 좋은 점과 나쁜 점을 알려주기 바란다. 독자 의견은 유용한 책을 만드는데 필수적이다. 일반적인 의견은 간단하게 feedback@packtpub.com으로 보내면 된다. 자신의 전문 분야에 대한 책을 쓰거나 기고하고 싶다면 www.packtpub.com/authors에 있는 저자 가이드를 확인하기 바란다.

고객 지원

이 책의 구매자에게 몇 가지 도움을 제공하고자 한다.

예제코드 다운로드

이 책의 예제 코드는 https://www.packtpub.com/에서 다운로드할 수 있다. 다른 곳에서 구매한 경우에는 https://www.packtpub.com/books/content/support에 방문하여 등록하면 파일을 이메일로 직접 받을 수 있다.

다음 단계에 따라 코드 파일을 다운로드할 수 있다.

1. 이메일 주소와 패스워드를 이용해 팩트 출판사의 웹사이트에 로그인 하거나 등록한다.
2. 상단에 있는 SUPPORT 탭에 마우스 포인터를 올려 놓는다.
3. Code Downloads & Errata를 클릭한다.

4. 검색 상자에 책 제목을 입력한다.

5. 코드 파일을 다운로드 하려는 책을 선택한다.

6. 이 책의 구입경로를 드롭다운 메뉴에서 선택한다.

7. Code Download를 클릭한다.

파일을 다운로드한 후 다음의 최신 버전을 사용하여 폴더를 압축해제 하거나 추출한다.

- 윈도용 WinRAR/7-Zip
- 맥용 Zipeg/iZip/UnRarX
- 리눅스용 7-Zip/PeaZip

이 책의 코드들은 https://github.com/PacktPublishing/Learning-Quantitative-Finance-with-R 주소의 깃허브에서도 제공한다. 에이콘출판사의 도서 정보 페이지인 http://www.acornpub.co.kr/book/quantitative-finance-r에서도 예제 코드를 다운로드할 수 있다.

오탈자

내용의 정확성을 기하기 위해 많은 노력을 기울이지만 실수가 있을 수 있다. 책의 내용이나 코드에서 오류를 발견했다면 출판사에 알려주기 바란다. 다른 독자들이 동일한 어려움을 반복하지 않게 하고 책의 다음 판을 개선하는 데 도움이 된다. 오류를 발견하면 http://www.packtpub.com/submit-errata를 방문하여 보고한다. 책을 선택하고, 정오표 제출 양식 링크를 클릭하고, 세부 사항을 입력한다. 해당 오류 내용이 확인되면 제출물이 수락되며 정오표는 당사 웹 사이트에 업로드 되거나 해당 정오표 섹션 아래의 기존 목록에 추가된다.

이전에 제출된 정오표를 보려면, https://www.packtpub.com/books/content/support로 이동한다. 검색 필드에 책의 이름을 입력한다. 그러면 필요한 정보가 정오표 섹션에 나타난다.

내용을 정확하게 전달하기 위해 최선을 다했지만 실수가 있을 수 있다. 팩트의 출간 책 중에서 텍스트나 코드에서 문제를 발견했다면 매우 감사하게 생각할 것이다. 이를 통해 다른 독자들에게 도움을 주고 다음 버전에서 더 완성도 높은 책을 만들 수 있다. 오탈자를 발견하면 http://www.packtpub.com/submit-errata를 방문해 해당 책을 선택하고, Errata Submission Form 링크를 클릭한 다음 오탈자의 세부내용을 입력하여 알려주기 바란다. 오탈자가 확인되면 그 내용은 팩트 출판사의 웹사이트에 게시되고 해당 책의 Errata 섹션에 있는 기존 오탈자 목록에 추가된다.

기존의 오탈자를 확인하려면 https://www.packtpub.com/books/content/support를 방문하여 검색 창에서 책 제목을 입력한다. 그러면 필요한 정보가 Errata 섹션에 나타난다. 한국어판은 에이콘출판사 도서 정보 페이지 http://www.acornpub.co.kr/book/quantitative-finance-r에서 찾아볼 수 있다.

저작권 침해

인터넷에서의 저작권 침해는 모든 매체에서 벌어지고 있는 심각한 문제다. 팩트출판사에서는 저작권과 라이선스 보호를 중요하게 생각한다. 어떤 형태로든 팩트출판사 서적의 불법 복제물을 인터넷에서 발견한다면 적절한 조치를 취할 수 있도록 해당 주소나 웹사이트 명을 즉시 알려주길 바란다.

의심되는 불법 복제물의 링크는 copyright@packtpub.com으로 보내주기 바란다. 팩트 출판사의 저자와 소중한 콘텐츠 자산 보호 노력에 대한 도움에 감사의 말을 전한다.

문의사항

이 책에 관련된 질문이 있다면 questions@packtpub.com으로 문의해주기 바란다. 최선을 다해 질문에 답변하도록 하겠다. 한국어판에 관한 질문은 이 책의 옮긴이나 에이콘출판사 편집 팀(editor@acornpub.co.kr)으로 연락하기 바란다.

01

R 속으로

1장에서는 기본적인 R의 개념을 살펴보겠다. 이를 통해 향후 다룰 내용에 필요한 배경 지식을 갖추도록 한다. 다만 R에 관한 각각의 모든 개념을 세부적으로 다루지는 않겠다. 1장은 R 언어에 많은 지식이 없는 독자들이나, 금융 분석 분야에서 경력을 쌓기 원하거나 금융 분석을 위해 R을 사용하고자 하는 초심자들을 위한 내용이다. 따라서 1장은 R로 프로그램을 작성하는 방법을 배우는 시작점이다. 복잡한 프로그램을 작성하는 경우는 다른 책들을 참조해도 좋다.

1장에서 다룰 주제는 다음과 같다.

- R의 필요성
- R 다운로드와 설치방법
- 패키지 설치방법

- 데이터형
- 다른 데이터형 가져오기와 내보내기
- 코드 표현식 작성방법
- 함수
- R 프로그램 실행방법
- 반복문

▌ R의 필요성

금융 분석 문제를 해결할 때 사용할 수 있는 통계 패키지는 많다. 하지만 R은 통계 패키지가 아니라 언어다. R은 고품질 분석이 가능한 유연하고 강력한 언어다.

R을 사용하기 위해 프로그래머나 컴퓨터 관련 전문가가 될 필요는 없다. 기본적인 프로그래밍 지식은 R의 학습에 분명히 도움이 되지만 R을 시작하기 위한 필수조건은 아니다.

R의 강점 중 하나는 거대한 패키지 시스템이라는 점이다. 통계적 개념이 존재한다면 R에 이미 관련 패키지가 존재할 가능성이 높다. 일반적인 통계뿐만 아니라 금융 분석을 위한 많은 기능이 내장돼 있다.

이처럼 R은 확장 가능하며, 금융 분석 분야의 개발자가 분석 문제를 해결하는 자체적인 도구나 방법을 개발할 수 있도록 많은 기능을 제공한다.

R에 있는 그래프와 도표 기능은 탁월하다. 또한 R은 학계와 깊은 관련이 있다. 새로운 연구가 발표되면 해당 연구에 대한 패키지가 추가될 가능성이 높다. 또 R은 오픈 소스 특성으로 인해 금융 분석 분야에서 부상하는 새로운 개념으로 계속 업데이트된다.

R은 데이터 처리 목적으로 설계됐지만 현재와 같은 빅데이터 기술에 대한 고려는 다소 부족했다. 빅데이터 처리와 관련된 또 다른 문제로는 다양한 데이터(텍스트 데이터, 행렬 데이터 등), 데이터 보안, 메모리, CPU I/O RSC 요구사항, 다중 머신 등이 있다. 따라서 R을

이용해 빅데이터 문제를 처리할 때는 맵리듀스^{MapReduce}, 인메모리 처리^{in-memory processing}, 스트리밍 데이터 처리^{streaming data processing}, 다운 샘플링^{down-sampling}, 청킹^{chunking} 등과 같은 기술을 사용한다.[1]

더욱이 R은 무료 소프트웨어다. 개발자 커뮤니티는 훌륭하며 쉽게 접근할 수 있다. 그리고 개발자들은 새로운 개념을 활용한 새로운 패키지 개발에 늘 관심이 있다. 또한 인터넷에는 R의 다양한 패키지와 관련해 참고할 수 있는 문서가 많다.

따라서 R은 가성비가 높고 배우기 쉬운 도구다. 데이터 처리, 그래픽, 도표 작성 기능이 매우 뛰어나다. 그리고 R은 최신 도구다. R의 개방적인 특성상 새로운 금융 개념은 대부분 새로운 R 패키지로 추가되기 때문이다. 이로 인해 금융 분석 분야에서 경력을 쌓으려는 사람이 R을 배우려면 시간이 필요하다.

▌ R 다운로드와 설치방법

이 절에서는 윈도우, 리눅스, 맥과 같은 다양한 플랫폼에서 R을 다운로드하고 설치하는 방법을 살펴본다.

웹 브라우저를 열고 https://cran.rstudio.com/ 링크로 이동한다.

해당 링크에서 사용하는 운영체제에 맞게 필요한 버전을 다운로드할 수 있다.

윈도 버전의 경우 Download R for Windows를 클릭한 다음 base 버전을 선택하고 윈도 운영체제에 해당하는 Download R x.x.x for Windows를 다운로드한다. 이 파일을 클릭하고 설치 언어를 선택한다. 이제 설치 프로그램의 안내에 따라 다음과 같은 몇 단계를 거쳐 설치한다.

---

[1] • 맵리듀스: 구글에서 대용량 데이터 처리를 분산 병렬 컴퓨팅에서 처리하기 위한 목적으로 제작해 2004년 발표한 소프트웨어 프레임워크다.
• 청킹: 덩이짓기라고도 하며 정보를 의미 있는 묶음으로 만드는 것을 말한다.

1. **설치 안내**: 설치 시작을 알린다.
2. **정보**: 라이선스 동의 등을 확인한다.
3. **설치할 위치 선택**: R 설치 폴더를 선택한다.
4. **구성 요소 설치**: 설치하고 싶은 구성 요소를 선택한다. 시스템의 구성을 모를 경우 모든 구성 요소를 선택한다.
5. **스타트업 옵션**: 스타트업 옵션을 조정하기 원할 경우 Yes를 선택한다. 기본값은 No다.
6. **시작 메뉴 폴더 선택**: 프로그램의 바로가기를 만들 폴더를 선택한다.
7. **추가 사항 적용**: 설치 과정에서 추가로 적용하고자 하는 사항을 선택한다.

이상으로 윈도에서의 R 다운로드와 설치를 마쳤다.

리눅스와 맥에서도 윈도와 유사하게 설치 프로그램을 클릭하고 몇 가지 단계를 거쳐 설치한다.

▌패키지 설치 방법

R 패키지는 R 함수, 컴파일된 코드, 예제 데이터, 라이브러리라고 알려진 저장소 디렉터리로 구성된다. 기본적으로 R이 설치될 때 몇 가지 패키지가 설치되고 나머지 패키지는 필요할 때 추가한다.

현재 설치된 시스템에서 패키지들의 위치를 확인하는 명령은 다음과 같다.

```
> .libPaths()
```

위 명령은 R이 인지하는 라이브러리 트리를 가져오거나 설정할 때 사용한다. 위 명령의 실행 결과는 다음과 같다.

```
"C:/Program Files/R/R-x.x.x/library"
```

이 다음에는 다음 명령을 실행해 이용 가능한 모든 패키지를 확인한다.

```
> library( )
```

새로운 패키지를 설치하는 방법은 다음과 같이 두 가지다.

CRAN을 통한 직접 설치

CRAN은 Comprehensive R Archive Network의 약자로, R에 관한 동일한 최신 코드와 문서를 저장하는 전세계 FTP 웹 서버 네트워크다.

CRAN 웹 페이지로부터 패키지를 직접 설치하는 방법은 다음과 같다. 이때 적절한 CRAN 미러mirror 사이트를 선택해야 한다.[2]

```
> install.packages( "패키지명" )
```

예컨대 ggplot2나 forecast 패키지를 R에 설치하는 방법은 다음과 같다.

```
> install.packages( "ggplot2" )
> install.packages( "forecast" )
```

패키지 수동 설치

필요한 R 패키지를 수동으로 다운로드하고 시스템의 지정된 위치 (/data/Rpackages/라고 가정)에 ZIP 파일을 저장한다.

예컨대 ggplot2 패키지를 설치하고 싶다면 다음 명령을 실행해 설치하고 현재 R 환경으

---

[2] CRAN 미러 사이트 창에서 "(other mirrors)"를 선택하면 우리나라 사이트인 Korea(Seoul 1), Korea(Seoul 2), Korea(Ulsan)를 선택할 수 있다.

로 불러온다.[3] 마찬가지 방식으로 다른 패키지들도 설치할 수 있다.

```
> install.packages("ggplot2", lib = "/data/Rpackages/")
> library(ggplot2, lib.loc = "/data/Rpackages/")
```

▌ 데이터형

모든 프로그래밍 언어에서는 다양한 변수를 이용해 정보를 저장한다. 변수는 값을 저장하기 위해 예약된 메모리 위치다. 따라서 변수를 생성하면 메모리에 특정 공간을 예약할 수 있다. 즉 문자, 부동 소수점, 불리언 등의 다양한 데이터형들을 저장할 수 있다. 데이터형을 기반으로 운영체제는 메모리를 할당하고 예약된 메모리에 저장할 수 있는 항목을 결정한다.

R을 사용해 생성하고 다루는 모든 대상을 객체object라고 한다. 변수, 숫자 배열, 문자열, 함수, 그리고 이들 요소를 바탕으로 한 구조structure 형태도 객체에 해당된다.

R에는 원자 객체atomic object라고도 하는 5가지 유형의 기본 객체가 있다. 그리고 나머지 객체들은 이러한 기본 객체들을 기반으로 한다. 지금부터 기본 객체들의 예제를 기반으로 해당 클래스를 확인해 보자.

- 문자character
  문자 값을 변수에 할당하고 해당 클래스를 확인해 보자.

```
> a <- "hello"
> print(class(a))
```

실행 결과는 다음과 같다.

---

[3] R 콘솔화면 메뉴의 Packages - Install packages(s) from local files에서 선택해 설치할 수도 있다.

```
[1]  "character"
```

- 숫자numeric

숫자 값을 변수에 할당하고 해당 클래스를 확인해 보자.

```
> a <- 2.5
> print(class(a))
```

실행 결과는 다음과 같다.

```
[1]  "numeric"
```

- 정수integer

정수 값을 변수에 할당하고 해당 클래스를 확인해 보자.

```
> a <- 6L
> print(class(a))
```

실행 결과는 다음과 같다.

```
[1]  "integer"
```

- 복소수complex

복소수 값을 변수에 할당하고 해당 클래스를 확인해 보자.

```
> a <- 1 + 2i
> print(class(a))
```

실행 결과는 다음과 같다.

```
[1] "complex"
```

- 논리(TRUE/FALSE)

  논리 값을 변수에 할당하고 해당 클래스를 확인해 보자.

```
> a <- TRUE
> print(class(a))
```

결과는 다음과 같다.

```
[1] "logical"
```

R에서 객체들의 기본형을 **벡터**vector라고 하며 동일한 유형의 객체로 구성한다. 따라서 벡터는 문자와 숫자처럼 동시에 두 가지 서로 다른 유형의 객체로 구성할 수 없다.

하지만 리스트list는 다르다. 리스트는 동시에 여러 유형의 객체로 구성할 수 있다. 따라서 리스트에는 문자, 숫자, 리스트가 동시에 포함될 수 있다.

이제 R의 공통 데이터형을 살펴보고 각 데이터형 예제를 확인해 보자.

벡터

벡터vector는 동일한 유형의 데이터가 1개 이상이면서 1차원으로 구성된 데이터 구조를 말한다.[4] 그리고 둘 이상의 요소를 가진 벡터를 만들려면 요소를 벡터로 결합하는 c( ) 함수를 사용하면 된다. 예제는 다음과 같다.

```
> a <- "Quantitative"
> b <- "Finance"
> c(a, b)
```

---

[4] 벡터 중에서 구성요소가 1개인 것을 '스칼라(scalar)'라고 한다.

실행 결과는 다음과 같다.

```
[1] "Quantitative" "Finance"
```

유사하게 다음과 같이 작성할 수 있다.

```
> v <- c(1, 2, 3)
> v
```

실행 결과는 다음과 같다.

```
[1] 1 2 3
```

리스트

리스트^{list}는 다양한 유형의 객체를 담을 수 있는 R 객체다. 리스트 안에는 벡터, 함수, 또는 또 다른 리스트 같이 서로 다른 유형의 요소를 포함할 수 있다. 예컨대 다음 코드를 이용해 리스트를 만들고 출력해 보자.

```
> list1 = list(c(4, 5, 6), "Hello", 24.5)
> print(list1)
```

실행 결과는 다음과 같다.

```
[[1]]
[1] 4 5 6

[[2]]
[1] "Hello"

[[3]]
[1] 24.5
```

필요하다면 리스트의 개별 요소를 추출할 수 있다.

예컨대 위 예제에서 두 번째 요소를 추출하는 방법은 다음과 같다.

```
> print(list1[2])
```

실행 결과는 다음과 같다.

```
[[1]]
[1] "Hello"
```

그리고 다음 예제와 같이 c( ) 함수를 사용해 두 리스트를 병합할 수도 있다.

```
> list1 <- list(5, 6, 7)
> list2 <- list("a", "b", "c")
> combined_list <- c(list1, list2)
> print(combined_list)
```

위 명령을 실행하면 다음과 같이 결합된 리스트가 생성된 것을 확인할 수 있다.

```
[[1]]
[1] 5

[[2]]
[1] 6

[[3]]
[1] 7

[[4]]
[1] "a"

[[5]]
[1] "b"

[[6]]
[1] "c"
```

행렬

행렬matrix은 2차원 데이터 집합dataset으로, matrix( ) 함수에 벡터를 인수로 입력하여 생성한다.

예컨대 2 × 3 행렬을 생성해 출력하는 방법은 다음과 같다.

```
> m <- matrix(c(1, 2, 3, 4, 5, 6), nrow = 2, ncol = 3)
> print(m)
```

실행 결과는 다음과 같다.

```
     [,1] [,2] [,3]
[1,]    1    3    5
[2,]    2    4    6
```

배열

행렬은 2차원으로 제한되는 반면, 배열array은 다차원이 될 수 있다. array( ) 함수는 dim 속성을 사용해 필요한 차원을 생성한다.

예컨대 array( ) 함수를 이용해 3 × 3 행렬 2개를 갖는 배열을 생성하고 출력하는 방법은 다음과 같다.

```
> a <- array(c(4, 5), dim = c(3, 3, 2))
> print(a)
```

실행 결과는 다음과 같다.

```
, , 1

     [,1] [,2] [,3]
[1,]    4    5    4
[2,]    5    4    5
[3,]    4    5    4

, , 2

     [,1] [,2] [,3]
[1,]    5    4    5
[2,]    4    5    4
[3,]    5    4    5
```

요인

요인^{factor}은 벡터를 이용해 생성하는 R객체다. 요인은 벡터에 있는 요소의 서로 다른 값을 구분해 레이블^{label}로 벡터에 저장한다. 입력 벡터에 있는 값이 숫자, 문자, 불리언 등에 관계 없이 레이블은 항상 문자 형식이다. 레이블은 통계적 모델링에 유용하다.

요인은 factor( ) 함수를 사용해 생성한다.

```
> a <- c(2, 3, 4, 2, 3)
> fact <- factor(a)
> print(fact)
```

실행 결과는 다음과 같다.

```
[1] 2 3 4 2 3
Levels: 2 3 4
```

서로 다른 값의 개수는 nlevels( ) 함수로 확인한다.

```
> print(nlevels(fact))
```

실행 결과는 다음과 같다.

```
[1] 3
```

데이터프레임

데이터프레임DataFrame은 표 형태의 데이터 객체다. 데이터프레임의 각 열은 행렬과 달리 각기 다른 형식의 데이터를 포함할 수 있다. 예컨대 첫 번째 열은 숫자형, 두 번째 열은 문자형, 세 번째 열은 논리형일 수 있다. 데이터프레임은 동일한 길이를 갖는 벡터 리스트다.

데이터프레임은 data.frame( ) 함수를 사용해 생성한다.

```
> data <- data.frame(
+   Name = c("Alex", "John", "Bob"),
+   Age = c(18, 20, 23),
+   Gender = c("M", "M", "M")
+ )
> print(data)
```

실행 결과는 다음과 같다.

```
  Name Age Gender
1 Alex  18      M
2 John  20      M
3  Bob  23      M
```

▌ 다른 데이터형 가져오기와 내보내기

R에서는 R 환경 외부에서 저장된 파일을 읽을 수 있다. 또한 운영체제에서 저장하고 접근할 수 있는 파일에 데이터를 쓸 수 있다. 즉 R에서는 CSV, XLSXExcel, TXT 등과 같은 다양한 형식의 파일을 읽고 쓸 수 있다. 이 절에서는 다양한 형식의 파일을 읽고 쓰는 방법

을 살펴보겠다.

필요한 파일은 현재 디렉터리에 있어야 읽을 수 있다. 그렇지 않으면 현재 디렉터리를 해당 파일이 존재하는 디렉터리로 변경해야만 한다.

파일을 읽고 쓰는 첫 번째 단계는 작업 디렉터리working directory를 확인하는 것이다. 다음 코드를 실행하면 작업 디렉터리의 경로를 확인할 수 있다.

```
> print(getwd())
```

그러면 현재 작업 디렉터리의 경로가 출력된다. 만약 이 작업 디렉터리가 원하는 디렉터리가 아니라면 다음 코드를 사용해 원하는 디렉터리로 설정할 수 있다.

```
> setwd("C:/xxx")
```

예컨대 다음 코드는 C:/Users 폴더를 작업 디렉터리로 설정한다.

```
> setwd("C:/Users")
```

CSV 파일 읽고 쓰는 방법

CSV 파일은 값을 쉼표로 구분한 텍스트 파일이다. 예컨대 다음과 같은 주식 시장 데이터가 CSV 파일로 있다고 가정하자.

Date	Open	High	Low	Close	Volume	Adj Close
14-10-2016	2139.68	2149.19	2132.98	2132.98	3.23E+09	2132.98
13-10-2016	2130.26	2138.19	2114.72	2132.55	3.58E+09	2132.55
12-10-2016	2137.67	2145.36	2132.77	2139.18	3.98E+09	2139.18
11-10-2016	2161.35	2161.56	2128.84	2136.73	3.44E+09	2136.73
10-10-2016	2160.39	2149.6	2163.66	2163.66	3.92E+09	2163.66

R에서 위 파일을 읽으려면 이 파일을 작업 디렉터리에 저장한 후 다음 코드를 이용해 파일(파일명은 Sample.csv라고 하자)을 읽는다.

```
> data <- read.csv("C:/R_Code/Chapter01/Sample.csv")
> print(data)
```

실행 결과는 다음과 같다.

```
      Date    Open     High      Low    Close        Volume Adj.Close
1 14-10-2016 2,139.68 2,149.19 2,132.98 2,132.98 3,228,150,000  2,132.98
2 13-10-2016 2,130.26 2,138.19 2,114.72 2,132.55 3,580,450,000  2,132.55
3 12-10-2016 2,137.67 2,145.36 2,132.77 2,139.18 2,977,100,000  2,139.18
4 11-10-2016 2,161.35 2,161.56 2,128.84 2,136.73 3,438,270,000  2,136.73
5 10-10-2016 2,160.39 2,169.60 2,160.39 2,163.66 2,916,550,000  2,163.66
```

기본적으로 read.csv는 파일을 데이터프레임형으로 만든다. 이는 다음 코드를 실행해 확인할 수 있다.

```
> print(is.data.frame(data))
[1] TRUE
```

이제 원하는 모든 분석을 R에서 데이터프레임에 다양한 함수를 적용해 수행할 수 있으며, 분석을 완료하면 다음 코드를 이용해 원하는 출력 파일로 작성할 수 있다.

```
> write.csv(data,"result.csv")
> output <- read.csv("result.csv")
> print(output)
```

위 코드를 실행하면 작업 디렉터리에 CSV 형식으로 결과 파일이 생성된다.

XLSX 파일 읽고 쓰는 방법

엑셀은 데이터를 저장하는 가장 일반적인 파일 형식으로 확장자는 .xls 또는 .xlsx다.

xlsx 패키지는 R 환경에서 .xslx 파일을 읽거나 쓸 때 사용한다.

xlsx 패키지를 설치하려면 자바가 필요하다. 따라서 시스템에 자바가 설치돼 있어야 한다.[5] xlsx 패키지는 다음 명령을 사용해 설치할 수 있다.

```
> install.packages("xlsx")
```

위 명령을 실행하면 CRAN 미러 사이트가 나타나고 이 중에서 하나를 선택해서 패키지를 설치한다. 다음 명령을 실행하면 패키지가 올바르게 설치됐는지 여부를 확인할 수 있다.

```
> any(grepl("xlsx", installed.packages()))
```

성공적으로 설치됐을 경우 출력 결과는 다음과 같다.

```
[1] TRUE
```

다음 스크립트를 이용하여 xlsx 라이브러리를 가져온다. 이때 rJava와 xlsxjars 패키지도 함께 가져온다.

```
> library(xlsx)
Loading required package: rJava
Loading required package: xlsxjars
```

이제 이전 예제 파일을 xlsx 형식으로 저장하고 다음 코드를 실행해 R 환경에서 읽어 보자.

```
> data <- read.xlsx("C:/R_Code/Chapter01/Sample.xlsx", sheetIndex = 1)
> print(data)
```

---

[5] 자바 다운로드 주소는 http://java.oracle.com이다.

실행하면 다음과 같은 내용으로 데이터프레임형 출력을 확인할 수 있다.

```
      Date    Open    High     Low   Close      Volume Adj.Close
1 14-10-2016 2139.68 2149.19 2132.98 2132.98 3228150000  2132.98
2 13-10-2016 2130.26 2138.19 2114.72 2132.55 3580450000  2132.55
3 12-10-2016 2137.67 2145.36 2132.77 2139.18 2977100000  2139.18
4 11-10-2016 2161.35 2161.56 2128.84 2136.73 3438270000  2136.73
5 10-10-2016 2160.39 2169.60 2160.39 2163.66 2916550000  2163.66
```

마찬가지로 다음 코드를 실행하면 .xlsx 형식으로 R 파일을 작성할 수 있다.

```
> output <- write.xlsx(data, "result.xlsx")
> output <- read.csv("result.csv")
> print(output)
```

웹 데이터 또는 온라인 데이터 소스

웹은 최근 데이터의 주요 소스 중 하나이며, R은 웹 양식에서 R 환경으로 데이터를 직접 가져올 수 있다. 실행 방법은 다음과 같다.

```
> URL <- "https://finance.google.co.uk/finance/historical?q=GOOGL
+ &startdate=JAN+01%2c+2016
+ &enddate=DEC+31%2c+2016
+ &output=csv"
> google <- as.data.frame(read.csv(URL))
> head(google)
```

위 코드를 실행하면 2016년 1월 1일부터 2016년 12월 31일까지 구글의 주식 정보를 데이터프레임형으로 가져온다. 데이터 중 일부분은 head( ) 함수를 사용해 다음과 같이 확인할 수 있다.

```
       Date   Open   High    Low  Close  Volume
1 30-Dec-16 803.21 803.28 789.62 792.45 1735879
2 29-Dec-16 802.33 805.75 798.14 802.88 1057392
3 28-Dec-16 813.33 813.33 802.44 804.57 1214756
4 27-Dec-16 808.68 816.00 805.80 809.93  975962
5 23-Dec-16 808.01 810.97 805.11 807.80  765537
6 22-Dec-16 809.10 811.07 806.03 809.68 1132119
```

데이터베이스

관계형 데이터베이스relational database는 데이터를 정규화된 형식으로 저장하며 통계 분석을 수행하기 위해서는 복잡한 고급 쿼리query를 작성해야 한다. 하지만 R은 MySQL, ORACLE, SQL Server와 같은 다양한 관계형 데이터베이스와 쉽게 연결하고 데이터 테이블을 데이터프레임으로 변환할 수 있다. 이처럼 데이터가 데이터프레임형이면 다양한 함수와 패키지를 사용해 쉽게 통계 분석을 수행할 수 있다.

이 절에서는 MySQL 예제를 기준으로 설명하겠다.

R에는 RMySQL이라는 내장 패키지가 있다. 이 패키지는 데이터베이스와의 연결을 담당한다. 다음 명령을 사용해 설치할 수 있다.

```
> install.packages("RMySQL")
```

패키지가 설치되면 연결 객체를 생성해 데이터베이스와의 연결할 수 있다. 이때 사용자명, 비밀번호, 데이터베이스명, 로컬 호스트명을 입력한다. 예컨대 다음과 같은 명령을 사용해 필요한 데이터베이스에 연결할 수 있다.

```
> mysqlconnection = dbConnect(MySQL(),
+                         user = '...',
+                         password = '...',
+                         dbname = '..',
+                         host = '.....')
```

데이터베이스에 연결되면 다음 명령을 실행해 데이터베이스에 있는 테이블을 확인할 수 있다.

```
> dbListTables(mysqlconnection)
```

그런 다음 dbSendQuery( ) 함수를 사용해 데이터베이스에 쿼리를 실행할 수 있으며, 결과는 fetch( ) 함수를 사용해 R로 반환한다. 그러면 결과는 데이터프레임형으로 저장된다.

```
> result = dbSendQuery(mysqlconnection, "select * from <table name>")
> data.frame = fetch(result)
> print(data.fame)
```

위 코드를 실행하면 원하는 결과를 얻을 수 있다.

dbSendQuery( ) 함수를 통해 쿼리를 전송하면 조건절이 있는 쿼리, 데이터베이스 테이블의 행 업데이트update, 데이터베이스 테이블에 데이터 입력insert, 테이블 생성create, 테이블 삭제drop 등을 수행할 수 있다.

▌ 코드 표현식 작성방법

이 절에서는 프로그램 작성의 핵심요소인 다양한 기본 표현식expressions 작성방법을 살펴보겠다. 그런 다음 사용자 정의 함수 작성방법을 설명하겠다.

표현식

R 코드는 하나 이상의 표현식으로 구성된다. 이때 표현식이란 특정 작업을 수행하기 위한 명령이다.

예컨대 주어진 두 수를 더하는 표현식은 다음과 같다.

```
> 4+5
```

그리고 이에 대한 결과는 다음과 같다.

```
[1] 9
```

프로그램에 하나 이상의 표현식이 있을 경우 나타나는 순서대로 실행된다.

이제 기본 유형의 표현식에 대해 살펴보자.

상수 표현식

가장 간단한 유형의 표현식은 문자 또는 숫자 값인 상수다.

예컨대 100은 숫자 값의 상수 표현식이다.

Hello World는 문자 값의 상수 표현식이다.

산술 표현식

R 언어에는 표준 산술 연산자가 있으며 이를 이용해 산술 표현식을 작성할 수 있다.

R에 있는 산술 연산자는 다음과 같다.

기호	연산자
+	덧셈
-	뺄셈
*	곱셈
/	나눗셈
^	거듭제곱

이러한 산술 연산을 사용해 다음과 같은 산술 표현식을 만들 수 있다.

```
> 4+5
[1] 9
> 4-5
[1] -1
> 4*5
[1] 20
```

R은 BODMAS 규칙[6]을 따른다. 따라서 산술 표현식 작성 시 모호함을 피하기 위해 괄호를 사용할 수 있다.

조건 표현식

조건 표현식은 두 값을 비교하여 논리 값을 참^{True} 또는 거짓^{False}으로 반환한다.

R에는 값을 비교하는 표준 연산자(관계 연산자)와 조건을 결합하는 연산자(논리 연산자)가 있다.

기호	연산자
==	같다
> (>=)	~보다 크다(~보다 크거나 같다)
< (<=)	~보다 작다(~보다 작거나 같다)
!=	같지 않다
&&	논리곱(AND): 피연산자 모두 참일 때만 참
||	논리합(OR): 피연산자 둘 중 하나라도 참이면 참
!	논리부정(Not): 피연산자가 참이면 거짓이고 거짓이면 참

---

[6] BODMAS는 Brackets Of Division Multiplication Addition Subtraction의 약자로 괄호(brackets), 나누기(division), 곱하기 (multiplication), 더하기(addition), 빼기(subtraction) 순서로 계산을 진행한다.

예컨대

10 > 5를 실행하면 TRUE가 반환된다.

5 > 10를 실행하면 FALSE가 반환된다.

함수 호출 표현식

가장 일반적이며 유용한 유형의 R 표현식은 함수 호출이다. R에는 많은 내장 함수가 있으며 사용자는 필요한 함수를 직접 만들 수도 있다. 이 절에서는 함수 호출의 기본 구조에 대해 살펴본다.

함수 호출은 함수명과 그 뒤에 오는 괄호로 구성된다. 괄호 안에는 인수가 있으며 쉼표로 구분한다. 인수는 원하는 작업을 수행하는 데 필요한 정보를 함수에 제공하는 표현식이다. 예제는 사용자 정의 함수user-defined functions를 만드는 방법을 설명할 때 살펴보겠다.

기호와 할당

R 코드는 키워드keyword와 기호symbol로 구성된다.

기호는 메모리에 저장된 객체의 레이블이며 프로그램이 실행될 때 메모리에서 저장된 값을 가져온다.

R은 사전정의된predefined 기호에 대한 많은 사전정의된 값도 저장하고 있다. 이 값은 필요에 따라 프로그램에서 사용되며 자동으로 다운로드된다.

예컨대 date( ) 함수는 실행될 때 오늘 날짜를 생성한다.

표현식의 결과는 변수에 할당될 수 있으며, 할당 연산자 <-를 사용해 할당한다.

예컨대 value <- 4+6 표현식은 10이라는 값을 value라는 기호에 할당하고 이를 메모리에 저장한다.

키워드

일부 기호들은 특별한 값을 나타내는데 사용되며 재할당될 수 없다.

- NA: Not Available의 줄임말로, 누락 또는 알 수 없는 값을 정의할 때 사용된다.
- Inf: Infinite의 줄임말로, 무한대를 나타낼 때 사용된다. 예컨대 1/0의 결과값은 Inf다.
- NaN: Not a Number의 줄임말로, 정의되지 않은 산술 표현식의 결과를 정의할 때 사용된다. 예컨대 0/0의 결과값은 NaN이다.
- NULL: 빈 결과를 나타낼 때 사용된다.
- TRUE와 FALSE: 논리값으로 일반적으로 값을 비교할 때 생성된다.

변수 명명

R 코드를 작성할 때 여러 기호로 다양한 정보를 저장해야 한다. 따라서 이해하기 쉬운 코드를 작성하기 위해서는 의미 있는 이름으로 기호를 지정해야 한다. 기호는 그 이름 자체로 설명될 수 있어야 한다self-explanatory. 따라서 짧은 기호명을 사용하면 코드를 더 이해하기 어려울 수 있다.

예컨대 생년월일 정보를 DateOfBirth 또는 DOB로 나타냈을 때 전자인 DateOfBirth가 설명력이 더 높다.

▌ 함수

이 절에서는 R에 존재하는 몇 가지 내장 함수의 예제를 살펴보고 특정 작업을 위한 사용자 정의 함수를 작성하는 방법도 살펴보겠다.

함수는 특정 작업을 수행하기 위해 결합된 구문의 모음이다.

R에는 많은 내장 함수가 있으며 사용자가 직접 원하는 함수를 정의할 수도 있다.

요구사항에 따라 R에서 해석기interpreter는 함수에 지정된 작업을 수행하는데 필요한 인수와 함께 함수 객체에 제어권을 넘긴다. 함수는 작업 완료 후에 해석기에 제어권을 반환한다.

함수를 정의하는 구문은 다음과 같다.

```
> function_name <- function(arg1, arg2,...) {
+ ...( 함수 본문)
+ }
```

여기서, 구문의 설명은 다음과 같다.

- **함수명**function name : 정의된 함수의 이름이며 이 이름을 가진 객체로 저장된다.
- **인수**arguments : 인수는 함수가 해당 작업을 수행하는 데 필요한 정보다. 단, 인수는 선택사항이다.
- **함수 본문**function body : 함수에 지정된 작업을 수행하는 구문의 집합이다.
- **반환 값**return value : 반환 값은 함수가 수행한 작업의 결과 값으로 반환되는 함수의 마지막 표현식이다.

내장 함수와 이에 대한 실행 결과 예제는 다음과 같다.

```
> print(mean(25:82))
[1] 53.5
> print(sum(41:68))
[1] 1526
```

이제 사용자 정의 함수를 작성하는 방법을 살펴보자. 여기에서는 주어진 값을 순차적으로 제곱하는 함수를 만들어 보겠다.

함수 이름은 findingSqrFunc이며 정수를 인수로 받는다.

```
> findingSqrFunc <- function(value) {
```

```
+    for(j in 1:value) {
+      sqr <- j^2
+      print(sqr)
+    }
+ }
```

앞서 작성한 함수를 다음과 같이 호출해 보자.

```
> findingSqrFunc(4)
```

실행 결과는 다음과 같다.

```
[1] 1
[1] 4
[1] 9
[1] 16
```

인수 없는 함수 호출

인수 없는 함수를 만들어 보자.

```
> function_test <- function() {
+    for(i in 1:3) {
+      print(i*5)
+    }
+ }
> function_test()
```

위와 같은 인수 없는 함수를 만들고 실행한 결과는 다음과 같다.

```
[1] 5
[1] 10
[1] 15
```

인수 있는 함수 호출

함수의 인수는 정의된 순서와 동일한 순서로 입력해야 한다. 인수를 임의의 순서로 입력할 수도 있지만 이 경우에는 명시적으로 인수 이름에 할당해야 한다. 함수 생성과 호출 단계는 다음과 같다.

1. 먼저 함수를 생성한다.

```
> function_test <- function(a, b, c) {
+     result <- a*b+c
+     print(result)
+ }
```

2. 함수의 인수를 순서대로 입력하여 함수를 호출한다. 그 결과는 다음과 같다.

```
> function_test(2, 3, 4)
[1] 10
```

3. 임의의 순서로 인수의 이름을 통해 함수를 호출하는 방법은 다음과 같다.

```
> function_test(c = 4, b = 3, a = 4)
```

실행 결과는 다음과 같다.

```
[1] 16
```

R 프로그램 실행방법

이 절에서는 R 프로그램을 실행하는 다양한 방법을 알아보겠다.

R 화면에서 저장된 파일을 실행하는 방법

R 작업공간^{workspace}에서 프로그램을 실행하는 단계는 다음과 같다.

1. R을 실행한다(시작 메뉴에서 프로그램을 실행하거나 바탕화면에 있는 아이콘을 더블클릭한다).
2. File 메뉴에서 스크립트 파일을 연다.
3. 실행하려는 프로그램을 선택한다. 그러면 R 편집기^{Editor} 창에 해당 내용이 나타난다.
4. 마우스 우클릭하여 Select all을 선택한다(단축키 Ctrl + A).
5. 마우스 우클릭하여 Run line or selection을 선택한다(단축키 Ctrl + R).[7]
6. R 콘솔^{Console} 창에 결과가 나타난다.

R 스크립트를 가져와 실행하는 방법

R 코드를 가져와 실행하는 단계는 다음과 같다.

1. 먼저 작업 디렉터리를 확인한다. 다음 코드로 확인할 수 있다.

```
> print(getwd())
```

2. 앞의 코드를 실행 시 지정한 폴더의 경로라면 문제 없지만, 그렇지 않다면 다음 코드를 사용해 작업 디렉터리를 변경한다.

```
> setwd("D:/Rcode")
```

3. 필요에 따라 대상 디렉터리를 변경한 후 다음 코드를 사용해 필요한 코드를 실행한다.

---

[7] RStudio에서의 단축키는 단축키 Ctrl + Enter며, Code - Run Selected Line(s) 메뉴를 선택해도 된다.

```
> source('firstprogram.r')
```

예컨대 firstprogram.r 프로그램에 다음과 같은 코드가 있다고 가정해 보자.

```
a <- 5
print(a)
```

이때 source( ) 함수로 스크립트를 가져와 실행하면 결과 값으로 5가 출력된다.

R이 명령을 기다리지 않고 여러 줄의 코드를 실행하도록 하려면 source( ) 함수를 사용해 저장된 스크립트를 실행할 수 있다. 이를 스크립트 가져오기라고 한다.

하지만 스튜디오 편집기^{Studio Editor}에서 전체 코드를 작성한 다음 저장하고 전체 스크립트를 가져와 실행하는 편이 더 좋다. 만일 소스 스크립트에서 결과를 출력하고 싶다면 print( ) 함수를 사용해 원하는 결과를 얻을 수 있다. 하지만 대화형 편집기에서는 기본적으로 결과가 나타나므로 print( ) 함수를 작성할 필요는 없다.

운영체제가 달라도 프로그램을 실행하는 명령은 동일하다.

주석은 실제 프로그램을 실행하는 동안 해석기가 무시하는 프로그램의 부분이다.

주석은 다음 예제와 같이 #을 사용해 작성한다.

```
#이 부분은 프로그램에서 주석을 의미합니다.
```

▌ 반복문

반복문^{loop}은 반복해야 하는 부분을 그룹화하여 일련의 작업을 구성함으로써 다단계 프로세스를 자동화하는 명령이다. 모든 프로그래밍 언어는 명령이나 명령 블록을 반복할 수 있는 내장 구문을 제공한다. 프로그래밍 언어에는 두 가지 유형의 반복문이 존재한다.

의사결정은 프로그래밍 언어의 중요한 구성요소 중 하나이다. R 프로그래밍에서는 if…

else 조건문을 사용해 이를 구현할 수 있다. 여기서는 예제와 함께 구문을 살펴보겠다.

먼저 if와 else 조건문을 살펴본 후 반복문을 살펴보겠다.

if 구문

먼저 R에서 if와 else가 어떻게 동작하는지를 살펴보자. if 절의 일반적인 구문은 다음과 같다.

```
if(expression) {
  statement
}
```

표현식expression이 맞으면 구문statement이 실행되고 그렇지 않다면 아무것도 실행되지 않는다. 표현식은 논리값 또는 숫자 벡터일 수 있다. 숫자 벡터의 경우 0을 거짓으로 간주하고 나머지는 참으로 간주한다. 예를 들면 다음과 같다.

```
> x <- 5
> if(x > 0) {
+   print("참인 경우")
+ }
```

위 코드를 실행하면 "참인 경우"가 출력된다.

if … else 구문

이제 R에서 if와 else 조건이 어떻게 동작하는지 살펴보자. 다음 예제를 보자.

```
if(expression) {
  statement1
} else {
  statement2
}
```

else 부분은 if 부분이 거짓일 때 실행된다. 다음 예제를 보자.

```
> x <- -5
> if(x > 0) {
+   print("참인 경우")
+ } else {
+   print("거짓인 경우")
+ }
```

위 코드를 실행하면 "거짓인 경우"가 출력된다.

for 구문

for 구문은 정의된 횟수만큼 실행되며 카운터counter나 인덱스index에 의해 제어되고 각 주기마다 증가한다. for 구문은 다음과 같이 작성한다.

```
for(val in sequence) {
  statements
}
```

예제는 다음과 같다.

```
> var <- c(3, 6, 8, 9, 11, 16)
> counter <- 0
> for(val in var) {
+   if(val %% 2 != 0) counter = counter+1
+ }
> print(counter)
```

위 코드를 실행하면 벡터 c안에 있는 홀수의 개수를 센다. 즉 결과 값은 3이 된다.

while 구문

while 구문은 논리 조건을 확인하기 위해 시작 시 설정하는 반복문이다. 논리 조건은 반복문 시작 부분에서 확인된다. 구문은 다음과 같다.

```
while(expression) {
  statement
}
```

이때 표현식을 먼저 평가하며 참이면 while 구문의 본문이 실행된다. 예제는 다음과 같다.

```
> var <- c("Hello")
> counter <- 4
> while(counter < 7) {
+   print(var)
+   counter = counter+1
+ }
```

표현식을 먼저 평가하고 참이면 while 구문의 본문이 실행되며 표현식이 거짓을 반환할 때까지 계속 실행한다. 따라서 위 코드의 실행 결과는 다음과 같다.

```
[1] "Hello"
[1] "Hello"
[1] "Hello"
```

apply()

apply( )는 R 함수로 행렬, 벡터 또는 배열에서 빠른 연산을 위해 사용되며, 행, 열, 그리고 행렬에서 함께 실행할 수 있다. 이제 apply( ) 함수를 사용해 행렬의 행 단위 합계를 구해 보자.[8]

---

[8] apply( ) 함수는 행 또는 열 단위의 연산을 쉽게 수행할 수 있도록 지원하는 함수다. MARGIN 이라는 인수에 1 또는 2를 설정하는데 1은 행 단위를, 2는 열 단위로 연산한다는 의미다.

```
> sample = matrix(c(1:10), nrow = 5, ncol = 2)
> apply(sample, 1, sum)
```

위 코드를 실행하면 다음과 같이 행 단위로 합계가 출력된다.

```
[1]  7  9 11 13 15
```

sapply()

sapply( )는 리스트나 벡터와 같은 데이터 집합을 처리하고 각 항목마다 지정한 함수를 호출한다. 예제를 확인하기 위해 다음 코드를 실행해 보자.

```
> sapply(1:5, function(x) x^3)
```

위 코드를 실행하면 다음과 같이 1에서 5까지의 세제곱이 출력된다.

```
[1]    1    8   27   64  125
```

▌ 반복 제어문

정상적인 실행 순서를 변경할 수 있는 제어문이 있다. 대표적인 반복 제어문으로 break와 next가 있다. 그럼 지금부터 반복 제어문을 간단히 살펴보자.

break

break는 반복문을 종료하고 반복문의 다음 구문에 제어권을 넘긴다. 예를 들면 다음과 같다.

```
> vec <- c("Hello")
> counter <- 5
> repeat {
+   print(vec)
+   counter <- counter+1
+   if(counter > 8) {
+     break
+   }
+ }
```

위 코드를 실행하면 break 구문으로 인해 다음과 같이 Hello를 네 번 출력한 후 반복문을 종료한다.

```
[1] "Hello"
[1] "Hello"
[1] "Hello"
[1] "Hello"
```

repeat는 중지 조건을 지정하지 않으면 실행을 계속하는 또 다른 반복문이다.

next

next는 반복문을 종료하지 않지만 흐름의 현재 반복 부분을 건너뛰어 다음 반복 부분으로 이동한다. 다음 예를 살펴보자.

```
> vec <- c(2, 3, 4, 5, 6)
> for(i in vec) {
+   if(i == 4) {
+     next
+   }
+   print(i)
+ }
```

위 예제에서 반복 부분이 벡터 vec의 세 번째 요소로 이동하면, 즉 i가 4가 되면 현재 반복 부분을 건너뛰어 다음 반복 부분으로 돌아가도록 한다. 따라서 위 구문을 실행하면 다음과 같이 벡터 요소 2, 3, 5, 6이 출력되고 4는 건너뛴다.

```
[1] 2
[1] 3
[1] 5
[1] 6
```

▌질문

1. R의 다양한 원자 객체란 무엇인가?

2. R에서 벡터는 무엇인가?

3. 벡터와 리스트 간의 차이점은 무엇인가?

4. 배열과 행렬 간의 차이점은 무엇인가?

5. 데이터프레임은 무엇이고 R에서의 중요한 이유는 무엇인가?

6. R에서 CSV와 XLSX 파일을 읽고 쓰는 방법은 무엇인가?

7. R에서 주식시장 데이터를 읽고 쓰는 방법은 무엇인가?

8. R과 관계형 데이터베이스를 연결하는 프로세스는 무엇인가?

9. 함수란 무엇이고 R에서 중요한 이유는 무엇인가?

10. R에서 할당 연산자란 무엇인가?

11. R에서 함수를 호출하는 방법은 무엇인가?

12. R에서 스크립트를 가져오는 방법은 무엇인가?

13. R에서 for와 while 반복문 간의 차이점은 무엇인가?

요약

1장에서 배운 내용을 정리하면 다음과 같다.

- R 학습이 금융 분석에서 경력을 쌓으려는 분석가들에게 매우 중요한 이유
- R과 패키지의 설치
- R에서의 기본 객체인 문자, 숫자, 정수, 복소수, 논리
- R에서의 일반적인 데이터 유형인 리스트, 행렬, 배열, 요인, 데이터프레임
- R에서 CSV와 XLSX와 같은 외부 데이터 파일, 특히 온라인 소스와 데이터베이스에서 파일 읽기
- R에서 CSV와 XLSX 파일 작성
- 상수, 산술, 논리, 기호, 할당과 같은 다양한 유형의 표현식 작성
- 사용자 정의 함수 작성
- 사용자 정의 함수와 내장 함수의 호출 방법
- 콘솔 창에서 R 프로그램을 실행하고 저장된 파일 가져오기
- if … else 구문을 사용한 조건부 의사결정
- for와 while 같은 반복문 사용

02

통계 모델링

2장에서는 통계 모델링statistical modeling을 살펴본다. 통계 모델링은 금융 분석의 원동력이자 R을 통해 금융 분석을 학습하는 첫 단계다. 2장을 시작하기 전에 독자들은 R로 기본적인 프로그램을 작성할 수 있고 통계적 개념에 대한 지식이 있다고 가정한다. 따라서 2장에서 통계적 개념을 다루는 대신 R을 이용해 통계 모델링을 수행하는 실질적인 방법을 살펴보겠다.

2장에서 다룰 주제는 다음과 같다.

- 확률분포probability distributions
- 표본추출sampling

- 통계량statistics[1]
- 상관관계correlation
- 가설검정hypothesis test
- 파라미터 추정parameter estimation[2]
- 이상치 검출outlier detection
- 표준화standardization
- 정규화normalization

▌ 확률분포

확률분포probability distributions는 확률변수의 값이 어떻게 퍼지는지를 결정한다. 예컨대 일련의 동전 던지기의 모든 가능한 결과집합은 이항분포binomial distribution다. 데이터 집합의 표본크기가 충분히 크면 표본평균은 근사적으로 가장 일반적이고 유용한 분포인 정규분포normal distribution를 따른다.

이러한 분포들의 특징은 잘 알려져 있으며 모집단을 추론할 때 사용할 수 있다. 2장에서는 가장 일반적인 확률분포들과 이를 계산하는 방법을 살펴본다.

정규분포

정규분포normal distribution는 금융 산업에서 가장 널리 사용되는 확률분포다. 종모양의 곡선으로 정규분포에서는 평균mean, 중앙값median, 최빈값mode이 같다. $N(\mu, \sigma^2)$과 같이 표기하며, μ는 표본의 평균을, σ^2는 표본의 분산을 나타낸다. 평균이 0이고 분산이 1인 정규분포를 표준정규분포standard normal distribution라고 하며, $N(0,1)$로 표기한다.

---

[1] 통계량은 데이터의 특정을 요약한 수라고 정의할 수 있다. 즉 표본의 대표값이며 표본의 평균, 분산, 표준편차 등을 모두 통계량이라고 한다.

[2] 파라미터 추정을 통계학에서 모수 추정이라고도 한다.

이제 정규분포와 관련된 중요한 특징을 계산하기 위한 주요 기능들에 대해 살펴보자. 2장에서는 DataChap2.csv 데이터 집합을 사용해 계산을 진행한다. 데이터 집합의 예시는 아래 표와 같다. 다음과 같이 read.csv( ) 함수를 이용해 csv 파일을 R로 가져온 데이터 집합을 Sampledata라 하자.

```
> Sampledata = read.csv("C:/R_Code/Chapter02/DataChap2.csv")
> head(Sampledata)
```

본 예제에서 Date는 데이터 생성일이다. Open, High, Low, Close는 각각 일별 시가opening price, 최고가highest price, 최저가lowest price, 종가closing price다. Adj.Close는 수정 종가adjusted closing price이고 Return은 오늘과 어제의 수정 종가를 이용해 계산한 수익률이다. Flag와 Sentiments는 분석 목적으로 생성한 더미변수dummy variables다.

	Date	Open	High	Low	Close	Volume	Adj.Close	Return	Flag	Sentiments
1	12/14/2016	198.74	203.00	196.76	198.69	4144600	198.69	0.00	1	Good
2	12/13/2016	193.18	201.28	193.00	198.15	6816100	198.15	0.03	1	Bad
3	12/12/2016	192.80	194.42	191.18	192.43	615800	192.43	0.00	1	Good
4	12/9/2016	190.87	193.84	190.81	192.18	2719600	192.18	0.00	0	Bad
5	12/8/2016	192.05	192.50	189.54	192.29	3187300	192.29	0.00	0	Good
6	12/7/2016	186.15	193.40	185.00	193.15	5441400	193.15	0.04	1	Bad

dnorm

dnorm은 밀도 함수density function다. 정규분포의 높이를 반환하며, 함수의 정의는 다음과 같다.

```
dnorm(x, mean, sd)
```

이때, x는 숫자 벡터, mean은 평균, sd는 표준편차다.

다음 코드를 실행하면 모든 점의 높이를 나타내는 그래프를 그릴 수 있다.

```
> y <- dnorm(Sampledata$Return,
+            mean = mean(Sampledata$Return),
+            sd = sd(Sampledata$Return, na.rm = FALSE)
+ )
> plot(Sampledata$Return, y)
```

결과 그래프는 다음과 같다.

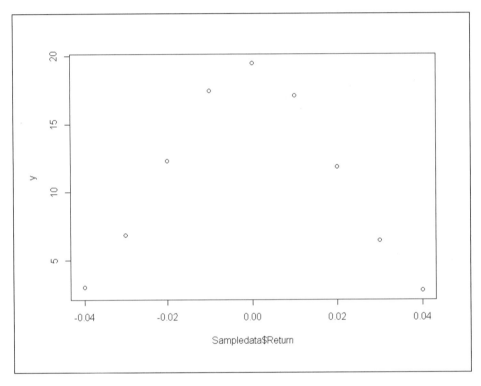

그림 2.1 정규분포의 높이

pnorm

pnorm은 누적분포 함수cumulative distribution function, cdf다. 주어진 확률변수의 값보다 작거나 같은 확률변수의 확률을 계산하며, 함수의 정의는 다음과 같다.

```
  pnorm(x, mean, sd)
```

다음 코드를 실행해 보자.

```
> pnorm(.02,
+        mean = mean(Sampledata$Return),
+        sd = sd(Sampledata$Return, na.rm = FALSE)
+ )
```

위 코드의 실행 결과는 0.840163이다. 이는 2%보다 작거나 같은 수익률을 얻은 확률은 84%라는 의미다. 반면에 2%보다 큰 수익률을 얻을 확률은 1−0.840163인 0.159837이므로 약 16%라고 해석할 수 있다.[3]

qnorm

qnorm은 분위수 함수quantile function다. 확률값을 받아서 확률의 누적값에 대응하는 숫자를 반환하며, 함수의 정의는 다음과 같다.

```
  qnorm(x, mean, sd)
```

여기서 x는 확률값이다.

다음 코드를 실행해 보자.

```
> qnorm(0.159837,
+        mean = mean(Sampledata$Return),
+        sd = sd(Sampledata$Return, na.rm = FALSE),
```

---

[3] lower.tail = FALSE를 추가하면 1에서 0.840163을 빼지 않고 2%보다 큰 수익률을 구할 수 있다.
```
> pnorm(.02,
+        mean = mean(Sampledata$Return),
+        sd = sd(Sampledata$Return, na.rm = FALSE),
+        lower.tail = FALSE
+ )
[1] 0.159837
```

```
+       lower.tail = FALSE
+ )
```

실행 결과는 0.02다. 이는 수익률이 2% 이상일 확률이 16%라는 의미다.

rnorm

rnorm은 난수생성 함수^random number generation function다. 정규분포 난수를 생성하는 데 사용하며, 함수의 정의는 다음과 같다.

```
rnorm(x, mean, sd)
```

여기서 x는 생성할 확률변수의 수다.

다음 코드를 실행하면 반환된 평균과 표준편차를 갖는 5개의 무작위 값이 생성된다.

```
> rnorm(5,
+       mean = mean(Sampledata$Return),
+       sd = sd(Sampledata$Return, na.rm = FALSE)
+ )
```

결과에서 해당하는 평균과 표준편차를 갖는 5개의 정규확률변수^normal random variables가 생성됐음을 알 수 있다.

로그 정규분포

금융 시계열^financial time series에서 로그 정규분포^lognormal distribution는 정규분포보다 더 중요한 역할을 한다. 정규분포와 마찬가지로 로그 정규분포에 대해서도 동일한 기능을 살펴본다.

dlnorm

dlnorm은 로그 정규분포의 밀도 함수를 찾을 때 사용한다. 밀도 함수를 계산하기 위한 일반적인 구문은 다음과 같다.

```
dlnorm(x, meanlog, sdlog)
```

다음 코드를 실행해서 표본 데이터 Volume 속성의 밀도 함수를 찾아보자.

```
> y <- dlnorm(Sampledata$Volume,
+              meanlog = mean(Sampledata$Volume),
+              sdlog = sd(Sampledata$Volume, na.rm = FALSE)
+ )
> plot(Sampledata$Volume, y)
```

결과 그래프는 다음과 같다.

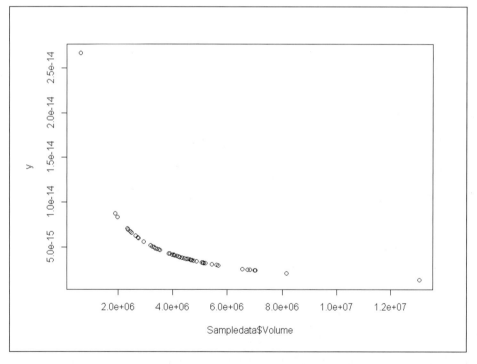

그림 2.2 로그 정규분포의 밀도 함수

plnorm

plnorm은 로그 정규분포의 누적확률분포 함수^{cumulative probability distribution function}를 생성한다. 일반적인 구문은 다음과 같다.

```
plnorm(x, meanlog, sdlog)
```

이제 다음 코드를 사용해 Volume 속성에 대한 누적분포 함수를 찾아보자.

```
> y <- plnorm(Sampledata$Volume,
+            meanlog = mean(Sampledata$Volume),
+            sdlog = sd(Sampledata$Volume, na.r = FALSE)
+ )
> plot(Sampledata$Volume, y)
```

결과 그래프는 다음과 같다.

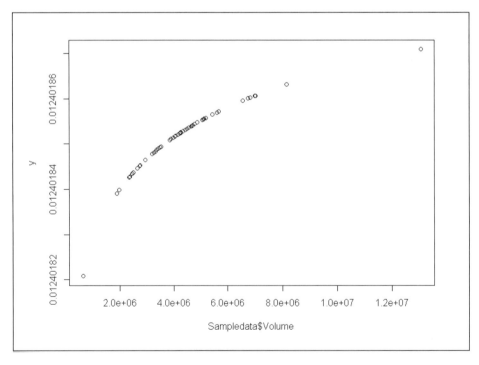

그림 2.3 로그 정규분포의 누적분포 함수

qlnorm

qlnorm은 로그 정규분포의 p 분위수를 생성할 때 사용하며 다음과 같이 정의한다.

```
qlnorm(p, meanlog, sdlog)
```

rlnorm

rlnorm은 주어진 평균과 표준편차를 갖는 데이터 집합(로그 정규분포)을 생성한다. 구문은
다음과 같다.

```
rlnorm(n, meanlog, sdlog)
```

포아송분포

포아송분포poisson distribution는 단위 시간 안에 어떤 사건이 몇 번 발생할 것인지를 나타내는
이산확률분포discrete probability distributions다. λ lambda, 람다가 일정한 단위 시간이나 공간에서 발
생하는 사건의 평균 횟수라면 그 사건이 x번 발생할 확률은 다음과 같다.

$$F(x) = e^{-\lambda}\frac{\lambda^x}{x!}$$

(단, $x = 0, 1, 2, 3 \cdots$)

분 단위로 조사했을 때 수익을 올리는 주식이 평균적으로 10개라고 한다면, 다음 코드를
이용하면 특정 분에 수익을 올리는 주식이 15개일 확률을 구할 수 있다.

```
> ppois(15, lambda = 10)
```

결과는 0.9512596이다.

따라서 수익을 올리는 주식이 15개일 왼쪽꼬리lower tail 확률은 0.95이다.

마찬가지로 다음 코드를 실행하면 오른쪽꼬리^{upper tail} 확률을 구할 수 있다.

```
> ppois(15, lambda = 10, lower = FALSE)
```

실행 결과는 0.0487404이다.

균등분포

연속균등분포^{continuous uniform distribution}는 a와 b 사이의 연속적인 간격에서 난수 선택의 확률 분포다. 밀도 함수는 다음과 같다.

$$F(x) = 1/(b-a)$$

여기서 $a \leq x \leq b$이고, $x \leq a$거나 $x \geq b$일 때 $F(x) = 0$이다.

이제 다음 코드를 실행하여 1과 5 사이의 난수 10개를 생성해 보자.

```
> runif(10, min = 1, max = 5)
```

실행 결과는 다음과 같다.

```
[1] 3.694709 3.350964 2.336362 4.959461 3.020304
[6] 2.046096 2.099377 2.533070 1.364501 1.402384
```


극단값 이론

일반적으로 알려진 통계분포의 대부분은 분포의 중심에 초점을 맞추고 극단값^{extreme value}이나 이상치 값^{outlier value}을 포함하는 분포의 꼬리에는 신경 쓰지 않는다. 리스크 관리자가 직면하는 가장 어려운 과제는 희귀하고 극단적인 사건들을 처리할 수 있는 리스크 모델의 개발이다. **극단값 이론**^{EVT: extreme value theory}은 분포의 꼬리 영역에 대한 최선의 예측치를 구할 때 사용한다.

극단값을 추정하기 위한 두 가지 유형의 모델이 있다. 하나는 **일반화된 극단값**^{GEV: generalized} ^{extreme value} 분포를 적용한 **블록 최대값 모델**^{BMM: block maxima model}이며, 다른 하나는 **일반화된 파레토 분포**^{GPD: generalized Pareto distribution}를 적용한 **임계값 초과 최대치**^{POT: peaks over threshold} 모델 이다. 요즘에는 일반적으로 POT를 사용하므로 2장에서 POT 예제를 살펴보겠다. 예제로 POT 패키지에서 제공하는 데이터 집합을 사용하겠다. 따라서 먼저 다음과 같이 POT 패 키지를 설치하고 작업공간으로 불러온다.

```
> install.packages("POT")
> library(POT)
```

꼬리 분포를 찾으려면 다음 코드와 같이 우선 임계점^{threshold point}을 찾아야 한다.

```
> data(ardieres)
> abc <- ardieres[1:10000,]
> events <- clust(abc, u = 1.5, tim.cond = 8/365, clust.max = TRUE)
> par(mfrow = c(2, 2))
> mrlplot(events[,"obs"])
> diplot(events)
> tcplot(events[,"obs"], which = 1)
> tcplot(events[,"obs"], which = 2)
```

수행하면 다음과 같은 그래프들을 확인할 수 있다.

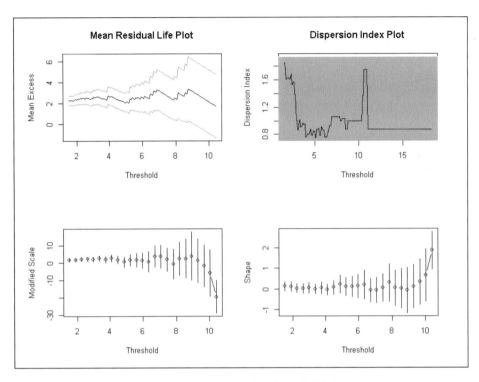

그림 2.4 EVT에 대한 임계값 선택을 위한 분석

이 그래프들을 분석한 후 임계점을 설정하고 GPD 모델의 파라미터를 추정한다. 실행 방법은 다음 코드와 같다.

```
> obs <- events[,"obs"]
> ModelFit <- fitgpd(obs, thresh = 5, "pwmu")
> ModelFit
```

실행 결과로 GPD 모델의 파라미터 추정치를 얻을 수 있다.

```
Estimator: PWMU

Varying Threshold: FALSE

  Threshold Call: 5
```

```
   Number Above: 31
Proportion Above: 0.2385

Estimates
 scale   shape
1.6320  0.2679

Standard Error Type:

Standard Errors
 scale   shape
0.4690  0.2329

Asymptotic Variance Covariance
       scale     shape
scale   0.21997  -0.06828
shape  -0.06828   0.05423

Correlation
       scale     shape
scale   1.0000   -0.6251
shape  -0.6251    1.0000

Optimization Information
  Convergence: NA
  Function Evaluations: NA
```

▌ 표본추출

금융모델 생성 시, 모델 구축에 많은 시간이 소요되는 매우 큰 데이터 집합이 있을 수 있다. 이 경우 모델을 다시 조정하려면 데이터 양 때문에 많은 시간이 소요된다. 따라서 해당 모델을 구축할 때는 모집단의 무작위 표본random sample이나 비례적 표본proportionate sample으로 작업하는 것이 더 쉽고 시간도 덜 소요된다. 그러므로 이 절에서는 데이터에서 무작위 표본과 층화 표본stratified sample을 선택하는 방법을 살펴본다. 이 작업은 모집단 데이터에서 추출한 표본 데이터로 모델을 구축하는 데 중요한 역할을 한다.

무작위 표본추출

무작위 표본추출^{random sampling}이란 모집단의 각 요소들이 표본으로 선택될 가능성이 같게 되는 표본추출이다. 무작위 표본추출에는 복원 표본추출^{sampling with replacement}과 비복원 표본추출^{sampling without replacement} 두 가지 방법이 있다.

비복원 무작위 표본추출 방법은 다음과 같다.

```
> RandomSample <- Sampledata[sample(1:nrow(Sampledata),
+                                    10,
+                                    replace = FALSE),]
> RandomSample
```

수행 결과는 다음과 같다.

	Date	Open	High	Low	Close	Volume	Adj.Close	Return	Flag	Sentiments
7	12/6/2016	185.52	186.58	182.68	185.85	3372000	185.85	-0.01	0	Good
28	11/4/2016	189.00	193.46	185.96	190.56	5140900	190.56	0.02	1	Bad
39	10/20/2016	202.12	203.00	197.05	199.10	5072900	199.10	-0.02	0	Good
3	12/12/2016	192.80	194.42	191.18	192.43	615800	192.43	0.00	1	Good
45	10/12/2016	200.95	203.88	200.42	201.51	1970700	201.51	0.01	1	Good
41	10/18/2016	195.99	199.47	193.26	199.10	5680500	199.10	0.03	1	Good
14	11/25/2016	193.64	197.24	193.64	196.65	2363800	196.65	0.02	1	Bad
12	11/29/2016	195.56	196.73	189.50	189.57	4431200	189.57	-0.03	0	Bad
18	11/18/2016	190.65	193.00	185.00	185.02	5201100	185.02	-0.02	0	Bad
46	10/11/2016	201.85	202.20	198.31	200.10	2328400	200.10	0.00	0	Bad

다음 코드를 실행하면 복원 무작위 표본추출 즉, 중복을 허용한 무작위표본을 추출할 수 있다. 이때 중복을 허용한다는 말은 한 번 이상 관측될 수 있음을 의미한다. 따라서 특정 관측치가 선택되면 다시 모집단에 넣고 다시 선택할 수 있다.

```
> RandomSample <- Sampledata[sample(1:nrow(Sampledata),
+                                    10,
+                                    replace = TRUE),]
> RandomSample
```

수행 결과는 다음과 같다.

```
        Date    Open    High    Low   Close   Volume Adj.Close Return Flag Sentiments
19  11/17/2016 183.49  189.49 182.11 188.66 4777800   188.66   0.03   1     Good
13  11/28/2016 195.48  199.35 194.55 196.12 4487100   196.12   0.00   0     Good
30   11/2/2016 190.05  192.70 187.51 188.02 4208700   188.02  -0.01   0     Bad
32  10/31/2016 202.49  202.49 195.81 197.73 4685100   197.73  -0.01   0     Bad
2   12/13/2016 193.18  201.28 193.00 198.15 6816100   198.15   0.03   1     Bad
2.1 12/13/2016 193.18  201.28 193.00 198.15 6816100   198.15   0.03   1     Bad
43  10/14/2016 200.66  201.43 196.30 196.51 4269900   196.51  -0.02   0     Good
44  10/13/2016 200.50  200.90 197.05 200.24 2494600   200.24  -0.01   0     Bad
4    12/9/2016 190.87  193.84 190.81 192.18 2719600   192.18   0.00   0     Bad
28   11/4/2016 189.00  193.46 185.96 190.56 5140900   190.56   0.02   1     Bad
```

층화 표본추출

층화 표본추출stratified sampling에서는 모집단을 층strata이라는 별도의 그룹으로 나눈다. 그리고 확률표본(단순 무작위 표본)을 각 그룹에서 추출한다. 층화 표본추출은 단순 무작위 표본추출에 비해 몇 가지 장점이 있다. 층화 표본추출을 사용하면 표본의 크기를 줄이면서도 더 나은 정밀도를 얻을 수 있다.

이제 다음 코드로 Flag와 Sentiments를 기준으로 몇 개의 그룹이 존재하는지 살펴보자.

```
> install.packages("sampling")
> library(sampling)
> table(Sampledata$Flag, Sampledata$Sentiments)
```

실행 결과는 다음과 같다.

```
  Bad Good
0  13   14
1  12   11
```

필요에 따라 다른 그룹에서 표본을 추출할 수도 있다.

```
> Stratsubset = strata(Sampledata,
+                      c("Flag", "Sentiments"),
+                      size = c(6, 5, 4, 3),
+                      method = "srswor")
> Stratsubset
```

실행 결과는 다음과 같다.

	Flag	Sentiments	ID_unit	Prob	Stratum
1	1	Good	1	0.5454545	1
21	1	Good	21	0.5454545	1
23	1	Good	23	0.5454545	1
27	1	Good	27	0.5454545	1
41	1	Good	41	0.5454545	1
47	1	Good	47	0.5454545	1
16	1	Bad	16	0.4166667	2
26	1	Bad	26	0.4166667	2
28	1	Bad	28	0.4166667	2
38	1	Bad	38	0.4166667	2
40	1	Bad	40	0.4166667	2
10	0	Bad	10	0.3076923	3
18	0	Bad	18	0.3076923	3
30	0	Bad	30	0.3076923	3
48	0	Bad	48	0.3076923	3
9	0	Good	9	0.2142857	4
17	0	Good	17	0.2142857	4
29	0	Good	29	0.2142857	4

▌ 통계량

데이터 집합이 주어졌을 때, 일반적으로 중심경향척도measure of central tendency나 요약통계summary statistics로 알려진 데이터의 중심점으로 데이터를 요약한다. 평균값mean, 중앙값

median, 최빈값mode처럼 중심경향을 측정하기 위한 몇 가지 방법이 존재한다. 특히 평균은 중심경향척도에 널리 사용되며, 상황에 따라 다양한 중심경향척도를 사용할 수 있다. 지금부터 R에서 다양한 중심경향척도를 계산하는 방법을 예제를 통해 알아보자.

평균값

평균값mean은 표본의 동일가중평균equal weighted average이다. 예컨대 다음 코드를 실행해 데이터 집합 Sampledata의 Volume 속성에 대한 산술평균arithmetic mean을 구할 수 있다.

```
mean(Sampledata$Volume)
```

중앙값

중앙값median은 분포를 정렬했을 때 중앙에 위치하는 값이며, 다음 코드를 실행해 계산할 수 있다.

```
median(Sampledata$Volume)
```

최빈값

최빈값mode은 속성에서 빈도가 가장 높은 값이다. 최빈값의 경우 내장 함수가 없으므로 다음과 같이 최빈값을 계산하는 함수를 별도로 작성해야 한다.

```
> findmode <- function(x) {
+   uniqx <- unique(x)
+   uniqx[which.max(tabulate(match(x, uniqx)))]
+ }
> findmode(Sampledata$Return)
```

위 코드를 실행하면 데이터 집합에서 Return 속성의 최빈값을 계산할 수 있다.

요약

요약^{summary}은 열의 기본 통계값을 생성하며, 다음 코드를 실행하여 계산할 수 있다.[4]

```
> summary(Sampledata$Volume)
```

실행하면 다음과 같이 최소값, 1/4분위값, 중앙값, 평균값, 3/4분위값, 최대값이 생성된다.

```
   Min.  1st Qu.   Median     Mean  3rd Qu.      Max.
 615800  3268000  4232000  4391000  5102000  13070000
```

적률

적률^{moment}은 모집단의 분산^{variance}, 왜도^{skewness} 등과 같은 특성을 알려주며 다음과 같은 코드로 계산한다. 예제 코드는 Volume 속성의 3차 적률을 구한다. 차수를 변경하면 다른 특성을 얻을 수 있다.[5]

하지만 먼저 향후 살펴볼 통계량 함수를 위해 다음과 같이 e1071 패키지를 설치하고 작업공간으로 불러온다.

```
> install.packages("e1071")
> library(e1071)
```

적률은 moment( ) 함수를 사용해 계산할 수 있다.

---

[4] 다섯수치요약(5 number summary)은 데이터를 최소값, 1/4분위값, 중앙값, 3/4분위값, 최대값으로 요약하며 fivenum( ) 함수를 사용하면 구할 수 있다. summary( ) 함수는 다섯수치요약에 더해 평균값까지 계산한다.

[5] 적률은 확률변수 X가 있을 때 X^n의 기대값이다. 이것을 n차 적률 m_n이라고 한다. 중심적률에서 1차는 평균, 2차는 분산이며, 3차는 왜도, 4차는 첨도와 관계 있다.

```
> moment(Sampledata$Volume, order = 3, center = TRUE)
```

첨도

첨도[kurtosis]는 데이터가 정규분포에 비해 꼬리가 두꺼운지 얇은지를 측정한다. 다시 말해 확률분포의 뾰족한 정도를 나타내는 척도다. 높은 첨도의 데이터 집합은 두꺼운 꼬리와 이상치가 많은 경향이 있다. 낮은 첨도의 데이터 집합은 얇은 꼬리와 이상치가 적은 경향이 있다. 계산한 첨도의 값은 정규분포의 첨도와 비교하며 이를 바탕으로 해석한다.

예컨대 Volume 속성의 첨도는 다음과 같이 구할 수 있다.

```
> kurtosis(Sampledata$Volume)
```

실행 결과 Volume 분포의 급첨[leptokurtic]은 5.777117이다.

왜도

왜도[skewness]는 분포의 대칭성을 측정한다. 데이터 값의 평균이 중앙값보다 작으면 왼쪽으로 꼬리가 긴 분포[left-skewed distribution]이며, 데이터 값의 평균이 중앙값보다 크면 오른쪽으로 꼬리가 긴 분포[right-skewed distribution]다.

Volume의 왜도는 다음과 같이 계산한다.

```
> skewness(Sampledata$Volume)
```

결과는 1.723744이며, 이는 오른쪽으로 꼬리가 긴 분포임을 의미한다.[6]

---

[6] • 왜도 < 0: 평균값 < 중앙값, 왼쪽으로 꼬리가 긴 분포(우측으로 치우침)
  • 왜도 > 0: 평균값 > 중앙값, 오른쪽으로 꼬리가 긴 분포(좌측으로 치우침)
  • 왜도 = 0: 평균값 = 중앙값, 좌우대칭 분포(symmetric distribution)

▌ 상관관계

상관관계correlation는 금융 분석에서 매우 중요한 역할을 한다. 금융 속성 간의 관계를 결정할 뿐만 아니라 금융상품의 미래를 예측할 때도 중요한 역할을 한다. 상관관계는 두 가지 금융 속성 간 선형관계의 척도다. Sampledata를 사용해 R에서 다양한 유형의 상관관계를 계산해 보자. 이러한 방법은 예측 금융모델의 구성요소 순서를 식별하는 데 사용한다.

먼저 Hmisc 패키지를 설치하고 작업공간으로 불러온다.

```
> install.packages("Hmisc")
> library(Hmisc)
```

그런 다음 다음과 같이 데이터의 부분집합을 구하고 함수를 실행하여 상관관계를 구한다.

```
> x <- Sampledata[,2:5]
> rcorr(as.matrix(x), type = "pearson")
```

위 코드를 실행하면 다음과 같은 상관관계 행렬이 나타난다. 이 행렬은 다양한 일자별 주가 간의 선형관계 척도를 보여준다.

	Open	High	Low	Close
Open	1.00	0.96	0.93	0.88
High	0.96	1.00	0.95	0.95
Low	0.93	0.95	1.00	0.96
Close	0.88	0.95	0.96	1.00

자기상관관계

자기상관관계autocorrelation는 시계열time series에서 현재 데이터와 과거나 미래 데이터와의 상관관계를 의미한다. 계열 상관관계serial correlation나 시차 상관관계lagged correlation라고도 하며, 시계열 예측 모델링에서 중요한 역할을 한다. acf( ) 함수는 자기상관관계의 추정 값을 계산한다.

다음 코드를 실행하면 시차값과 함께 계열의 자기상관관계를 보여준다.

```
> acf(Sampledata$Volume)
```

그래프는 다음과 같다.

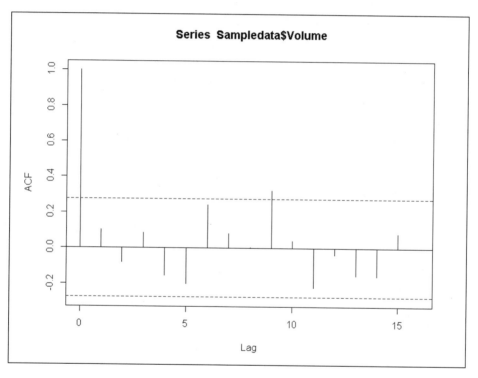

그림 2.5 시차값과 계열의 자기상관관계

위 그래프는 시차값과 함께 계열의 자기상관관계 그래프를 나타낸다. acf( ) 함수에는 lag.max, plot 등과 같은 다른 옵션도 존재한다.

편자기상관관계

시계열의 편자기상관관계^{partial autocorrelation}는 자신의 시차값과의 상관관계이며 모든 더 짧은 시차에서 시계열 값을 제어한다.[7] 또한 시계열 모델링에서 예측 기법의 구성요소 차수^{order}를 식별하기 위해 사용된다. 다음 함수를 사용해 계산한다.

```
> pacf(Sampledata$Volume)
```

pacf( ) 함수는 acf( ) 함수와 마찬가지로 lag.max, plot 등과 같은 다른 옵션이 존재한다. 실행 결과는 다음 그래프와 같다.

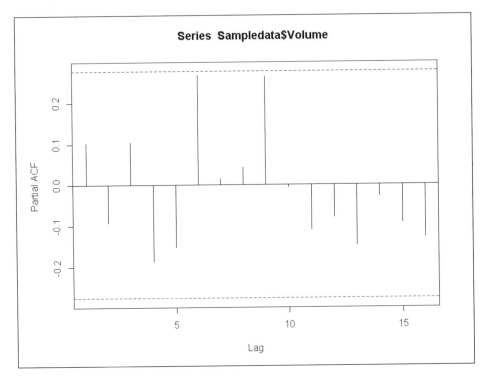

그림 2.6 시차값과 계열의 편자기상관관계

---

7 • 자기상관관계 함수(acf): k 시차, 즉 k 구간인 계열값 사이의 상관관계
    • 편자기상관관계 함수(pacf): k 시차, 즉 k 구간(사이의 구간값 고려)인 계열값 사이의 상관관계

교차상관관계

교차상관관계[cross correlation]는 서로 다른 두 시계열 자료 간의 유사성을 측정한다. acf 및 pacf와 마찬가지로 시계열 예측에서 중요한 역할을 한다. 다음 함수를 사용해 계산한다.

```
> ccf(Sampledata$Volume, Sampledata$High, main = "ccf plot")
```

실행 결과는 다음 그래프와 같다.

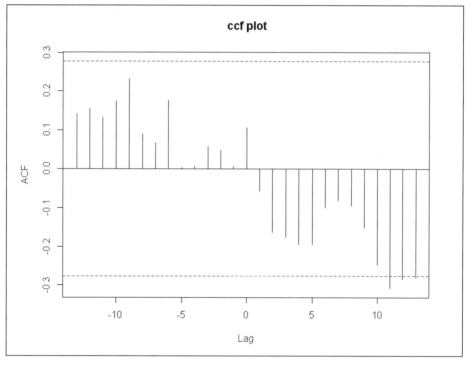

그림 2.7 두 계열의 교차상관관계

▌ 가설검정

가설검정^{hypothesis test}은 관측된 표본의 측정에 기초하여 가설을 기각하거나 채택하는 과정이다. 이론적 측면까지는 다루지 못하겠지만 R에서 가설검정의 다양한 시나리오를 구현하는 방법을 살펴보겠다.[8]

분산을 아는 모평균의 왼쪽꼬리검정

귀무가설^{null hypothesis}은 $\mu \geq \mu_0$로 설정하며, 이때 μ_0은 가정한 모평균의 하한선이라고 하자.

투자 이후 주식의 일일 평균 수익이 $10보다 크다고 가정해 보자. 30일 동안 일일 수익의 표본평균은 $9.9였다. 모집단의 표준편차가 1.1이라고 가정할 때 0.05 유의수준에서 귀무가설을 기각할 수 있는가?

R에서 다음 코드를 실행하여 검정통계량 z를 계산해 보자.

```
> xbar = 9.9
> mu0 = 10
> sig = 1.1
> n = 30
> z = (xbar-mu0)/(sig/sqrt(n))
> z
```

여기서 각 변수의 의미는 다음과 같다.

- xbar: 표본평균
- mu0: 가설값

---

[8] 가설검정에 나오는 필수용어에 대한 정의는 다음과 같다.
- 귀무가설(H0): 관습적이고 보수적인 주장, 차이가 없다, 0이다와 같이 타파하고자 하는 주장
- 대립가설(H1): 적극적으로 입증하려는 주장, 차이가 있음을 통계적 근거를 통해 입증하고자 하는 주장
- 유의수준(알파): 오류를 허용할 범위
- 유의확률(p-value): 대립가설이 틀릴 확률

유의확률이 유의수준보다 작으면 해당 귀무가설을 기각하고 대립가설을 채택할 수 있다.

- sig: 모집단의 표준편차
- n: 표본크기
- z: 검정통계량

검정통계량 z의 값은 다음과 같다.

```
[1] -0.4979296
```

이제 다음 코드로 0.05 유의수준에서 임계값critical value을 알아보자.

```
> alpha = .05
> z.alpha = qnorm(1-alpha)
> -z.alpha
```

결과는 다음과 같다.

```
[1] -1.644854
```

검정통계량 값이 임계값보다 크기 때문에 수익이 $10보다 크다는 귀무가설을 기각할 수 없다.

임계값을 통한 검정 대신 pnorm 함수를 사용해 p값p-value 검정통계량의 왼쪽꼬리를 계산할 수 있다. 수행 방법은 다음과 같다.

```
> pnorm(z)
```

결과는 다음과 같다.

```
[1] 0.3092668
```

p값이 0.05보다 크므로 귀무가설을 기각할 수 없다.

분산을 아는 모평균의 오른쪽꼬리검정

귀무가설은 $\mu \leq \mu_0$로 설정하며, 이때 μ_0은 가정한 모평균의 상한선이라고 하자.

투자 이후 주식의 일일 평균 수익이 \$5보다 적다고 가정해 보자. 30일 동안의 일일 수의의 표본평균은 \$5.1이다. 모집단의 표준편차가 0.25라고 가정할 때 0.05 유의수준에서 귀무가설을 기각할 수 있는가?

R에서 다음 코드를 실행하여 검정통계량 z를 계산해 보자.

```
> xbar = 5.1
> mu0 = 5
> sig = .25
> n = 30
> z = (xbar-mu0)/(sig/sqrt(n))
> z
```

여기서 각 변수의 의미는 다음과 같다.

- xbar: 표본평균
- mu0: 가설값
- sig: 모집단의 표준편차
- n: 표본크기
- z: 검정통계량

검정통계량 z의 값은 2.19089다. 이제 다음 코드로 0.05 유의수준에서 임계값을 계산해 보자.

```
> alpha = .05
> z.alpha = qnorm(1-alpha)
> z.alpha
```

결과는 1.644854로, 계산한 검정통계량 값보다 작다. 따라서 귀무가설을 기각한다.

또한 검정통계량의 p값은 다음과 같이 구할 수 있다.

```
> pnorm(z, lower.tail = FALSE)
```

결과값은 0.01422987로 0.05보다 작다. 따라서 귀무가설을 기각한다.

분산을 아는 모평균의 양측검정

귀무가설은 $\mu = \mu_0$로 설정하며, 이때 μ_0은 가정한 모평균의 값이라고 하자.

작년에 주식의 일일 평균 수익이 \$2였다고 가정해 보자. 올해에 30일간 일일 수익의 표본 평균은 \$1.5이다. 모집단의 표준편차가 0.1이라고 가정할 때 0.05 유의수준에서 작년에 비해 올해 수익의 큰 차이가 없다는 귀무가설을 기각할 수 있는가?

R에서 다음 코드를 실행해 검정통계량 z를 계산해 보자.

```
> xbar = 1.5
> mu0 = 2
> sig = .1
> n = 30
> z = (xbar-mu0)/(sig/sqrt(n))
> z
```

검정통계량 z의 값은 −27.38613이다.

이제 다음 코드로 0.05 유의수준에서 임계값을 계산해 보자.

```
> alpha = .05
> z.half.alpha = qnorm(1-alpha/2)
> c(-z.half.alpha, z.half.alpha)
```

결과값은 −1.959964, 1.959964이다. 검정통계량 값이 범위 (−1.959964, 1.959964) 사이에 없기 때문에 0.05 유의수준에서 작년에 비해 올해 수익률에 큰 차이가 없다는 귀무가설을 기각한다.

양측 p값 통계량은 다음과 같이 구할 수도 있다.

```
> 2 * pnorm(z)
```

결과값은 0.05보다 작으므로 귀무가설을 기각한다.

위 시나리오들에서는 모집단의 분산을 알고 있으며 가설검정을 위해 정규분포를 사용한다. 그러나 다음 시나리오들에서는 모집단의 분산을 알 수 없으므로 가설검정을 위해 t 분포를 사용한다.

분산을 모르는 모평균의 왼쪽꼬리검정

귀무가설은 $\mu \geq \mu_0$로 설정하며, 이때 μ_0는 가정한 모평균의 하한선이라고 하자.

투자 이후 주식의 일일 평균 수익이 $1보다 크다고 가정해 보자. 30일 동안 일일 수익의 표본평균은 $0.9이다. 표본의 표준편차가 0.1이라고 가정할 때 0.05 유의수준에서 귀무가설을 기각할 수 있는가?

R에서 다음 코드를 실행하여 검정통계량 t를 계산해 보자.

```
> xbar = .9
> mu0 = 1
> sig = .1
> n = 30
> t = (xbar-mu0)/(sig/sqrt(n))
```

여기서 각 변수의 의미는 다음과 같다.

- xbar: 표본평균
- mu0: 가설값
- sig: 표본의 표준편차
- n: 표본크기
- t: 검정봉계량

검정통계량 t의 값은 −5.477226이다. 이제 다음 코드로 0.05 유의수준에서 임계값을 계산해 보자.

```
> alpha = .05
> t.alpha = qt(1-alpha, df = n-1)
> -t.alpha
```

결과는 −1.699127로, 검정통계량 값이 임계값보다 작다. 따라서 귀무가설을 기각한다.

검정통계량 값 대신에 다음과 같이 검정통계량과 관련된 p값을 사용할 수 있다.

```
> pt(t, df = n-1)
```

결과값은 0.05보다 작으므로 귀무가설을 기각한다.

분산을 모르는 모평균의 오른쪽꼬리검정

귀무가설은 $\mu \le \mu_0$로 설정하며, 이때 μ_0는 가정한 모평균의 상한선이라고 하자.

투자 이후 주식의 일일 평균 수익이 \$3보다 적다고 가정해 보자. 30일 동안 일일 수익의 평균은 \$3.1이다. 표본의 표준편차가 0.2라고 가정할 때 0.05 유의수준에서 귀무가설을 기각할 수 있는가?

R에서 다음 코드를 실행하여 검정통계량 t를 계산해 보자.

```
> xbar = 3.1
> mu0 = 3
> sig = .2
> n = 30
> t = (xbar-mu0)/(sig/sqrt(n))
> t
```

여기서 각 변수의 의미는 다음과 같다.

- xbar: 표본평균
- mu0: 가설값
- sig: 표본의 표준편차
- n: 표본크기
- t: 검정통계량

검정통계량 t의 값은 2.738613이다. 이제 다음 코드로 0.05 유의수준에서 임계값을 계산한다.

```
> alpha = .05
> t.alpha = qt(1-alpha, df = n-1)
> t.alpha
```

임계값 1.699127이 검정통계량의 값보다 작다. 따라서 귀무가설을 기각한다.

또한 검정통계량과 관련된 값은 다음과 같다.

```
> pt(t, df = n-1, lower.tail = FALSE)
```

결과값은 0.05보다 작으므로 귀무가설을 기각한다.

분산을 모르는 모평균의 양측검정

귀무가설은 $\mu = \mu_0$로 설정하며, 이때 μ_0은 가정한 모평균의 값이라고 하자.

작년 주식의 일일 평균 수익이 \$2였다고 가정해 보자. 올해에 30일간 일일 수익의 표본평균은 \$1.9이다. 표본의 표준편차가 0.1이라고 가정할 때 0.05 유의수준에서 작년에 비해 올해 수익에 큰 차이가 없다는 귀무가설을 기각할 수 있는가?

R에서 다음 코드를 실행하여 검정통계량 t를 계산해 보자.

```
> xbar = 1.9
> mu0 = 2
> sig = .1
> n = 30
> t = (xbar-mu0)/(sig/sqrt(n))
> t
```

검정통계량 t의 값은 −5.477226이다. 이제 다음 코드로 비교를 위한 임계값 범위를 찾아 보자.

```
> alpha = 0.05
> t.half.alpha = qt(1-alpha/2, df = n-1)
> c(-t.half.alpha, t.half.alpha)
```

결과값은 −2.04523, 2.04523이다. 검정통계량 값이 범위 (−2.04523, 2.04523) 사이에 없기 때문에 0.05 유의수준에서 작년에 비해 올해 수익률에 큰 차이가 없다는 귀무가설을 기각한다.

▌ 파라미터 추정

이 절에서는 파라미터 추정parameter estimation에 사용되는 몇 가지 알고리즘에 대해 알아 보자.

최대 가능도 추정

최대 가능도 추정MLE: maximum likelihood estimation은 주어진 데이터 집합에 대한 모델 파라미터를 추정하는 방법이다. 어떤 파라미터가 주어졌을 때 원하는 값들이 나올 가능도를 최대로 만드는 파라미터를 선택하는 방법이다.

이제 정규분포 확률 밀도 함수의 파라미터 추정치를 찾아보자.

먼저 다음 코드를 실행하여 일련의 확률변수를 생성해 보자.

```
> set.seed(100)
> NO_values <- 100
> Y <- rnorm(NO_values, mean = 5, sd = 1)
> mean(Y)
```

결과값은 5.002913이다.

```
> sd(Y)
```

결과값은 1.02071이다.

이제 로그^{log} 가능도를 위한 함수를 만들어 보자.

```
> LogL <- function(mu, sigma) {
+    A = dnorm(Y, mu, sigma)
+    - sum(log(A))
+ }
```

이제 mle( ) 함수를 적용하여 평균과 표준편차 추정할 수 있는 파라미터를 추정해 보자.

```
> library(stats4)
> mle(LogL, start = list(mu = 2, sigma = 2))
```

mu와 sigma는 초기값을 설정했다.

실행 결과는 다음과 같다.

```
Call:
mle(minuslogl = LogL, start = list(mu = 2, sigma = 2))

Coefficients:
```

```
      mu    sigma
5.002926 1.015619
Warning messages:
1: In dnorm(Y, mu, sigma) : NaNs produced
2: In dnorm(Y, mu, sigma) : NaNs produced
3: In dnorm(Y, mu, sigma) : NaNs produced
4: In dnorm(Y, mu, sigma) : NaNs produced
5: In dnorm(Y, mu, sigma) : NaNs produced
6: In dnorm(Y, mu, sigma) : NaNs produced
7: In dnorm(Y, mu, sigma) : NaNs produced
8: In dnorm(Y, mu, sigma) : NaNs produced
9: In dnorm(Y, mu, sigma) : NaNs produced
10: In dnorm(Y, mu, sigma) : NaNs produced
```

표준편차가 음수 값이면 NaN[Not a Number]이 표시된다.

이 문제는 관련된 옵션을 사용해 제어할 수 있다. 다음과 같은 옵션을 사용하면 위의 출력에 나온 경고 메시지를 무시할 수 있다.

```
> mle(LogL, start = list(mu = 2, sigma = 2), method = "L-BFGS-B",
+     lower = c(-Inf, 0),
+     upper = c(Inf, Inf))
```

위 코드를 실행하면 다음과 같이 최적의 값이 출력된다.

```
Call:
mle(minuslogl = LogL, start = list(mu = 2, sigma = 2), method = "L-BFGS-B",
    lower = c(-Inf, 0), upper = c(Inf, Inf))

Coefficients:
      mu    sigma
5.002913 1.015595
```

선형모델

선형회귀모델linear regression model에서는 독립/예측변수에 관한 종속/반응변수를 예측한다. 선형모델linear model에서는 주어진 점에 대한 회귀선regression line이라는 최적의 직선을 찾으려 한다. 회귀선에 대한 계수coefficients는 통계 소프트웨어를 사용해 추정한다. 회귀선의 절편intercept은 독립변수의 값이 0일 때 종속변수의 평균값을 의미한다. 또한 반응변수는 예측변수의 각 단위 변경에 대한 추정 계수의 요인에 의해 증가한다. 이제 종속변수가 Adj. Close이고 독립변수가 Volume인 선형 회귀 모형의 파라미터를 추정해 보자. 다음 코드로 최적의 선형모델을 찾아보자.

```
> Y <- Sampledata$Adj.Close
> X <- Sampledata$Volume
> fit <- lm(Y ~ X)
> summary(fit)
```

위 코드를 실행하면 다음과 같은 실행 결과가 생성된다.

```
Call:
lm(formula = Y ~ X)

Residuals:
    Min      1Q  Median      3Q     Max
-12.3053 -5.1630 -0.4186  5.9110 14.2786

Coefficients:
             Estimate Std. Error t value Pr(>|t|)
(Intercept)  1.945e+02  2.427e+00  80.146   <2e-16 ***
X           -1.880e-07  5.057e-07  -0.372    0.712
---
Signif. codes:  0 '***' 0.001 '**' 0.01 '*' 0.05 '.' 0.1 ' ' 1

Residual standard error: 6.926 on 48 degrees of freedom
Multiple R-squared:  0.002871,Adjusted R-squared:  -0.0179
F-statistic: 0.1382 on 1 and 48 DF,  p-value: 0.7117
```

summary( ) 함수는 선형회귀모델의 파라미터 추정치를 보여준다. 유사하게 다중회귀모델 multiple regression model과 같은 다른 회귀모델에 대해서도 파라미터를 추정할 수 있다.

▌ 이상치 검출

이상치outlier는 모든 분석에서 고려해야 하는 매우 중요한 요소다. 왜냐하면 이상치를 고려하지 않으면 분석이 왜곡될 수 있기 때문이다. R에는 이상치를 검출하는 다양한 방법이 있다. 이 절에서는 가장 일반적인 방법을 살펴보겠다.

상자그림

다음 코드를 실행해 Sampledata의 Volume 변수에 대한 상자그림boxplot을 만들어 보자.

```
> boxplot(Sampledata$Volume, main = "Volume", boxwex = 0.1)
```

그래프는 다음과 같다.

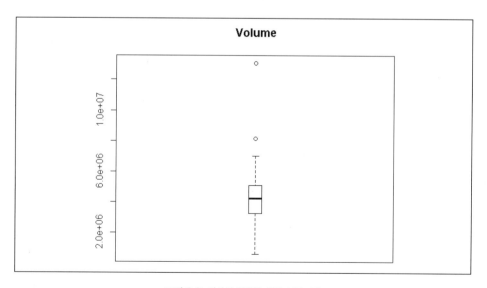

그림 2.8 이상치 검출을 위한 상자그림

이상치는 나머지 데이터들과 거리가 먼 값이다. 즉 데이터의 분포에서 비정상적으로 분포를 벗어난 값이다. 그림 2.8의 상자그림에서 울타리^{whiskers} 밖에 위치한 이상치를 명확하게 확인할 수 있다.

LOF 알고리즘

LOF^{local outlier factor} 알고리즘은 밀도기반의 이상치 탐지 방식으로 다차원 공간상에서의 이상치는 그렇지 않은 개체들이 갖는 주변 밀도에 비해 주변 밀도가 극히 낮다는 성질을 이용해 이상치를 탐지한다. LOF 알고리즘은 이러한 주변 밀도에 근거하기 때문에, 일반적인 거리 기반의 기존 알고리즘에 비해 전체 데이터 객체에 대해 이상 정도를 말해주는 하나의 단일 지표값인 LOF를 계산할 수 있고, 전체 이상치가 아니라 부분 이상치에 대해서도 탐지가 가능하기 때문에 다른 알고리즘보다 일반적으로 높은 성능을 보인다.

Sampledata의 일부 변수를 사용해 다음 코드를 실행해 보자. 다만 DMwR 패키지를 설치한 다음에 작업을 수행해야 한다.

```
> install.packages("DMwR")
> library(DMwR)
> Sampledata1<- Sampledata[,2:4]
> outlier.scores <- lofactor(Sampledata1, k = 4)
> plot(density(outlier.scores))
```

여기서 k는 LOF 계산에 사용된 주위 점의 수다.

그래프는 다음과 같다.

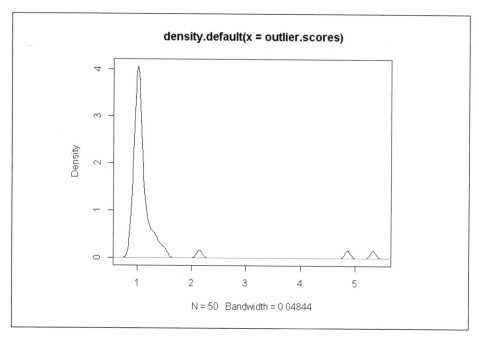

그림 2.9 LOF 방식으로 계산한 이상치

상위 5개의 이상치를 알고 싶다면 다음과 같이 실행한다.

```
> order(outlier.scores, decreasing=T)[1:5]
```

결과로 행 번호가 출력된다.

```
[1] 50 34 40 33 22
```

▌표준화

모델링을 위한 다양한 속성이 존재하고 이들 모두 서로 다른 척도를 사용하므로 통계에서 표준화standardization는 중요한 역할을 수행한다. 그러므로 비교를 위해선 변수를 표준화해

서 동일한 척도를 사용해야 한다.[9]

R에서 scale(x, center, scale) 함수를 사용하면 값의 중심화centering를 수행하고 z 점수(값)를 구할 수 있다. scale( ) 함수의 인수는 다음과 같다.

- x: 숫자 객체
- center
  - **TRUE**: 객체의 각 열 값에서 열 평균을 뺀다(NA 무시).
  - **FALSE**: 중심화는 실행하지 않는다.
- scale
  - **TRUE**: center도 TRUE면 중심화한 열 값을 열의 표준편차로 나눈다.
  - **TRUE**: center가 FALSE면 중심화한 열 값을 열의 제곱평균제곱근(root mean square, rms)으로 나눈다.
  - **FALSE**: 어떤 값으로도 나누지 않는다.

데이터 집합에서 Volume의 데이터를 중심화하려면 다음 코드를 실행한다.

```
> scale(Sampledata$Volume, center = TRUE, scale = FALSE)
```

데이터 집합에서 Volume의 데이터를 표준화하려면 다음 코드를 실행한다.

```
> scale(Sampledata$Volume, center = TRUE, scale = TRUE)
```

▌정규화

정규화normalization는 min/max 개념을 사용해 여러 가지 속성을 동일한 척도로 변환한다.

---

[9] • 표준화 공식: (요소값 − 평균)/표준편차
  • 표준화는 평균값과의 거리를 나타낸다.

계산 공식은 다음과 같다.[10]

normalized = (x-min(x))/(max(x)-min(x))

따라서 Volume 속성을 정규화하려면 다음 코드를 실행하면 된다.

```
> normalized = (Sampledata$Volume-min(Sampledata$Volume))/
+   (max(Sampledata$Volume)-min(Sampledata$Volume))
> normalized
```

▌질문

1. R에서 정규분포, 포아송분포, 균등분포의 예제를 만들어 보시오.

2. R에서 무작위 표본추출과 층화 표본추출을 수행하는 방법은?

3. 중심경향척도에는 무엇이 있으며, R에서 중심경향척도를 찾는 방법은?

4. R에서 첨도와 왜도를 계산하는 방법은?

5. R에서 모집단의 분산을 아는 경우와 모르는 경우에 대한 각각의 가설검정 방법은?

6. R에서 이상치를 검출하는 방법은?

7. R에서 최대 가능도 추정과 선형모델을 위한 파라미터 추정 방법은?

8. R에서 표준화와 정규화란 무엇이며 수행하는 방법은?

---

[10] • 정규화 공식: (요소값-최소값)/(최대값-최소값)
   • 정규화는 데이터 군 내에서 특정 데이터의 위치를 살펴본다.

▌요약

2장에서는 금융 산업에서 가장 일반적으로 사용되는 분포와 R에서 이와 관련된 계산을 수행하는 방법에 대해 논의했다. 표본추출(무작위와 층화), 중심경향척도, 상관관계와 시계열에서 모델 선택에 사용되는 상관관계 유형, 모집단의 분산을 아는 경우와 모르는 경우의 가설검정(단측과 양측), 이상치 검출, 파라미터 추정, 동일한 척도로 속성을 비교하는 표준화와 정규화를 R에서 수행하는 방법을 살펴봤다.

3장에서는 R에서 단순선형회귀분석simple linear regression, 다중선형회귀분석multiple linear regression, 분산분석ANOVA: analysis of variance, 특징 선택feature selection, 변수 순위ranking of variables, 웨이블릿 분석wavelet analysis, 고속 푸리에 변환fast Fourier transformation, 힐버트 변환Hilbert transformation 등을 수행하는 방법을 살펴본다.

03

통계 분석

금융 분석에서는 다양한 대상 변수에 대한 예측과 동인을 찾기 위해 예측 모델링 수행 기술이 필요하다. 3장에서는 예측 모델 구축을 위한 회귀 유형과 그 모델을 R에서 구현하는 방법을 살펴본다. 또한 변수 선택 방법 및 회귀와 관련된 다른 측면을 구현하는 방법도 알아본다. 3장에서는 이론적인 내용을 설명하는 대신 R로 회귀모델을 구현하는 방법을 살펴보겠다. 회귀분석은 금융 산업의 횡단면cross-sectional 데이터를 예측하는 데 사용할 수 있다. 또한 데이터의 주파수 분석frequency analysis과 시간에서의 고속 푸리에fast Fourier, 웨이블 릿wavelet, 힐버트Hilbert, 하르haar 등과 같은 변환들에 대해 알아보고 데이터에서 잡음noise을 제거할 때 주파수 영역frequency domain이 어떻게 도움이 되는지 알아본다.

3장에서 다룰 주제는 다음과 같다.

- 단순선형회귀simple linear regression
- 다중선형회귀multiple linear regression
- 다중공선성multicollinearity
- 분산분석ANOVA: analysis of variance
- 특징 선택feature selection
- 단계식 변수 선택stepwise variable selection
- 변수 순위ranking of variables
- 웨이블릿 분석wavelet analysis
- 고속 푸리에 변환fast Fourier transformation
- 힐버트 변환Hilbert transformation

▍단순선형회귀

단순선형회귀simple linear regression는 예측변수predictor variable라는 제2의 변수로 특정 변수를 예측한다.[1] 예측하려는 변수를 종속변수dependent variable라 하고 y로 표기하며, 독립변수 independent variable는 x로 표기한다. 단순선형회귀에서 종속변수와 독립변수는 선형관계linear relationship라 가정한다.

먼저 종속변수와 독립변수 간의 선형관계를 이해하기 위해 데이터를 그래프로 확인한다. 여기서 데이터는 두 변수로 구성 된다.

- YPrice: 종속변수
- XPrice: 독립변수

---

[1] 예측변수 = 독립변수, 반응변수 = 종속변수와 같은 의미다. 하지만 예측변수는 반응변수와, 독립변수는 종속변수와 대응해 사용하길 권장한다.

이번 경우에는 XPrice에 해당하는 YPrice를 예측하고자 한다. StockXPrice는 독립변수이며, StockYPrice는 종속변수다. 모든 StockXPrice의 요소에 대응하는 StockYPrice의 요소가 존재하며, 이는 StockXPrice와 StockYPrice 간은 일대일 대응관계라는 의미다.

다음 코드를 이용해 향후 분석에 사용할 데이터를 확인해 보자.

```
> Data = read.csv("C:/R_Code/Chapter03/DataForRegression.csv")
> head(Data)
  StockYPrice StockXPrice
1       80.13       72.86
2       79.57       72.88
3       79.93       71.72
4       81.69       71.54
5       80.82       71.00
6       81.07       71.78
```

산포도

먼저 x와 y 사이의 선형관계를 확인하기 위해 x와 y 사이의 산포도scatter plot를 그린다. 다음 코드를 실행하여 산포도를 그려 보자.

```
> YPrice = Data$StockYPrice
> XPrice = Data$StockXPrice
> plot(YPrice, XPrice, xlab = "XPrice", ylab = "YPrice")
```

이때 종속변수는 YPrice이고 독립변수는 XPrice이다. 단, 이 예제는 단지 설명을 위한 목적임을 유의하기 바란다.

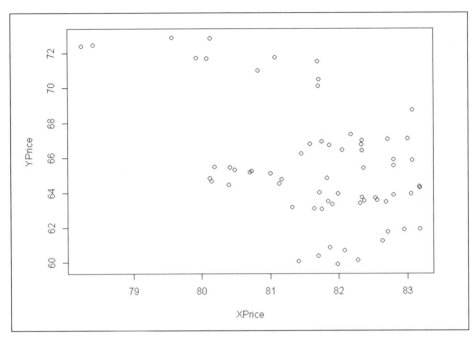

그림 3.1 두 변수의 산포도

일단 종속변수와 독립변수 간의 관계를 조사한 다음, 모든 주어진 독립변수에 대해 예측한 Y값을 나타내는 점을 관통하는 최적의 직선을 찾는다. 단순선형회귀는 종속변수와 독립변수간의 관계를 나타내는 다음과 같은 방정식으로 표현할 수 있다.

$$Y = \alpha + \beta x + \epsilon$$

이때 α와 β는 파라미터이고, ϵ는 오차항error term이다. α는 절편intercept, β는 독립변수의 계수coefficient다. 계수는 오차항 제곱의 합을 최소화하여 구한다. 모든 통계 소프트웨어와 마찬가지로 R에서도 계수를 추정하는 방법을 제공한다.

R에서는 lm 함수로 적합한 선형회귀모델을 구한다.

```
> LinearR.lm = lm(YPrice ~ XPrice, data = Data)
```

이때 Data는 주어진 입력값이고 YPrice와 XPrice는 각각 종속변수와 독립변수다. 모델을 적용한 다음 아래 코드를 이용해 파라미터를 구한다.

```
> coeffs = coefficients(LinearR.lm); coeffs
```

위 코드를 실행하면 절편과 계수의 값을 구할 수 있다.

```
(Intercept)     XPrice
92.7051345  -0.1680975
```

이제 다음과 같은 모델을 만들 수 있다.

```
> YPrice = 92.7051345 + -0.1680975 * (XPrice)
```

이 모델을 통해 주어진 XPrice에 대해 YPrice의 값을 예측할 수 있다.

또한 다음 코드와 같이 predict( ) 함수를 사용하면 OutofSampleData와 같은 임의의 데이터에 대해서도 앞서 만든 선형회귀모델을 적용하여 예측값을 구할 수 있다.

```
> predict(LinearR.lm, OutofSampleData)
```

결정계수

적합한 모델을 만들었다면 이제 모델이 데이터와 얼마나 잘 맞는지 검증해야 한다. 여러 가지 측정 방식이 존재하지만 주로 사용하는 방식은 결정계수coefficient of determination다. R에서는 다음 코드로 구할 수 있다.

```
> summary(LinearR.lm)$r.squared
```

결정계수는 R 제곱R-square으로 표기하며, 종속변수의 분산 중 독립변수에 의해 설명되는 분산의 비율을 의미하고 0에서 1까지의 값을 갖는다. 즉 주어진 자료에 의하여 추정된 회귀식이 해당 자료를 얼마나 잘 설명하는지(정확도가 높은지) 여부를 보여 주는 값으로 0과 1 사이의 값을 나타내며 결정계수가 1에 가까울수록 추정된 회귀식이 해당 자료를 잘 설명한다고 할 수 있다.

유의성 검정

이제 0.05 유의수준^{significance level}에서 선형회귀모델의 변수들 간의 관계가 유의한지 여부를 조사해 보자.

다음 코드를 실행한다.

```
> summary(LinearR.lm)
```

아래와 같이 선형회귀모델과 관련된 모든 통계를 확인할 수 있다.

```
Call:
lm(formula = YPrice ~ XPrice, data = Data)

Residuals:
    Min      1Q   Median      3Q     Max
-2.31151 -0.70341  0.07678  0.79348  1.91989

Coefficients:
            Estimate Std. Error t value Pr(>|t|)
(Intercept) 92.70513    2.31592  40.030  < 2e-16 ***
XPrice      -0.16810    0.03528  -4.764 1.13e-05 ***
---
Signif. codes:  0 '***' 0.001 '**' 0.01 '*' 0.05 '.' 0.1 ' ' 1

Residual standard error: 0.9644 on 64 degrees of freedom
Multiple R-squared:  0.2618,Adjusted R-squared:  0.2503
F-statistic:  22.7 on 1 and 64 DF,  p-value: 1.129e-05
```

XPrice와 관련된 p값이 0.05보다 작으면 독립변수는 0.05 유의수준에서 종속변수를 유의하게 설명한다.

선형회귀모델의 신뢰구간

예측값에 대한 중요한 이슈 중 하나는 예측값을 중심으로 신뢰구간confidence interval을 찾는 것이다. 그럼 적합한 모델의 예측값을 중심으로 95% 신뢰구간을 찾아보자. 다음 코드를 실행하여 구해 보자.

```
> Predictdata = data.frame(XPrice = 75)
> predict(LinearR.lm, Predictdata, interval = "confidence")
```

XPrice = 75로 주어진 값에 대한 예측값을 추정한 다음 예측값을 중심으로 신뢰구간을 찾는다.

위 코드의 실행 결과는 다음과 같다.

```
      fit      lwr      upr
1 80.09782 79.39094 80.8047
```

잔차도

모델을 정한 후에는 관찰값observed value과 비교하여 차이를 발견해야 하는데 이를 잔차 residual라 한다. 그러면 모델의 성능을 시각적으로 확인하기 위해 독립변수에 대한 잔차를 그려 보자. 다음 코드를 실행하면 잔차도residual plot를 그릴 수 있다.

```
> LinearR.res = resid(LinearR.lm)
> plot(XPrice, LinearR.res,
+      ylab = "Residuals",
+      xlab = "XPrice",
+      main = "Residual Plot")
```

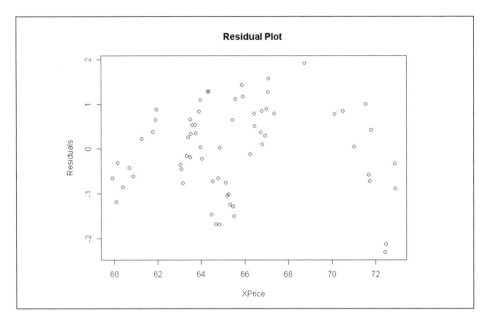

그림 3.2 선형회귀모델에 대한 잔차도

앞서 살펴본 코드를 다음과 같이 변경하여 실행하면 표준화 잔차^{standardized residuals}에 대한 잔차도를 그릴 수 있다.

```
> LinearRSTD.res = rstandard(LinearR.lm)
> plot(XPrice, LinearRSTD.res,
+       ylab = "Standardized Residuals",
+       xlab = "XPrice",
+       main = "Residual Plot")
```

오차의 정규분포

선형회귀의 가정 중 하나는 오차가 정규분포라는 것이다. 따라서 모델을 정한 후에는 오차가 정규분포를 이루는지 확인해야 한다.

다음 코드를 실행하여 확인할 수 있으며 이론적인 정규분포^{theoretical normal distribution}와 비교할 수 있다.

```
> qqnorm(LinearRSTD.res,
+        ylab = "Standardized Residuals",
+        xlab = "Normal Scores",
+        main = "Error Normal Distribution plot")
> qqline(LinearRSTD.res)
```

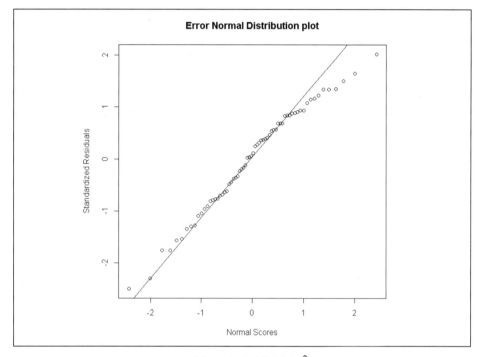

그림 3.3 표준화 잔차의 QQ도[2]

선형회귀모델에 관한 summary( ) 함수의 더 자세한 내용은 R 문서에서 확인할 수 있다. 다음 명령을 실행하면 선형회귀모델, 즉 lm( ) 함수에 대한 도움말 창이 나타난다. 도움말은 데이터 유형을 포함해 함수의 모든 입출력 변수에 대한 자세한 설명을 예제와 함께 제공한다.[3]

---

[2] QQ도(Quantile–Quantile plot, 분위수–분위수도): 두 분포의 분위수들을 쌍으로 직교좌표에 나타낸 그림
[3] 추가적인 도움말 확인방법
  • > ?summary.lm # 도움말 확인
  • > arg(summary.lm) # 함수의 인수만 확인

```
> help(summary.lm)
```

▌ 다중선형회귀

다중선형회귀multiple linear regression에서는 하나 이상의 독립변수로 종속변수를 설명한다. 다중선형회귀 방정식은 다음과 같다.[4]

$$Y = \alpha + \Sigma\beta_k X_k + \epsilon$$

여기서 α, $\beta_1 \cdots \beta_k$는 다중선형회귀 파라미터이며 ϵ의 제곱합을 최소화해서 구할 수 있는데, 이를 최소제곱법OLS: Ordinary Least Squares method 추정이라고 한다.

먼저 다음과 같이 CSV 파일을 읽어서 데이터를 DataMR 변수에 저장한다.

```
> DataMR = read.csv("C:/R_Code/Chapter03/DataForMultipleRegression.csv")
```

데이터 집합 DataMR에 있는 독립변수 StockX1Price, StockX2Price, StockX3Price, StockX4Price로 종속변수 StockYPrice를 구해 보자.

다중회귀모델을 만들어 다중회귀의 파라미터 추정치를 구한다.

```
> MultipleR.lm = lm(StockYPrice ~
+                   StockX1Price +
+                   StockX2Price +
+                   StockX3Price +
+                   StockX4Price,
+                data = DataMR)
> summary(MultipleR.lm)
```

---

[4] 다수의 독립변수에 대해 한 개의 스칼라 종속변수를 구하는 회귀모델을 다중선형회귀라 한다. 반면에 종속변수가 벡터인 경우를 다변량선형회귀(multivariate linear regression)라고 한다. 다중선형회귀와 다변량선형회귀는 다른 의미이므로 혼동하지 않도록 주의한다.

위 코드를 실행하면 데이터에 다중회귀모델을 적용하여 다중회귀에 관련된 기본적인 요약 통계 정보를 얻을 수 있다.

```
Call:
lm(formula = StockYPrice ~ StockX1Price + StockX2Price + StockX3Price +
    StockX4Price, data = DataMR)

Residuals:
    Min      1Q  Median      3Q     Max
-2.2436 -0.6599  0.1809  0.7148  1.6833

Coefficients:
             Estimate Std. Error t value Pr(>|t|)
(Intercept)  88.42137    6.54845  13.503  < 2e-16 ***
StockX1Price -0.16625    0.03649  -4.556 2.55e-05 ***
StockX2Price -0.00468    0.04169  -0.112    0.911
StockX3Price  0.03497    0.04442   0.787    0.434
StockX4Price  0.02713    0.04346   0.624    0.535
---
Signif. codes:  0 '***' 0.001 '**' 0.01 '*' 0.05 '.' 0.1 ' ' 1

Residual standard error: 0.9788 on 61 degrees of freedom
Multiple R-squared:  0.2753,  Adjusted R-squared:  0.2278
F-statistic: 5.793 on 4 and 61 DF,  p-value: 0.0005107
```

단순선형회귀모델과 마찬가지로, 위 요약정보에서 볼 수 있듯이 lm( ) 함수는 다중회귀모델의 계수를 추정하며 다음과 같은 예측식prediction equation을 작성할 수 있다.

```
> StockYPrice = 88.42137 +
+    (-0.16625) * DataMR$StockX1Price +
+    (-0.00468) * DataMR$StockX2Price +
+    (.03497) * DataMR$StockX3Price +
+    (.02713) * DataMR$StockX4Price
```

위의 식을 이용하면 임의로 주어진 독립변수의 집합에 대한 종속변수를 예측할 수 있다.

표본외 데이터에 대해서도 아래 코드를 실행하면 예측값을 구할 수 있다.

```
> newdata = data.frame(StockX1Price = 70,
+                      StockX2Price = 90,
+                      StockX3Price = 60,
+                      StockX4Price = 80)
> predict(MultipleR.lm, newdata)
```

입력한 독립변수의 집합에 대한 종속변수의 예측값으로 80.63105가 출력된다.

결정계수

모델의 적합성을 확인하기 위한 주요 통계값은 요약표 내에서 R 제곱^{R-squared}과 수정된 R 제곱^{adjusted R-squared}으로 표시되는 결정계수^{coefficient of determination}와 수정된 결정계수^{adjusted coefficient of determination}다.

다음 코드를 실행하면 결정계수의 값을 직접 구할 수 있다.

```
> summary(MultipleR.lm)$r.squared
> summary(MultipleR.lm)$adj.r.squared
```

요약표로부터 어떤 변수가 유의한지 알 수 있다. 요약표에 있는 변수와 관련된 p값이 0.05 미만이면 특정 변수는 유의하다. 그렇지 않으면 유의하지 않다.

신뢰구간

다음 코드로 다중회귀모델에 의해 예측값의 95% 신뢰구간^{confidence interval}에 대한 예측구간^{prediction interval}을 찾을 수 있다.

```
> predict(MultipleR.lm, newdata, interval = "confidence")
```

위 코드를 실행하면 다음과 같은 결과를 얻는다.

```
       fit      lwr      upr
1 80.63105 79.84809 81.41401
```

█ 다중공선성

독립변수들 간에 상관관계가 있다면 다중공선성^{multicollinearity}을 발견하고 이를 해결해야 한다. 둘 이상의 변수에 상관관계가 있으면 이들 사이엔 강한 의존구조가 나타난다. 이러한 상관관계가 있는 변수를 독립변수로 사용하면 변수들간에 관계로 인해 예측값에 대한 중복효과가 발생한다. 따라서 다중공선성의 인식은 중요하다. 다중공선성을 해결하고 상관관계가 없는 변수만 고려한다면 중복 영향으로 인한 문제를 피할 수 있다.

다중공선성은 vif( ) 함수를 이용해 찾을 수 있으며 이를 위해선 다음과 같이 먼저 car 패키지를 설치하고 불러온 다음에 vif( ) 함수를 실행해야 한다.

```
> install.packages("car")
> library(car)
> vif(MultipleR.lm)
```

독립변수들에 대한 다중공선성 표는 다음과 같다.

```
StockX1Price StockX2Price StockX3Price StockX4Price
    1.038288     1.039964     1.014838     1.025872
```

분산팽창요인$^{VIF: Variance Inflation Factor}$의 값에 따라 관련 없는 변수를 삭제할 수 있다.[5]

---

[5] 다중회귀분석 시 종속변수 Y를 제외하고 나머지 독립변수간의 상관관계만을 고려하여 2개 이상의 독립변수 조합 간 회귀분석을 따로 실시한다. 실시한 결과 설명력(결정계수, R 제곱)이 높으면 우려하는 다중공산성문제가 발생된다. 만약 독립변수 간 상관관계가 높아 특정조합상(i번째 독립변수를 종속변수로 두어 회귀분석 실시)에서 회귀선의 설명이 좋으면 분산팽창요인 값이 커지게 된다. 보통 이 분산팽창요인이 10 이상일 때 i번째 독립변수는 다중공산성이 있는 독립변수라 판단한다.

분산분석

분산분석ANOVA: analysis of variance은 3개 이상의 독립적인 집단에서 평균 간에 통계적으로 유의한 차이가 있는지 여부를 결정할 때 사용한다. 표본이 2개만 있을 경우 t검정t-test을 이용해 표본의 평균을 비교할 수 있지만, 표본이 3개 이상인 경우엔 t검정으로 집단 간 평균차이를 한번에 분석하기 어렵다. 그럼 양적quantitative 종속변수 수익률Returns과 단일 질적qualitative 독립변수 주식Stock 간의 관계를 조사해 보자. 주식은 Stock1부터 Stock5까지 5개의 요인 수준factor level이 존재한다.[6]

상자그림으로 5가지 주식의 요인 수준을 조사하고 다음 코드를 사용해 비교할 수 있다.

```
> DataANOVA = read.csv("C:/R_Code/Chapter03/DataAnova.csv")
> head(DataANOVA)
```

위 코드를 실행하면 분석에 사용될 데이터 집합 중 일부를 확인할 수 있다.

```
  Returns  Stock
1    1.64 Stock1
2    1.72 Stock1
3    1.68 Stock1
4    1.77 Stock1
5    1.56 Stock1
6    1.95 Stock1
```

```
> boxplot(DataANOVA$Returns ~ DataANOVA$Stock)
```

위 코드를 실행하면 다음과 같은 결과와 상자그림을 얻을 수 있다.

---

[6] • 요인(factor): 실험에서 반응에 영향을 주는 요소(명목변수) ex) 주식의 종류
• 요인 수준(factor level): 요인의 범주 수 ex) 5개 (Stock1 ~ Stock5)
• 반응: 관심이 되는 양적변수 ex) 수익률

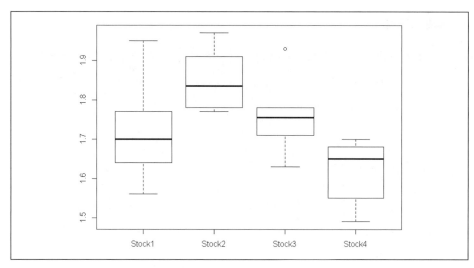

그림 3.4 주식의 요인 수준별 상자그림

분산분석은 측정값들의 전체 변동을 비교하려는 요인 수준 간의 차이에 의해 발생하는 변동과 그 밖의 요인에 의해 발생하는 변동으로 나누어 자료를 분석한다. 이때 측정값에 영향을 미치는 요인이 1개이면 일원분산분석one-way ANOVA, 2개이면 이원분산분석two-way ANOVA 이라 한다.

그럼 귀무가설로 5가지 주식의 요인 수준에 따라 평균 수익률이 다르지 않다고 했을 때, 즉 평균 수익률에 유의한 차이가 없다고 했을 때 귀무가설을 기각할 수 있는지 알아보자.

```
> oneway.test(DataANOVA$Returns ~ DataANOVA$Stock, var.equal = TRUE)
```

위 코드의 실행결과는 다음과 같다.

```
        One-way analysis of means

data:  DataANOVA$Returns and DataANOVA$Stock
F = 5.4063, num df = 3, denom df = 20, p-value = 0.006876
```

p값이 0.05보다 작으므로 귀무가설을 기각한다. 따라서 주식의 요인 수준별 수익은 같다고 할 수 없다.

▌ 특징 선택

특징 선택feature selection은 금융모델 구축에서 가장 힘든 부분 중 하나다. 특징 선택은 통계적 또는 해당분야domain에 대한 지식을 통해 수행될 수 있는데, 여기서는 금융 산업에서의 통계적 특징 선택 방법에 대해서만 논의하겠다.

관련 없는 특징 제거

데이터에는 상관관계가 높은 특징이 포함될 수 있는데, 모델에서 상관관계가 높은 특징이 없는 모델이 더 좋다. caret 패키지는 아래 예제와 같이 특징 간에 상관계수 행렬correlation matrix을 찾는 방법을 제공한다.

다음 코드를 실행하면 상관분석과 다중회귀분석에 사용되는 몇 줄의 데이터를 확인할 수 있다.

```
> DataMR = read.csv("C:/R_Code/Chapter03/DataForMultipleRegression.csv")
> head(DataMR)

  StockYPrice StockX1Price StockX2Price StockX3Price StockX4Price
1       80.13        72.86         93.1         63.7         83.1
2       79.57        72.88         90.2         63.5         82.0
3       79.93        71.72         99.0         64.5         82.8
4       81.69        71.54         90.9         66.7         86.5
5       80.82        71.00         90.7         60.7         80.8
6       81.07        71.78         93.1         62.9         84.2
```

위 결과는 DataMR에 있는 5개의 변수, 즉 StockYPrice, StockX1Price, StockX2Price, StockX3Price, StockX4Price를 보여준다. 이때 StockYPrice는 종속변수이며 다른 모든 4개의 변수는 독립변수다. 의존구조는 심층분석을 위해 매우 중요하다.

다음 명령은 StockYPrice, StockX1Price, StockX2Price, StockX3Price와 같이 처음 네 열 간의 상관계수 행렬을 계산한다.

```
> correlationMatrix <- cor(DataMR[,1:4])
> correlationMatrix
```

```
           StockYPrice StockX1Price StockX2Price StockX3Price
StockYPrice  1.00000000  -0.51167435   0.08791618   0.10493970
StockX1Price -0.51167435   1.00000000  -0.17845772  -0.02198223
StockX2Price  0.08791618  -0.17845772   1.00000000   0.04577783
StockX3Price  0.10493970  -0.02198223   0.04577783   1.00000000
```

위 상관계수 행렬은 어떤 변수들이 높은 상관관계가 있는지 보여준다. 이러한 방법으로 모델에서 상관관계가 높지 않은 특징을 선택한다.

▌ 단계식 변수선택

특징 선택을 위해 stepAIC( ) 함수를 사용해 예측 모델에서 단계식 변수선택stepwise variable selection을 사용할 수 있다. 이때 전진forward, 후진backward, 단계선택both 중 하나의 방법을 선택한다.

stepAIC( ) 함수를 실행하려면 다음과 같이 먼저 MASS 패키지를 설치하고 불러와야 한다.

```
> install.packages("MASS")
> library(MASS)
```

수행 방법은 다음 코드와 같다.

```
> MultipleR.lm = lm(StockYPrice ~
+                   StockX1Price +
+                   StockX2Price +
+                   StockX3Price +
+                   StockX4Price,
+              data = DataMR)
> step <- stepAIC(MultipleR.lm, direction = "both")
> step$anova
```

위 코드의 실행결과는 다음과 같다.

```
Stepwise Model Path
Analysis of Deviance Table

Initial Model:
StockYPrice ~ StockX1Price + StockX2Price + StockX3Price + StockX4Price

Final Model:
StockYPrice ~ StockX1Price


            Step Df  Deviance Resid. Df Resid. Dev        AIC
1                                    61   58.44418  1.97554439
2 - StockX2Price  1 0.01207464       62   58.45625 -0.01082133
3 - StockX4Price  1 0.36574437       63   58.82200 -1.59916433
4 - StockX3Price  1 0.70824639       64   59.53024 -2.80923726
```

여기서는 입력 데이터 집합으로 다중회귀에 사용된 데이터 집합을 사용했다. 하지만 leaps 패키지의 leaps( ) 함수를 이용하면 부분집합회귀all-subsets regression도 사용할 수 있다.

분류에 의한 변수선택

의사결정나무decision tree나 랜덤 포레스트random forest와 같은 분류classification 기법을 사용하면 가장 유의한 예측변수를 얻을 수 있다. 여기서는 랜덤 포레스트를 사용해 가장 관련성이 높은 특징을 찾아 보겠다. 아래 예제에서는 DataForMultipleRegression1 데이터 집합의 4가지 속성을 모두 선택했으며 그래프는 모든 하위집합subset을 비교해서 서로 다른 하위집합 크기의 정확성을 보여준다.

```
> install.packages("mlbench")
> install.packages("caret")
> library(mlbench)
> library(caret)
```

```
> DataVI = read.csv("C:/R_Code/Chapter03/DataForMultipleRegression1.csv")
> head(DataVI)
```

위 코드를 실행하면 다음과 같이 분석에 사용할 데이터 일부를 확인할 수 있다.

```
  PortfolioYDirection StockX1Price StockX2Price StockX3Price StockX4Price
1                   0        72.86         93.1         63.7         83.1
2                   1        72.88         90.2         63.5         82.0
3                   0        71.72         99.0         64.5         82.8
4                   0        71.54         90.9         66.7         86.5
5                   1        71.00         90.7         60.7         80.8
6                   0        71.78         93.1         62.9         84.2
```

다음 코드를 실행해 필요한 분석을 수행한다.

```
> install.packages("randomForest")
> library(randomForest)
> control <- rfeControl(functions = rfFuncs, method = "cv", number = 10)
> Output <- rfe(DataVI[,1:4],
+               DataVI[,0:1],
+               sizes = c(1:4),
+               rfeControl = control)
> predictors(Output)
> plot(Output, type = c("g", "o"))
```

위 코드를 실행하면 모든 하위집합을 비교하여 서로 다른 하위집합의 크기의 정확도를 보여주는 그래프가 생성된다.

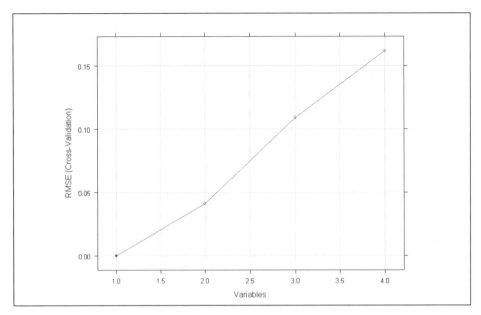

그림 3.5 서로 다른 하위집합의 모델 정확도

지금까지 특징 선택의 몇 가지 예를 살펴봤다. 예측 모델링을 위한 분류 기법과 정보 값과 같은 다른 특징 선택 방법도 사용할 수 있다.

▌ 변수 순위

회귀/예측 모델을 적용한 후에는 비교척도comparative scale에서 유의한 속성의 상대적 순위 ranking를 이해해야 한다. 이는 베타 파라미터추정beta parameter estimates으로 설명할 수 있다. 베타beta 혹은 표준화 계수standardized coefficients는 모든 변수가 동일한 척도에 있을 경우 얻을 수 있는 기울기이며, 예측 모델링(회귀)을 수행하기 전에 z-점수로 변환하여 수행한다.

베타 계수를 사용하면 예측변수의 대략적인 상대적 중요성을 비교할 수 있다. 따라서 비표준화 계수도 p값도 아닌 변수의 순위를 매길 수 있다. 벡터 데이터의 척도화scaling나 표준화standardizing는 scale( ) 함수를 이용해 수행한다. 척도화된 변수가 생성되면 이를 이용해 회귀를 다시 수행한다. 결과 계수resulting coefficients가 베타 계수다.

▎ 웨이블릿 분석

주식시장의 경우 하루 내에 자신의 모든 거래를 청산하고 다음 거래일까지 포지션을 가져가지 않는 일중 트레이더intraday trader로부터 연기금과 같은 장기 투자가까지 다양한 투자기간을 갖는 이질적인 트레이더들이 존재하며 이들은 자체적인 고유한 거래 규칙을 갖고 있다. 그러나 주식 수익률 시계열에는 이들 트레이더들의 거래행동의 합만 나타난다. 따라서 다양한 시간척도에서 이루어지는 주체들의 의사결정과 행동에 대한 분석과 집계자료에 숨어있는 정보를 다양한 척도에서 추출하는 기법이 필요한데 이를 가능케 하는 것이 웨이블릿 분석이다.

주식수익률과 같은 시계열을 분석하기 위해 기존에 사용한 방식은 다양한 주기와 진폭을 가진 사인sine과 코사인cosine 함수로 신호를 분해하는 푸리에 변환이 주를 이뤘다. 그러나 푸리에 변환FT: Fourier transformation의 가장 큰 단점은 주파수 분해frequency resolution만 가능할 뿐 시간 분해time resolution는 가능하지 않다는 점이다. 이는 하나의 신호 속에 존재하는 모든 주파수들은 결정할 수 있지만 이들의 존재 시점은 알지 못한다는 의미다. 푸리에 변환의 이러한 문제점을 극복하고자 제시된 방식이 단기 푸리에 변환STFT: short-time Fourier transform이다.

단기 푸리에 변환은 특정 주파수의 시간영역에서의 정보를 얻기 위해 푸리에 변환을 전체 시간영역에서가 아니라 일정너비의 창window에 대해서만 수행하는 방법이다. 그러나 단기 푸리에 변환은 창의 너비가 고정되어 있으므로 고정된 창의 너비 내에 포함되지 못하는 특정 주파수는 포착할 수 없다는 단점이 있다.

웨이블릿 분석은 기본적으로 단기 푸리에 변환의 이러한 한계를 극복하기 위해 제기된 기법이다. **웨이블릿 변환**WT: wavelet transformation에서는 적절히 주어진 기본함수를 팽창 또는 수축으로 척도 구성scaling하고 평행 이동한 결과로 생긴 함수들을 빌딩블록으로 사용하기 때문에 분석영역이 시간–주파수time-frequency 수축에 대해 유연하다. 즉, 웨이블릿 변환은 고정된 너비의 창이 아니라 주파수에 따라 다른 너비의 창을 유연하게 적용함으로써 다양한 주파수의 시간영역에서 정보를 포착할 수 있다는 장점이 있다.

따라서 시계열 정보만으로는 데이터에 대한 통찰력을 얻는데 충분치 않다. 때로는 데이터의 주파수frequency 정보에도 데이터에 대한 중요한 정보가 포함돼 있다. 시간 영역에서 푸리에 변환은 데이터의 주파수 진폭을 파악하지만 주파수가 발생한 시간은 보여주지 않는다. 정상 데이터stationary data7의 경우 주파수 구성요소가 어느 시점에나 존재하지만 비정상 데이터non-stationary data의 경우에는 그렇지 않다. 따라서 푸리에 변환은 비정상 데이터에는 적합하지 않다. 웨이블릿 변환은 시간과 주파수 정보를 시간-주파수 형태로 제공한다. 대부분의 금융 시계열은 비정상이므로 금융 시계열을 분석하는데 웨이블릿 변환은 중요하다. 3장의 나머지 부분은 웨이블릿 분석을 이용해 R에서 비정상 데이터를 해결하는 방법을 이해하는데 도움이 될 것이다. 주가/지수 데이터는 원시 데이터가 보여주지 않는 계열에 관한 추가 정보를 얻기 위한 특정한 기법이나 변환이 필요하다.

설명을 위해 2010년 1월 1일부터 2015년 12월 31일까지 **다우존스 산업평균지수**DJIA: Dow Jones Industrial Average의 일일 종가를 사용하고 wavelets 패키지를 이용한다.

웨이블릿 변환을 위해 먼저 다음과 같이 wavelets 패키지를 설치하고 작업공간으로 불러온다.

```
> install.packages("wavelets")
> library(wavelets)
```

데이터를 확인하기 위해 다우존스 지수dji의 시계열과 수익률 그래프를 그려 보자. 이를 위해선 quantmod 패키지도 설치하고 작업공간으로 불러온 다음 getSymbols( ) 함수를 사용해 야후yahoo 사이트로부터 다우존스 지수 데이터를 가져와야 한다. 그런 다음 다음과 같이 몇 가지 단계를 거쳐 그래프를 그린다.

---

7   정상성(stationarity)의 의미는 시계열의 확률적인 성질들이 시간의 흐름에 따라 변하지 않음을 의미한다. 평균과 분산 등 체계적인 변화가 없고 주기적인 변화가 없음을 의미한다. 대부분의 시계열의 이론은 정상성을 가정하고 전개되기 때문에 비정상(non-stationarity) 시계열은 정상 시계열로 변환해야 한다.

```
> install.packages("quantmod")
> library(quantmod)
> getSymbols("^DJI",
+            src = "yahoo",
+            from = "2010-01-01",
+            to = "2015-12-31")
[1] "DJI"
> dji <- DJI[,"DJI.Close"]
> ret_dji <- Delt(dji, k = 1)
> par(mfrow = c(2, 1))
> plot(xts(dji), type = "l")
> plot(xts(ret_dji), type = "l")
```

만일 야후 사이트에서 데이터를 가져올 수 없는 경우라면 다음과 같이 예제 파일로 제공
하는 CSV 파일을 이용해 데이터를 가져와 그래프를 그린다.

```
> dji <- read.csv("C:/R_Code/Chapter03/dji.csv")
> ret_dji <- read.csv("C:/R_Code/Chapter03/ret_dji.csv")
> dji <- xts(dji[, -1], order.by = as.Date(dji$X))
> ret_dji <- xts(ret_dji[, -1], order.by = as.Date(ret_dji$X))
> par(mfrow = c(2, 1))
> plot(xts(dji), type = "l")
> plot(xts(ret_dji), type = "l")
```

위 코드에서 보듯이 par( ) 함수는 mfrow 인수를 이용해 창을 2개의 행과 1개의 열로 분
할한다.[8] 그런 다음 plot( ) 함수를 이용해 그림 3.6과 같은 다우존스 지수의 주가와 수익
률에 대한 시계열 그래프를 그린다.

---

[8] par( ) 함수는 par(mfrow =), par(mfcol =)와 같이 2가지 파라미터 설정 방법이 있다. mfrow와 mfcol의 의미는 다음과
같다.
  • mfrow : number of Multiple Figures (use ROW-wise)
  • mfcol : number of Multiple Figures (use COLUMN-wise)

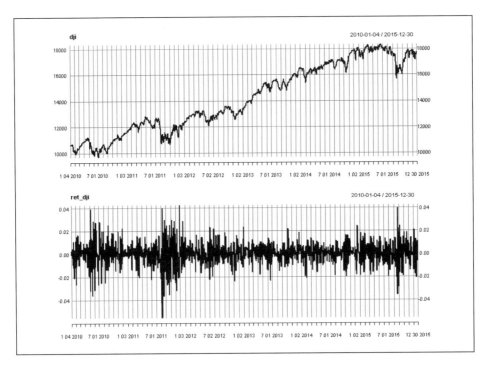

그림 3.6 다우존스 지수의 주가와 수익률에 대한 시계열 그래프

dji 시계열은 비정상적^{non-stationary}이다. head( )와 tail( ) 함수를 사용해 시계열의 처음과
마지막 부분을 살펴보자.

```
> head(dji)
          DJI.Close
2010-01-04  10583.96
2010-01-05  10572.02
2010-01-06  10573.68
2010-01-07  10606.86
2010-01-08  10618.19
2010-01-11  10663.99
> tail(dji)
          DJI.Close
2015-12-22  17417.27
2015-12-23  17602.61
```

```
2015-12-24   17552.17
2015-12-28   17528.27
2015-12-29   17720.98
2015-12-30   17603.87
```

이제 dji 데이터에 **이산 웨이블릿 변환**DWT: discrete wavelet transformation을 적용하고 다양한 필터를 사용해 분해한다. 이를 위해 시계열, 행렬 또는 데이터프레임 형식의 데이터가 필요하다. xts와 zoo 객체인 dji 변수 형식을 살펴보고 수용 가능한 형식으로 변환해야 한다.

```
> dji <- as.ts(dji)
```

이제 이산 웨이블릿 변환의 R 함수를 사용할 준비가 됐다. 또한 사용할 필터 유형과 데이터 분해 수준의 수와 같은 파라미터를 제공해야 한다.

```
> model <- wavelets::dwt(dji, filter = "la8", n.levels = 3)
```

model 변수에 결과가 저장된다. 따라서 명령 프롬프트에 model을 입력하면 결과가 표시된다.

```
> model
```

위 코드를 실행하면 웨이블릿 계수, 척도화 계수, 사용된 필터 유형, 사용된 수준의 수와 같은 다양한 정보 행렬들로 구성된 결과를 확인할 수 있다. 그뿐만 아니라 개별 정보도 추출할 수 있다. 다음 명령을 실행하면 웨이블릿 계수를 추출할 수 있다.

```
> model@W    # 웨이블릿 계수 추출
> model@V    # 척도화 계수 추출
```

이 명령들은 웨이블릿과 척도화 계수의 관련 목록을 생성한다. 웨이블릿의 개별 구성요소를 얻으려면 다음과 같이 수행한다.

```
> model@W$W1     # 웨이블릿 계수의 첫 수준 추출
> model@V$V1     # 척도화 계수의 첫 수준 추출
```

또한 plot( ) 함수를 사용하면 데이터 계열, 웨이블릿, 척도화 계수를 그래프로 할 수 있다.

```
> plot(model)
```

그림 3.7을 통해 주가와 다양한 수준의 계수를 확인할 수 있으며 데이터를 더 명확하게 이해할 수 있다.

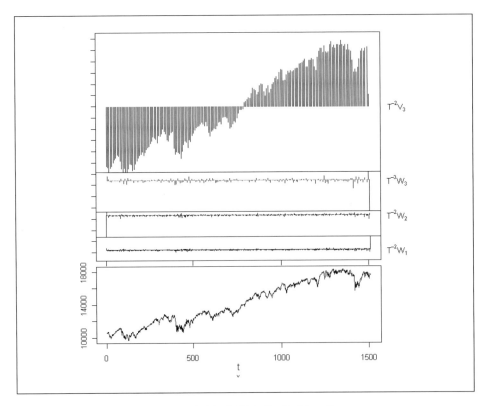

그림 3.7 시계열, 웨이블릿, 척도화 계수 그래프

또한 이산 웨이블릿 변환 함수에 하르haar 필터를 적용할 수도 있다.

```
> model <- wavelets::dwt(dji, filter = "haar", n.levels = 3)
> plot(model)
```

위 코드를 실행하면 하르 필터를 이용한 데이터 계열, 웨이블릿, 척도화 계수의 그래프를 확인할 수 있다.

역 이산 웨이블릿 변환inverse discrete wavelet transformation을 계산하려면 이산 웨이블릿 변환 사용에 정의된 대로 웨이블릿 객체를 사용해야 한다. model 변수는 하르 필터를 사용한 웨이블릿 객체다.

```
> imodel <- idwt(model, fast = TRUE)
```

때로는 model과 imodel 같은 R 객체의 클래스를 알아야 할 때가 있다.

이를 위해 다음 명령을 사용할 수 있다.

```
> class(model)
[1] "dwt"
attr(,"package")
[1] "wavelets"
> class(imodel)
[1] "ts"
```

imodel 변수는 역 웨이블릿 변환을 사용해 생성되며 원original 시계열 객체를 만든다.

다중 해상도 분석MRA: multiresolution analysis은 시계열 분석에 널리 사용되는 유용한 웨이블릿 방법이다. 금융 시장은 대량의 데이터를 생성하며 이를 분석하여 알고리즘 트레이딩algorithmic trading 신호를 만든다. 웨이블릿 다중 해상도 분석은 트레이더trader가 트레이딩 패턴을 중요하게 여기는 특정 시간 척도에 집중할 수 있으므로 이러한 데이터 집합에 점점 더 많이 적용되고 있다. 다음 예제에서는 la8 필터를 사용하지만 원한다면 la8 대신에 haar 필터를 사용할 수도 있다.

```
> model <- mra(dji, filter = "la8", n.levels = 3)
```

시장 데이터 분석의 경우 **최대 중첩 이산 웨이블릿 변환**MODWT: maximal overlap discrete wavelet transform
을 선호한다.

예컨대 다우존스 지수 시계열인 dji를 modwt( ) 함수의 입력으로 사용해 보자.

```
> model <- modwt(dji, filter = "la8", n.levels = 5)
```

위 함수는 그림 3.8에서 보듯이 시계열을 상세한 웨이블릿과 척도화된 계수로 분해한다.
다음과 같이 plot.modwt( ) 함수를 이용하면 modwt의 그래프를 그릴 수 있다.

```
> plot.modwt(model)
```

시계열에서 몇 번의 급등jump은 W_1과 W_2 같은 더 작은 계수에서의 급등으로 볼 수 있으
며, W_6과 같은 평탄한 계수smooth coefficient는 해당 기간 동안의 평균의 움직임을 보여준다.
그림 3.8의 웨이블릿과 척도화된 계수는 서로 다른 시간 척도로 주가 데이터를 명확하게
보여준다.

웨이블릿 분석은 단기 예측과 특정 시간 척도와 관련된 분산 계산에 이르는 적용을 통해
금융 분석에서 중요한 도구를 제공한다.

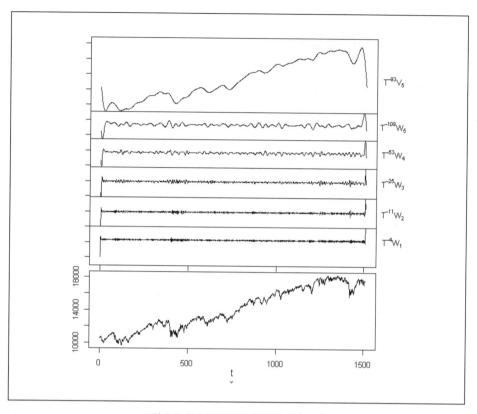

그림 3.8 최대 중첩 이산 웨이블릿 변환 그래프

▌ 고속 푸리에 변환

고속 푸리에 변환$^{FFT: fast Fourier transformation}$은 이산^{discrete} 시계열의 푸리에 변환을 계산하는 데 사용된다.[9]

---

9 • 이산 푸리에 변환(DFT: discrete Fourier transform): 연속적인 신호를 시간에 따라 샘플링(sampling)한 형태의 신호로 간주하고 푸리에 변환 공식을 그대로 적용한다.
　• 고속 푸리에 변환(FFT: fast Fourier transform): 이산 푸리에 변환은 연산 시 시간이 너무 오래 소요되어 실제 계산에서 나타나는 항의 주기성과 대칭성을 이용하여 필요한 신호만을 선별하여 푸리에 변환을 연산한다.

시계열의 고속 푸리에 변환은 fft( ) 함수를 사용해 계산할 수 있으며 실수real numbers나 복소수complex numbers 계열을 허용한다.

다음 예제에서 dji는 실수 시계열이다.

```
> model <- fft(dji)
```

model 변수는 기본적으로 복소수로 구성된 변환된 계열transformed series이므로, 다음 코드를 사용해 실수부real part와 허수부imaginary part를 추출할 수 있다.

```
> rp = Re(model)
> ip = Im(model)
```

다음 명령은 model의 절대값을 계산한다.

```
> absmodel <- abs(model)
```

이를 그래프로 나타내고 fft의 절대값이 어떤 정보를 제공하는지 알아보자.

```
> plot(absmodel)
```

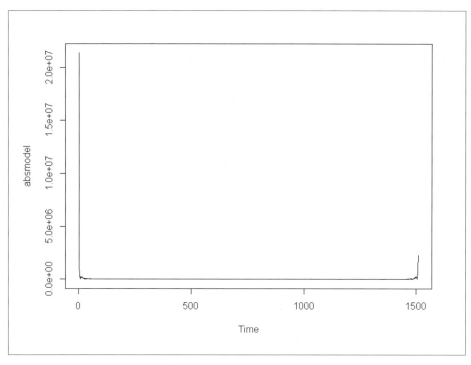

그림 3.9 FFT 모델 계열의 절대값 그래프

그림 3.9에서 데이터의 양쪽 끝이 높게 솟아 있음을 볼 수 있다. FFT는 입력이 실수일 때 (대부분 실제 상황처럼) 복소수 입력을 받을 수 있다. N/2보다 큰 빈bin[10]에 대한 결과는 중복적이고redundant 추가적인 스펙트럼 정보를 제공하지 않는다. 따라서 빈 > N/2의 값들은 제거할 수 있다. 이는 정규화의 부족에 기인한다.

결과는 표본 크기에 맞게 정규화해야 한다. 입력 데이터가 실수 값이므로 N/2보다 큰 데이터는 제거하고 데이터는 N/2로 정규화한다.

```
> norm_absmodel <- absmodel[1:(length(dji)/2)]
```

---

[10] 빈(bin)은 균일 간격(일정거리)의 분할을 말한다. 주파수 해상도를 frequency bin이라고도 한다.

푸리에 변환된 계열의 실수부와 허수부 사이의 각도는 다음과 같이 계산한다.

```
> Angle = atan2(ip, rp)
```

시계열의 스펙트럼 밀도를 분석하는 것이 중요한 경우가 있으며 R에서 계산하는 방법은 다음과 같다.

```
> spec_density <- spectrum(dji, method = c("pgram", "ar"))
```

spectrum( ) 함수는 주기도periodogram와 자기회귀autoregressive를 method 인수로 받는다. spectrum( ) 함수는 주파수에서 추정된 스펙트럼 밀도의 벡터뿐만 아니라 스펙트럼 밀도가 추정하는 주파수의 벡터를 반환한다. 또한 다변량 계열간의 일관성 수준이나 위상 같이 다변량 분석에 유용한 다른 파라미터도 반환한다.

▌힐버트 변환

힐버트 변환Hilbert transformation11은 시계열을 변환하는 또 다른 기법으로, R에서는 seewave 패키지를 사용한다. 이 패키지는 install.packages( )를 사용해 설치할 수 있으며 library( ) 명령을 이용해 작업영역으로 불러온다.

```
> install.packages("seewave")
> library(seewave)
> model <- hilbert(dji, 1)
```

첫 번째 파라미터는 변환하려는 시계열 객체이고, 두 번째 파라미터는 파동의 샘플링 주파수다. 위 예제에서는 시계열 객체를 dji로 설정하고, 샘플링 주파수를 1로 설정하여 힐

---

11 힐버트 변환은 모든 주파수에서 크기는 변하지 않고(진폭은 일정하고) 위상만 음의 주파수에선 +90도, 양의 주파수에선 −90도로 변화시킨다.

버트 변환을 계산했다.

model의 결과는 다음 코드로 확인할 수 있다.

```
> summary(model)
      V1
Length:1509
Class :complex
Mode  :complex
```

위 결과는 입력 데이터 계열의 길이가 1509이고 model 출력ᵒᵘᵗᵖᵘᵗ 변수의 유형이 복소수라는 의미다.

출력이 복소수이므로 다음 코드를 사용해 실수값과 허수값을 추출할 수 있다.

```
> rp <- Re(model)
> ip <- Im(model)
```

여기서 실수부는 원ᵒʳⁱᵍⁱⁿᵃˡ 시계열이며, 허수부는 원 계열의 힐버트 변환된 계열이다. ifreq( ) 함수는 원하는 출력에 따라 위상ᵖʰᵃˢᵉ이나 순간 주파수ⁱⁿˢᵗᵃⁿᵗᵃⁿᵉᵒᵘˢ ᶠʳᵉᑫᵘᵉⁿᶜʸ를 반환한다.

```
> ifreq(dji, 1, ylim = c(0, 0.00001))
```

위 코드를 실행하면 그림 3.10과 같은 순간 주파수 그래프가 나타난다.

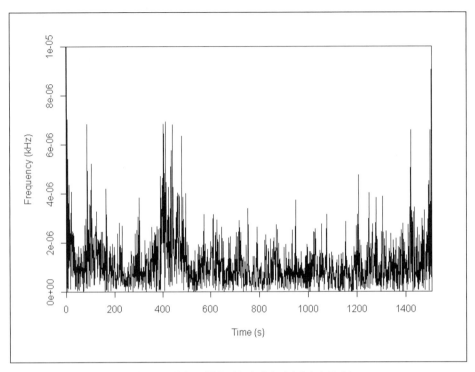

그림 3.10 힐버트 변환을 이용한 시간 계열의 순간 주파수

위상을 생성하려면 함수에서 PHASE = TRUE를 명시적으로 지정하면 된다.

```
> ifreq(dji, 1, phase = "TRUE", ylim = c(-0.5, 1))
```

그림 3.11은 시간 변화에 따른 위상을 보여준다. 시간이 갈수록 시간의 증가에 함께 위상도 증가한다.

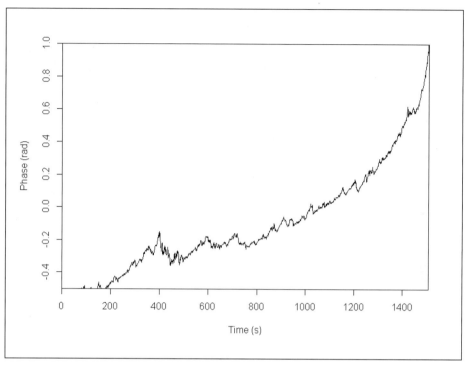

그림 3.11 힐버트 변환을 이용한 시간 계열의 위상

기본적으로 plot은 TRUE다. plot = FALSE로 지정하면 그래프를 생성하지 않고 작업영역에 변수만 생성한다.

```
> output = ifreq(dji, 1, plot = FALSE)
```

output 변수는 순간 주파수와 위상을 모두 포함하는 리스트 형태이며, 다음 코드를 사용해 주파수와 위상을 추출할 수 있다.

```
> freq <- output$f
> phase <- output$p
```

때로는 단변량^{univariate} 계열의 위상을 살펴보는 것보다 한 쌍의 시계열을 분석한 다음 위상차를 계산하는 것이 중요하다. 따라서 위상차는 다음 코드 예시와 같이 개별 계열의 위상을 계산한 다음 다른 계열에서 계산한 개별 계열의 위상을 빼는 방식으로 계산할 수 있다.

```
> phase_difference <- phase1 - phase2
```

waveslim 이라는 또 다른 패키지가 있다. 이 패키지 하나에 이산 웨이블릿 변환, 고속 푸리에 변환, 힐버트 변환과 같은 모든 변환이 포함돼 있다. 사실 이러한 변환을 포함하는 패키지는 많다. 사용하기 편하고 쉬운 패키지를 찾아서 사용하기 바란다.

▌ 질문

1. 회귀분석을 정의하고 R에서 구현하는 방법은?

2. R에서 선형회귀/다중회귀에 대한 결정계수를 구하는 방법은?

3. R에서 선형회귀/다중회귀에 적합한 예측의 신뢰구간을 구하는 방법은?

4. 다중회귀에서 R로 다중공선성을 감지하는 방법은?

5. 분산분석이 중요한 이유는 무엇이며, 두 선형회귀모델의 결과를 비교하는데 사용하는 방법은?

6. R에서 다중회귀분석을 위해 특징 선택을 수행하는 방법은?

7. R에서 다중선형회귀모델의 유의 속성에 대해 순위를 매기는 방법은?

8. waveslim 패키지를 설치하고 R 작업영역으로 불러오는 방법은?

9. 시계열 그래프를 그리고 시계열의 앞부분과 뒷부분을 추출하는 방법은?

10. fft( ) 함수로 생성된 변수의 종류를 알 수 있는 방법은?

11. 주어진 필터로 dwt( ) 함수를 사용하고 idwt를 처리하는 방법은?

12. 계열의 실수부와 허수부를 추출하는 방법은?

13. 고속 푸리에 변환과 힐버트 변환을 사용하는 방법은?

▌ 요약

회귀분석은 모든 분석의 근간을 이루며 이에 대한 이해 없이는 다른 분석도 진행할 수 없다. 3장에서는 선형회귀와 다중회귀를 살펴봤으며 예측에 사용하는 방법을 알아봤다. R 함수 lm( ) 함수는 단순선형회귀와 다중선형회귀를 구현하는 데 사용한다. 또한 잔차 계산과 QQ도를 이용해 잔차를 검정하는 정규성 그래프와 함께 유의성 검정을 살펴봤다. 분산분석ANOVA은 두 개 이상 표본의 평균에 대한 차이를 확인하는 데 사용한다. 다중선형회귀는 많은 변수를 포함하며 각 변수의 계수는 중요도에 따라 순위가 매겨진다. 단계식 변수 선택은 회귀분석에서 중요한 변수를 선택하는 데 사용된다. 때로는 시계열 분석만으로 정보를 완벽하게 파악할 수 없는 경우가 있는데, 이 때문에 웨이블릿, 고속 푸리에, 힐버트 변환으로 수행할 수 있는 주파수 분석에 대해서도 살펴봤다. 주파수 분석에 관한 모든 방법은 R로 구현할 수 있다. 또한 필요할 경우 결과를 출력하고 그래프로 표현하는 방법도 설명했다.

4장에서는 시계열 분석과 예측 기술에 대해 알아보겠다.

04

시계열 모델링

시계열time series 예측 분석은 금융 분석의 가장 중요한 구성요소 중 하나다. R은 시계열 분석을 지원하기 위해 많은 시계열과 예측 패키지를 제공한다. R에는 시계열에서 등간격 equally spaced 계열과 부등간격unequally spaced 계열을 변환할 수 있는 충분한 패키지가 있다. 또한 R에는 자기회귀누적이동평균autoregressive integrated moving average과 일반화된 자기회귀 조건부 이분산성generalized autoregressive conditional heteroscedasticity과 같은 예측 모델을 구축할 수 있는 충분한 패키지가 있다. 4장에서는 다른 계열을 시계열과 예측 모델로 변환하는 간단한 방법을 알아본다.

4장에서 다룰 주제는 다음과 같다.

- 일반 시계열
- 시계열로 데이터 변환

- ZOO
- xts
- 선형 필터^{linear filters}
- AR(autoregressive model, 자기회귀)
- MA(moving average, 이동평균)
- ARIMA(autoregressive integrated moving average, 자기회귀누적이동평균)
- GARCH(generalized autoregressive conditional heteroscedasticity, 일반화된 자기회귀 조건부 이분산성)
- EGARCH^{exponential GARCH}
- VGARCH^{vector GARCH}
- DCC(dynamic conditional correlation, 동적 조건부 상관관계)

▌일반 시계열

시계열은 일반적으로 일정 간격으로 수집되는 일련의 데이터다. 다양한 분야에서 시계열 형태로 데이터를 저장하며 미래 계획 수립을 위해 분석한다.

예컨대 금융 산업에서는 실업률, GDP, 일별 환율, 주가 등의 일별/월별 데이터가 있다. 모든 투자자나 금융기관 종사자들은 미래 전략 수립을 위해 시계열 데이터를 분석한다. 이처럼 시계열은 금융 산업에서 중요한 역할을 한다.

시계열 데이터는 본질적으로 매우 예측하기 어렵다. 따라서 데이터를 이해하기 위해선 다음과 같이 시계열 데이터를 다양한 요소로 분해해야 한다.

- **추세**^{trend}: 시계열 데이터에서 평균적으로 장기간에 걸쳐 움직이는 패턴이다. 추세는 선형^{linear}일 수도 비선형^{nonlinear}일 수도 있으며, 시간이 지남에 따라 계속 변한다. 정확한 추세를 식별하는 확실한 프로세스는 없지만 단순한 패턴의 경우 일정 수준의 허용오차를 감안해 추정할 수 있다.

- **계절효과**seasonal effects : 주기적인 순환periodical cycle과 관련된 순환변동cyclical fluctuations
  이다. 예컨대 특정 제품의 판매가 특정 월이나 분기 동안 급증하는 경우를 말한다.
  계절성seasonality은 계열의 그래프를 표시하고 조사하는 방식으로 식별할 수 있다.
- **주기**Cycles, Ct : 계절순환과 별개로 비즈니스 순환과 관련된 특정 주기가 있다. 시계
  열 분석을 수행할 때 이러한 주기도 고려해야 한다.
- **잔차**residuals : 시계열은 체계적 패턴systematic patterns과 무작위 잡음(random noise, 오
  차)로 구성돼 있어 패턴을 식별하기 어렵다. 따라서 일반적으로 시계열 기법에는
  패턴을 더 두드러지게 하기 위해 잡음을 필터링하는 방법이 존재한다.

일부 예측기법에서는 시계열이 정상(stationary, 定常)이라고 가정한다. 정상성stationarity은
시계열의 확률적인 성질들이 시간의 흐름에 따라 변하지 않음을 의미한다. 다시 말해 정
상성은 시점에 관계없이 시계열의 특성이 일정하다는 의미이며, 이는 평균이 일정하고 분
산이 시점에 의존하지 않으며, 공분산성은 단지 시차에만 의존하고 시점 자체에는 의존하
지 않는다는 의미다. 대부분의 시계열 분석은 정상성을 가정하고 진행하기 때문에 비정상
non-stationary 시계열은 정상 시계열로 변환해야 한다.

▌ 시계열로 데이터 변환

시계열은 특정 시간과 연관된 일련의 데이터 점들이다. 예컨대 주식의 수정 종가adjusted
closing price는 그 날의 마지막에 체결된 주식의 가격이다. 시계열 데이터는 시계열 객체라는
R 객체에 저장되며 ts( ) 함수를 사용해 생성한다.

ts( ) 함수의 기본 구문은 다음과 같다.

```
ts(data, start, end, frequency)
```

각 파라미터의 의미는 다음과 같다.

- data: 데이터 값이 포함된 벡터나 행렬
- start: 시작점 또는 첫 번째 관측 시점
- end: 마지막 관측 시점
- frequency: 단위 시간당 데이터 점의 수

다음 코드와 같은 벡터를 확인해 보자.

```
> StockPrice <- c(23.5, 23.75, 24.1, 25.8, 27.6, 27, 27.5, 27.75, 26, 28, 27, 25.5)
> StockPrice

[1] 23.50 23.75 24.10 25.80 27.60 27.00 27.50 27.75 26.00 28.00 27.00 25.50
```

이제 다음 코드를 이용해 벡터를 시계열 객체로 변환해 보자.

```
> StockPricets <- ts(StockPrice, start = c(2016, 1), frequency = 12)
> StockPricets
```

실행 결과는 다음과 같다.

```
      Jan   Feb   Mar   Apr   May   Jun   Jul   Aug   Sep   Oct   Nov   Dec
2016 23.50 23.75 24.10 25.80 27.60 27.00 27.50 27.75 26.00 28.00 27.00 25.50
```

이제 다음 코드를 이용해 데이터를 그래프로 나타내 보자.

```
> plot(StockPricets)
```

실행하면 다음과 같은 그래프를 확인할 수 있다.

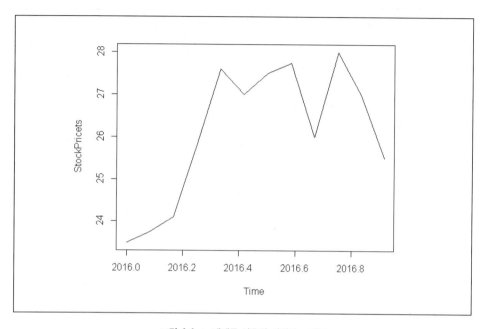

그림 4.1 ts 객체를 이용한 시계열 그래프

참고로 ts( ) 함수의 frequency 파라미터에는 데이터를 측정한 시간간격interval을 설정한다.

- frequency = 12: 월 단위
- frequency = 4: 분기 단위
- frequency = 6: 10분 단위
- frequency = 5: 영업일 단위

ZOO

ts 객체는 시계열을 표현하는 데 한계가 있다. ts 객체는 일반적으로 등간격 데이터^{equally} spaced data를 나타내는 데 사용한다. 주가는 월요일부터 금요일까지 등간격이지만 금요일부터 월요일까지는 등간격이 아니며, 주중에 휴장이 있는 경우도 등간격이 아니므로 ts 객체를 일별 주가를 나타내는 데 사용할 수 없다. 이처럼 부등간격 데이터 유형은 ts 객체로 표현할 수 없다.

zoo는 부등간격 데이터, 등간격 데이터, 숫자로 색인화한 데이터를 모두 처리할 수 있을 만큼 유연하고 충분한 기능을 갖추고 있다.

먼저 다음 코드를 이용해 zoo 패키지를 설치하고 라이브러리를 불러온다.

```
> install.packages("zoo")
> library(zoo)
```

이제 zoo를 사용해 다른 시계열 시나리오를 표현하는 방법을 살펴보겠다.

모든 예제는 동일한 데이터 집합을 사용한다.

zoo 객체 생성

zoo 객체를 만들려면 순서가 있는 시간 색인^{index}과 데이터가 필요하다. 그럼 zoo 객체를 생성해 보자.

먼저 다음 코드를 이용해 몇 줄의 표본 데이터 집합을 가져온다.

```
> StockData <- read.table("C:/R_Code/Chapter04/DataChap4.csv",
+                         header = TRUE,
+                         sep = ",",
+                         nrows = 3)
> StockData
```

실행 결과는 다음과 같다.

```
       Date  Volume Adj.Close   Return
1 12/14/2016 4144600   198.69 0.272525
2 12/13/2016 6816100   198.15 2.972510
3 12/12/2016  615800   192.43 0.130086
```

이제 데이터프레임을 zoo 객체로 변환한다. 수행 방법은 다음 코드와 같다.

```
> dt = as.Date(StockData$Date, format = "%m/%d/%Y")
> Stockdataz = zoo(x = cbind(StockData$Volume, StockData$Adj.Close),
+                order.by = dt)
> colnames(Stockdataz) <- c("Volume", "Adj.Close")
> Stockdataz
```

실행 시 다음과 같은 zoo 객체를 생성한다.

```
            Volume Adj.Close
2016-12-12  615800    192.43
2016-12-13 6816100    198.15
2016-12-14 4144600    198.69
```

zoo를 이용한 외부 파일 읽기

read.zoo( ) 함수는 외부 데이터 집합을 읽는 데 사용할 수 있는 래퍼^{wrapper}로, 첫 번째 열은 색인이고 나머지 열은 데이터라고 가정한다.

이제 zoo를 이용해 다음과 같은 형식의 데이터 집합을 읽어 보자.

Date	Volume	Adj Close	Return
12/14/2016	4144600	198.69	0.272525

다음 코드를 실행한다.

```
> StockData <- read.zoo("C:/R_Code/Chapter04/DataChap4.csv",
+                       header = TRUE,
+                       sep = ",",
+                       format = "%m/%d/%Y")
> tail(StockData, n = 1)
```

실행 결과는 다음과 같다.

```
           Volume Adj.Close   Return
2016-12-14 4144600   198.69 0.272525
```

zoo 객체의 장점

zoo 객체의 장점을 보여주는 몇 가지 예는 다음과 같다.

데이터 집합의 부분집합 구하기

다음 코드와 같이 window( ) 함수를 사용해 색인으로 부분집합subset을 구할 수 있다.

```
> window(StockData, start = as.Date("2016/11/1"), end = as.Date("2016/11/3"))
```

실행 결과는 다음과 같다.

```
           Volume Adj.Close    Return
2016-11-01 7014900   190.79 -3.509838
2016-11-02 4208700   188.02 -1.451852
2016-11-03 2641400   187.42 -0.319118
```

zoo 객체 병합하기

공통 색인을 가진 두 개의 zoo 객체를 만들고 병합^merge해 보자. 실행 방법은 다음 코드와 같다.

```
> StockData <- read.table("C:/R_Code/Chapter04/DataChap4.csv",
+                         header = TRUE,
+                         sep = ",")
> zVolume <- zoo(StockData[,2:2],
+               as.Date(as.character(StockData[,1]), format="%m/%d/%Y"))
> zAdj.Close <- zoo(StockData[,3:3],
+                  as.Date(as.character(StockData[,1]), format="%m/%d/%Y"))
> cbind(zVolume, zAdj.Close)
```

실행 결과 중 상위 3개 데이터는 다음과 같다.

```
           zVolume zAdj.Close
2016-10-05 1877500     208.46
2016-10-06 4703400     201.00
2016-10-07 3493000     196.61
```

zoo 객체 그래프 그리기

시간에 따른 데이터의 그래프를 그릴 수 있다. 예제는 다음과 같다.[1]

```
> plot(StockData[order(as.Date(StockData$Date,
+                             format = "%m/%d/%Y")),]$Adj.Close,
+      type = "l")
```

실행하면 다음과 같은 그래프를 확인할 수 있다.

---

[1] 데이터 집합 StockData는 Date 열을 기준으로 정렬돼 있지 않다. 따라서 시계열 그래프를 그리기 전에 먼저 Date 열을 기준으로 정렬해야 한다.

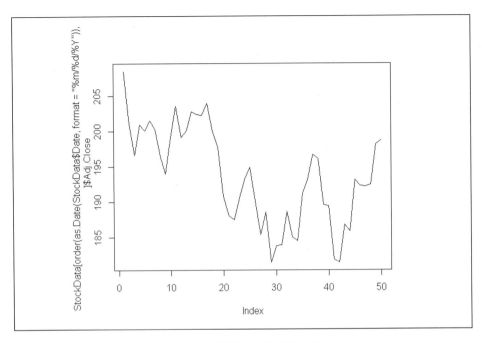

그림 4.2 zoo 객체를 이용한 시계열 그래프

zoo 객체의 단점

zoo 객체는 Date 클래스 변수를 색인으로 사용할 수 없다. 반면에 xts 객체의 색인은 time
과 Date 클래스를 지원한다. 또한 zoo에서는 xts에서 수행할 수 있는 임의의 속성을 추
가할 수 없다.

▎ xts

xts는 확장 가능한 시계열extensible time series 객체로 zoo 객체의 모든 기능을 수행할 수 있
다. xts는 행렬과 시간 기반의 색인으로 구성된다. xts 객체를 생성하는 두 가지 방법이 있
다. 하나는 as.xts를 호출하는 방법이고, 다른 하나는 직접 xts 객체를 생성하는 방법이다.

as.xts를 이용한 xts 객체 생성

zoo를 통해 몇 줄의 표본 데이터를 읽고 다음 코드를 실행하여 xts 객체를 생성해 보자. 다만 코드를 실행하기 전에 xts 패키지를 설치하고 작업공간으로 불러와야 한다.

```
> install.packages("xts")
> library(xts)
> StockData <- read.zoo("C:/R_Code/Chapter04/DataChap4.csv",
+                        header = TRUE,
+                        sep = ",",
+                        format = "%m/%d/%Y",
+                        nrows = 3)
> matrix_xts <- as.xts(StockData,dateFormat = 'POSIXct')
> matrix_xts
```

실행 결과는 다음과 같다.

```
            Volume Adj.Close   Return
2016-12-12  615800    192.43 0.130086
2016-12-13 6816100    198.15 2.972510
2016-12-14 4144600    198.69 0.272525
```

xts 객체의 구성은 다음 코드로 확인할 수 있다.

```
> str(matrix_xts)
```

실행 결과는 다음과 같다.

```
An 'xts' object on 2016-12-12/2016-12-14 containing:
  Data: num [1:3, 1:3] 615800 6816100 4144600 192 198 ...
- attr(*, "dimnames")=List of 2
 ..$ : NULL
 ..$ : chr [1:3] "Volume" "Adj.Close" "Return"
 Indexed by objects of class: [Date] TZ: UTC
 xts Attributes:
```

```
List of 1
$ dateFormat: chr "POSIXct"
```

직접 xts 객체 생성

먼저 동일한 순서의 행렬과 날짜 수열^{sequence}을 만든 다음 이를 xts 객체로 변환한다. 실행 방법은 다음 코드와 같다.

```
> x <- matrix(5:8, ncol = 2, nrow = 2)
> dt <- as.Date(c("2016-02-02", "2016-03-02"))
> xts_object <- xts(x, order.by = dt)
> colnames(xts_object) <- c("a", "b")
> xts_object
```

실행하면 다음과 같은 xts 객체를 확인할 수 있다.

```
           a b
2016-02-02 5 7
2016-03-02 6 8
```

xts 객체의 특이한 점은 각 관측과 연관된 시간이 있는 행렬처럼 동작한다는 점이다. 하위 집합^{subset}은 행렬 형태를 항상 유지하며 xts 객체의 특성을 항상 보유한다. 또한 xts는 zoo 의 하위클래스^{subclass}이므로 zoo 라이브러리의 모든 기능을 물려받았다.

▌ 선형 필터

시계열 분석의 첫 번째 단계는 시계열을 추세나 계절성 등으로 분해하는 것이다.

시계열에서 추세를 추출하는 방법 중 하나는 선형 필터linear filters다.

선형 필터의 기본 예제 중 하나는 동등한 가중치를 갖는 이동평균moving average이다.

선형 필터의 예로는 주 평균weekly average, 월 평균monthly average 등이 있다.

필터는 다음 함수로 찾을 수 있다.

```
filter(x, filter)
```

여기서, x는 시계열 데이터이고, filter는 이동평균을 찾기 위해 필요한 계수다.

이제 StockData의 Adj.Close를 시계열로 변환하고 주와 월별 이동평균을 찾고 그래프를 그려 보자. 실행 방법은 다음 코드와 같다.

```
> StockData <- read.zoo("C:/R_Code/Chapter04/DataChap4.csv",
+                       header = TRUE,
+                       sep = ",",
+                       format = "%m/%d/%Y")
> PriceData <- ts(StockData$Adj.Close, frequency = 5)
> plot(PriceData, type = "l")
> WeeklyMAPrice <- filter(PriceData, filter = rep(1/5, 5))
> MonthlyMAPrice <- filter(PriceData, filter = rep(1/25, 25))
> lines(WeeklyMAPrice, col = "red")
> lines(MonthlyMAPrice, col = "blue")
```

실행하면 다음과 같은 그래프가 나타난다.

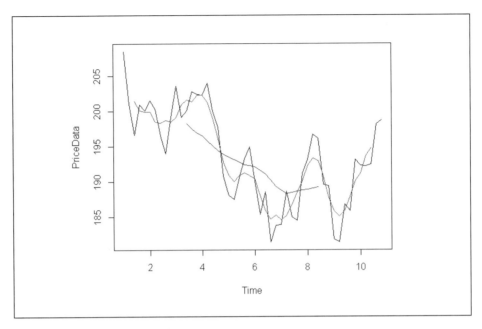

그림 4.3 선형 필터를 이용한 이동평균의 예

▌ AR

AR^autoregressive model이란 자기회귀를 의미한다. 기본 개념은 미래 값은 과거 값에 의존하며, 과거 값의 가중평균^weighted average을 이용해 추정한다는 것이다. AR 모델의 차수^order는 계열의 자기상관함수^ACF: autocorrelation function와 편자기상관함수^PACF: partial autocorrelation function의 그래프를 그려 추정할 수 있다. 시계열에서 자기상관함수는 시계열과 시계열의 시차값^lagged value 간의 상관관계를 측정한다. 반면에 편자기상관함수는 시계열과 자체 시차값 간의 상관관계를 측정하며 모든 더 짧은 시차에서 시계열 값을 제어한다.[2] 그림 계열의 acf와

---

2 · 자기상관함수(ACF): Y_t와 Y_{t-k} 사이의 상관관계
 · 편자기상관함수(PACF): 서로 다른 두 시점 사이의 관계를 분석할 때 중간에 있는 값들(Y_{t-1}, Y_{t-2}, ⋯, Y_{t-k+1})의 영향을 제외시킨 상관관계

pacf의 그래프를 그려 보자. 먼저 다음 코드를 실행하여 acf 그래프를 그려 보자.

```
> PriceData <- ts(StockData$Adj.Close, frequency = 5)
> acf(PriceData, lag.max = 10)
```

실행하면 아래와 같은 자기상관 그래프가 나타난다.

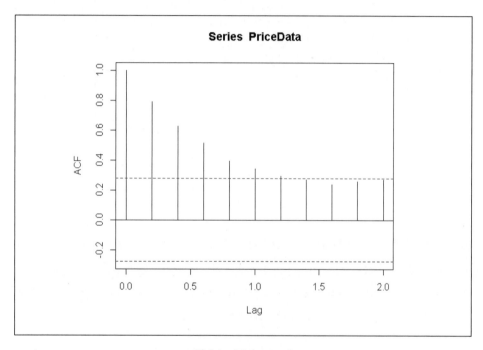

그림 4.4 가격의 acf 그래프

이제 다음 코드를 실행하여 pacf 그래프를 그려 보자.

```
> pacf(PriceData, lag.max = 10)
```

실행하면 다음과 같은 편자기상관 그래프가 나타난다.

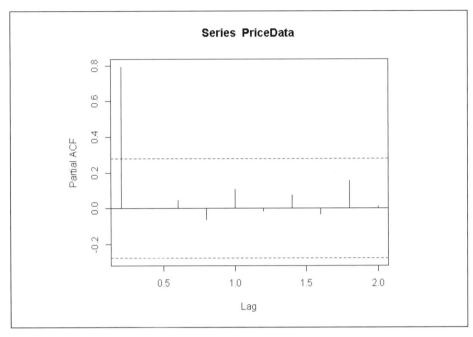

그림 4.5 가격의 pacf 그래프

위의 그래프들은 살펴본 계열의 자기상관과 편자기상관 그래프다. 이제 AR의 차수를 알아보자. 여기서는 차분difference이 없고 acf는 점차적으로 작아지는decay 반면, pacf는 첫 번째 시차 뒤에 절단되므로 AR의 차수는 1이다. 마찬가지로 만일 pacf가 두 번째 시차 후에 절단되고 acf가 점차적으로 작아지면 AR의 차수는 2다.[3]

▎MA

MAmoving average는 이동평균을 의미하며 MA 모델링에서는 실제 계열의 과거 값을 고려하지 않는다. 이 과정에서 과거 몇 차례 예측 오차의 이동평균을 고려한다. MA의 차수를 확

---

[3] 차분은 현시점의 자료값에서 전 시점의 자료값을 빼는 것을 말하며 여러 시점 전의 자료를 빼는 것을 계절차분이라고 한다. 자기회귀모델은 현 시점의 시계열 자료에 몇 번째 전 자료까지 영향을 주는지 알아내는 데 있다. 과거 1시점 이전의 자료만 영향을 준다면 1차 자기회귀모델이라 하며 AR(1) 모델이라 한다. 과거 2시점 이전의 자료까지 영향을 준다면 AR(2) 모델이라 한다. 자기상관함수는 시차가 증가함에 따라 점차적으로 감소하고, 편자기상관함수는 p+1 시차 이후 급격히 감소하여 절단된 형태이며, 이를 AR(p) 모델이라고 판별한다.

인하기 위해서는 acf와 pacf의 그래프를 그려야 한다.[4] 따라서 StockData의 Volume에 대한 acf와 pacf 그래프를 그려 MA의 차수를 추정한다. 다음 코드를 실행하면 acf의 그래프를 그릴 수 있다.

```
> VolumeData <- ts(StockData$Volume, frequency = 5)
> acf(VolumeData, lag.max = 10)
```

실행하면 다음과 같은 acf 그래프가 나타난다.

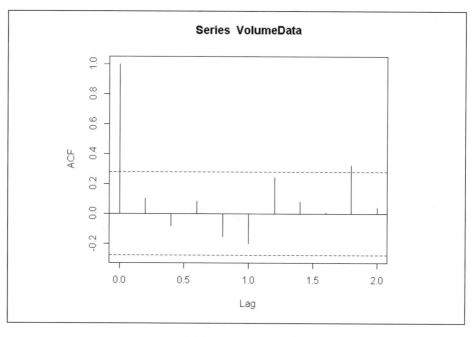

그림 4.6 Volume의 acf 그래프

다음 코드를 실행하여 Volume의 pacf 그래프를 그려 보자.

```
> pacf(VolumeData, lag.max = 10)
```

---

4 이동평균이란 수의 집합에서 특정 크기의 부분집합을 연속적으로 이동하면서 산출한 평균이다. 이 부분집합을 이동하며 연속적 인 평균값을 산출함으로써 평균값의 흐름을 파악하고 일정기간이나 데이터 구간의 평균흐름도 알 수 있다. 즉 추세와 변화 파악에 용이하므로 투자 분야에서 많이 사용한다.

실행하면 다음과 같은 그래프가 나타난다.

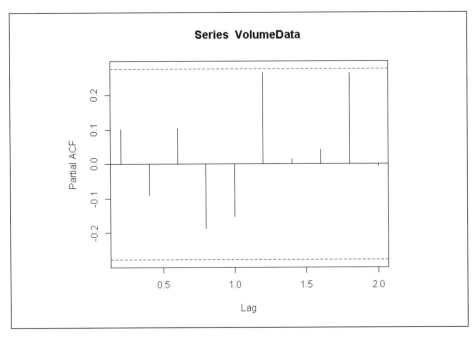

그림 4.7 Volume의 pacf 그래프

위 그래프들을 평가해 보면, acf는 lag 1 이후 급격하게 절단되므로 MA의 차수는 1이다.

❘ ARIMA

ARIMA^autoregressive integrated moving average는 자기회귀 누적이동평균을 의미하며, 일반적으로 ARIMA(p, d, q) 공식으로 정의한다.

여기서 각 파라미터의 의미는 다음과 같다.

- p: 자기회귀모델의 차수(AR 모델 차수)
- d: 계열을 정상으로 만드는데 필요한 차수(차분 차수)

- q: 이동평균의 차수(MA 모델 차수)

예측을 위해서는 정상 계열이 필요하므로, ARIMA의 첫 번째 단계로 계열의 그래프를 그려 보자.

먼저 다음 코드를 실행하여 계열의 그래프를 그린다.

```
> PriceData <- ts(StockData$Adj.Close, frequency = 5)
> plot(PriceData)
```

실행하면 다음과 같은 그래프가 나타난다.

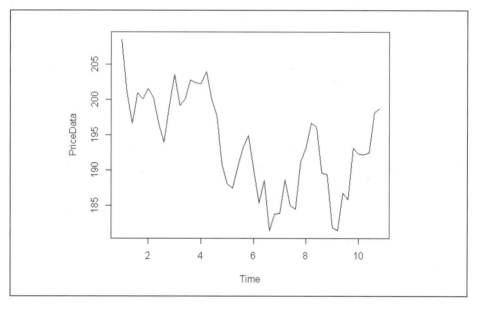

그림 4.8 가격 데이터 그래프

조사해 보면 계열은 분명히 비정상non-stationary일 것이다. 따라서 차분으로 정상으로 만들어야 한다. 다음 코드를 실행하면 이 작업을 수행할 수 있다.

```
> PriceDiff <- diff(PriceData, differences = 1)
> plot(PriceDiff)
```

실행하면 차분한 계열에 대해 다음과 같은 그래프가 나타난다.

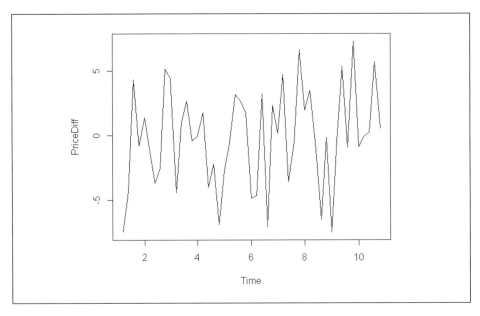

그림 4.9 차분한 가격 데이터 그래프

이는 정상 계열이다. 그러므로 모든 시간에서 평균과 분산은 일정할 것이다. 또한 디키-풀러^{Dickey-Fuller} 검정을 사용해 정상성을 확인할 수 있다. 따라서 ARIMA 모델에서 d 값은 1임을 파악했다. 이제 p와 q 값을 파악하기 위해 차분한 계열의 자기상관함수와 편자기상관함수의 그래프를 그려 보자.

acf 그래프는 다음 코드를 실행하여 생성한다.

```
> acf(PriceDiff, lag.max = 10)
```

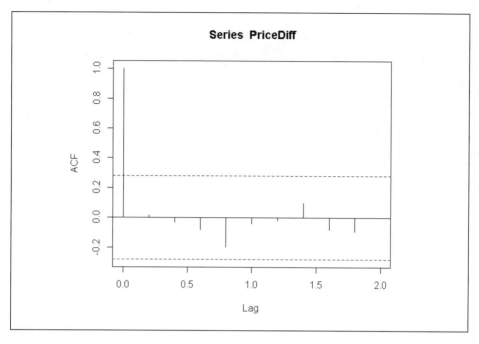

그림 4.10 차분한 계열의 acf 그래프

pacf 그래프는 다음 코드를 실행하여 생성한다.

```
> pacf(PriceDiff, lag.max = 10)
```

실행하면 다음과 같이 차분한 계열에 대한 pacf 그래프가 나타난다.

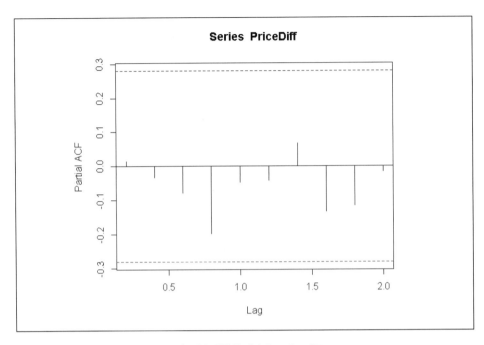

그림 4.11 차분한 계열의 pacf 그래프

위 그래프를 통해 AR과 MA 차수가 각각 0과 1임을 명확히 알 수 있다. 따라서 ARIMA (0,1,1)가 최적의 후보 모델이다.

이제 다음 코드를 실행하여 파악한 ARIMA 모델의 계수를 추정해 보자.

```
> PriceArima <- arima(PriceData, order = c(0, 1, 1))
> PriceArima
```

실행하면 다음과 같이 파악한 ARIMA 모델의 계수가 나타난다.

```
Call:
arima(x = PriceData, order = c(0, 1, 1))

Coefficients:
```

```
        ma1
     0.0177
s.e. 0.1512
```

```
sigma^2 estimated as 14.66:  log likelihood = -135.31,  aic = 274.62
```

이제 다음 코드를 실행하여 예측하고 그래프를 그려 보자. 실행 방법은 다음 코드와 같다.

```
> install.packages("forecast")
> library(forecast)
> FutureForecast <- forecast(PriceArima, h = 5)
> FutureForecast
```

실행하면 다음과 같은 출력이 나타난다.

```
      Point Forecast    Lo 80    Hi 80    Lo 95    Hi 95
11.00       198.6978 193.7912 203.6043 191.1938 206.2017
11.20       198.6978 191.6972 205.6983 187.9914 209.4042
11.40       198.6978 190.0989 207.2967 185.5469 211.8486
11.60       198.6978 188.7542 208.6413 183.4904 213.9051
11.80       198.6978 187.5709 209.8247 181.6806 215.7149
```

이제 다음 코드를 실행하여 신뢰구간과 함께 예측값의 그래프를 그려 보자.

```
> plot(FutureForecast)
```

실행하면 다음과 같은 그래프가 나타난다.

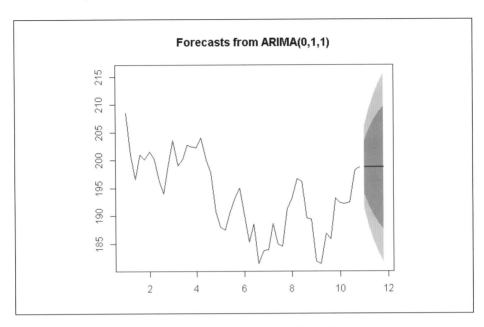

그림 4.12 신뢰구간과 함께 표시한 예측값 그래프

모델 적정성^{model adequacy}은 다음과 같은 코드로 확인할 수 있다.

```
> Box.test(FutureForecast$residuals, lag = 20, type = "Ljung-Box")
```

실행하면 아래와 같은 결과가 출력된다.

```
Box-Ljung test

data:  FutureForecast$residuals
X-squared = 17.386, df = 20, p-value = 0.6278
```

p값이 0.05보다 크므로 1-20 시차의 잔차에는 유의한 자기상관이 없다.

▌ GARCH

GARCH^{generalized autoregressive conditional heteroscedasticity}는 일반 자기회귀 조건부 이분산성을 의미한다. OLS(ordinary least square, 최소제곱) 추정에서의 가정 중 하나는 오차의 분산이 일정해야 한다는 것이다. 그러나 금융시계열 데이터에서 일부 기간에서는 상대적으로 변동성^{volatility}이 크다. 이로 인해 잔차의 강도가 높아지고 자기상관 효과 때문에 스파이크^{spike}가 무작위로 위치하지도 않는다. 이를 변동성 집중^{volatility clustering} 현상이라고 한다. 즉 충격에 의해 분산이 한번 커지면 큰 상태로 어느 정도 지속되고 또한 상대적으로 분산이 작은 기간이 이를 뒤따르는 현상을 말한다. 예컨대 주식가격이나 환율 같은 금융시계열 자료들이 수익률의 큰 변화가 일정기간 지속되다 작은 변화가 일정기간 뒤이어 지속되는 현상을 변동성 집중현상이라 한다. 이때 GARCH는 변동성을 추정하는 데 사용하며, 이는 모델에서 잔차를 예측하는 데 사용할 수 있다. 그럼 간단하게 R에서 GARCH가 어떻게 실행되는지 살펴보자.

R에는 GARCH 모델링에 사용할 수 있는 다양한 패키지가 있다. 그 중에서 rugarch 패키지를 사용하겠다.

먼저 다음 코드를 실행하여 rugarch 패키지를 설치하고 작업공간으로 불러온다.

```
> install.packages("rugarch")
> library(rugarch)
> snp <- read.zoo("C:/R_Code/Chapter04/DataChap4SP500.csv",
+                  header = TRUE,
+                  sep = ",",
+                  format = "%m/%d/%Y")
```

이제 다음 코드를 실행하여 GARCH 모델의 명세를 정의하고 계수를 추정해 보자.

```
> gspec.ru <- ugarchspec(mean.model = list(armaOrder = c(0, 0)),
+                         distribution = "std")
> gfit.ru <- ugarchfit(gspec.ru, snp$Return)
> coef(gfit.ru)
```

실행 결과는 다음과 같다.

```
        mu        omega       alpha1        beta1        shape
1.937922e-04 8.406716e-07 2.204731e-01 7.291160e-01 4.756128e+00
```

GARCH 모델링에서의 주요 인수에 대한 설명은 다음과 같다.[5]

- variance.model: 분산 모델 명세를 포함하는 목록. 특히 model 인수에는 GARCH 모델의 종류를 지정하며, garchOrder 인수에는 ARCH(q)와 GARCH(p) 차수를 지정한다.
- mean.model: 평균 모델 명세를 포함하는 목록. 특히 armaOrder 인수에는 자기 회귀(AR)와 이동평균(MA) 차수를 지정한다.
- distribution.model: 혁신innovations에 사용할 조건부 밀도. 정규 분포normal distribution 의 경우 norm, 왜정규분포skew-normal distribution의 경우 snormn, 스튜던트 t 분포 student's t-distribution의 경우 std 등을 사용할 수 있다.

이제 다음 코드를 실행하여 요구사항에 따라 예측을 생성할 수 있다.

```
> FutureForecast = ugarchforecast(gfit.ru, n.ahead = 5)
> FutureForecast
```

실행 결과는 다음과 같다.

```
*-----------------------------------*
*        GARCH Model Forecast        *
*-----------------------------------*
Model: sGARCH
Horizon: 5
Roll Steps: 0
```

---

[5] ugarchspec() 함수의 전체 인수와 이에 대한 자세한 설명은 > help("ugarchspec") 명령이나 'Help-R functions (text)...' 메뉴를 통해 확인해 보기 바란다.

```
Out of Sample: 0

0-roll forecast [T0=2016-12-28]:
        Series    Sigma
T+1 0.0001938 0.002681
T+2 0.0001938 0.002769
T+3 0.0001938 0.002850
T+4 0.0001938 0.002924
T+5 0.0001938 0.002993
```

GARCH 모델에는 많은 옵션이 있으며 요구사항에 따라 사용할 수 있다.

▌ EGARCH

EGARCH$^{\text{exponential GARCH}}$는 지수적 GARCH를 의미한다. EGARCH는 GARCH의 개선된 형태로 시장 시나리오 모델링에 적합하다.

예컨대 사건, 뉴스 등의 부정적인 충격^{shock}은 긍정적인 충격보다 변동성에 더 큰 영향을 미치는 경향이 있다.

EGARCH 모델은 분산의 로그 때문에 구조가 전통적인 GARCH와 다르다.

R에서 EGARCH를 실행하는 방법을 보여주는 예제를 살펴보자. 먼저 EGARCH에 대한 명세를 정의하고 계수를 추정한다. 이 작업은 snp 데이터에 대해 다음 코드를 실행하여 수행할 수 있다.

```
> snp <- read.zoo("C:/R_Code/Chapter04/DataChap4SP500.csv",
+                 header = TRUE,
+                 sep = ",",
+                 format = "%m/%d/%Y")
> egarchsnp.spec = ugarchspec(variance.model = list(model = "eGARCH",
+                                                   garchOrder = c(1, 1)),
+                             mean.model = list(armaOrder = c(0, 0)))
```

```
> egarchsnp.fit = ugarchfit(egarchsnp.spec, snp$Return)
> egarchsnp.fit
> coef(egarchsnp.fit)
```

실행하면 다음과 같은 계수를 구할 수 있다.

```
          mu        omega       alpha1         beta1        gamma1
-0.0002229209 -0.2473967968 -0.2120878918  0.9772788064 -0.1046940426
```

이제 다음 코드로 예측해 보자.

```
> FutureForecast = ugarchforecast(egarchsnp.fit, n.ahead = 5)
> FutureForecast
```

실행 결과는 다음과 같다.

```
*------------------------------------*
*       GARCH Model Forecast         *
*------------------------------------*
Model: eGARCH
Horizon: 5
Roll Steps: 0
Out of Sample: 0

0-roll forecast [T0=2016-12-28]:
        Series     Sigma
T+1 -0.0002229  0.002348
T+2 -0.0002229  0.002381
T+3 -0.0002229  0.002413
T+4 -0.0002229  0.002445
T+5 -0.0002229  0.002477
```

▮ VGARCH

VGARCH는 벡터^{vector} GARCH 또는 다변량^{multivariate} GARCH를 의미한다. 금융 산업에서는 금융 변동성이 자산과 시장에 걸쳐 시간 경과에 따라 함께 움직인다고 가정한다. 다변량 모델링 프레임워크를 통해 이러한 측면을 확인하면 더 나은 별개의 단변량^{univariate} 모델을 만들 수 있다. 이는 자산 가격결정^{asset pricing}, 포트폴리오 선택^{portfolio selection}, 옵션 가격결정^{option pricing}, 헤지^{hedge}, 리스크 관리^{risk management}와 같은 다양한 분야에서 더 나은 의사결정 도구를 만드는 데 도움이 된다. R은 다변량 방식으로 구축할 수 있는 다양한 방법을 제공한다.

S&P500 지수와 DJI 지수로부터 지난 1년간 데이터를 통해 R에서 다변량 GARCH의 예를 살펴보겠다.

먼저 rmgarch와 PerformanceAnalytics 패키지를 설치하고 작업공간으로 불러온다. 실행 방법은 다음 코드와 같다.

```
> install.packages("rmgarch")
> install.packages("PerformanceAnalytics")
> library(rmgarch)
> library(PerformanceAnalytics)
> snpdji <- read.zoo("C:/R_Code/Chapter04/DataChap4SPDJIRet.csv",
+                     header = TRUE,
+                     sep = ",",
+                     format = "%m/%d/%Y")
> garch_spec = ugarchspec(mean.model = list(armaOrder = c(2, 1)),
+                         variance.model = list(garchOrder = c(1, 1),
+                                               model = "sGARCH"),
+                         distribution.model = "norm")
> dcc.garch_spec = dccspec(uspec = multispec(replicate(2, garch_spec)),
+                          dccOrder = c(1, 1),
+                          distribution = "mvnorm")
> dcc_fit = dccfit(dcc.garch_spec, data = snpdji)
> fcst = dccforecast(dcc_fit, n.ahead = 5)
> fcst
```

실행 결과는 다음과 같다.

```
*-------------------------------*
*       DCC GARCH Forecast      *
*-------------------------------*

Distribution        :  mvnorm
Model               :  DCC(1,1)
Horizon             :  5
Roll Steps          :  0
-----------------------------------

0-roll forecast:
, , 1

        [,1]      [,2]
[1,]  1.00000 -0.05928
[2,] -0.05928  1.00000


, , 2

        [,1]      [,2]
[1,]  1.00000 -0.05928
[2,] -0.05928  1.00000


, , 3

        [,1]      [,2]
[1,]  1.00000 -0.05928
[2,] -0.05928  1.00000


, , 4

        [,1]      [,2]
[1,]  1.00000 -0.05928
[2,] -0.05928  1.00000


, , 5
```

```
        [,1]      [,2]
[1,]  1.00000 -0.05928
[2,] -0.05928  1.00000
```

▌ DCC

데이터의 제곱과 외적^{cross products}에서 선형인 다변량 GARCH 모델은 일반적으로 시간에 따라 변하는 상관관계를 추정하는 데 사용한다. 이제는 이러한 상관관계를 단변량 GARCH 모델과 상관관계에 대한 간결하면서도 설명력 좋은 모수적 모델^{parsimonious parametric model}의 조합인 **동적 조건부 상관관계**^{DCC: dynamic conditional correlation}를 사용해 추정할 수 있다. 이는 다양한 상황에서 유용하게 사용할 수 있다. 이 방법은 단변량 GARCH의 유연성은 취하고 다변량 GARCH의 복잡성은 지양한다.

이제 R에서 DCC를 실행하는 방법을 알아보자.

먼저 rmgarch와 PerformanceAnalytics 패키지를 설치하지 않았다면 다음과 같이 설치하고 작업공간으로 불러온다. 실행 방법은 다음 코드와 같다.

```
> install.packages("rmgarch")
> install.packages("PerformanceAnalytics")
> library(rmgarch)
> library(PerformanceAnalytics)
```

이제 S&P 500 지수와 DJI 지수에 대한 지난 1년의 수익을 고려해 보고 수익에 대한 DCC를 구해 보자.

다음 코드를 실행하여 DCC에 대한 명세를 설정한다.

```
> snpdji <- read.zoo("C:/R_Code/Chapter04/DataChap4SPDJIRet.csv",
+                    header = TRUE,
+                    sep = ",",
```

```
+                          format = "%m/%d/%Y")
> garchspec = ugarchspec(mean.model = list(armaOrder = c(0, 0)),
+                        variance.model = list(garchOrder = c(1, 1),
+                                              model = "sGARCH"),
+                        distribution.model = "norm")
> dcc.garchsnpdji.spec = dccspec(uspec = multispec(replicate(2, garchspec)),
+                        dccOrder = c(1, 1),
+                        distribution = "mvnorm")
> dcc_fit = dccfit(dcc.garchsnpdji.spec,
+                  data = snpdji,
+                  fit.control = list(scale = TRUE))
> dcc_fit
```

실행 결과는 다음과 같다.

```
*---------------------------------*
*          DCC GARCH Fit          *
*---------------------------------*

Distribution          :  mvnorm
Model                 :  DCC(1,1)
No. Parameters        :  11
[VAR GARCH DCC UncQ]  :  [0+8+2+1]
No. Series            :  2
No. Obs.              :  251
Log-Likelihood        :  2176.442
Av.Log-Likelihood     :  8.67

Optimal Parameters
------------------------------------
```

	Estimate	Std. Error	t value	Pr(>|t|)
[ReturnSP500].mu	0.000195	0.000198	0.987099	0.32359
[ReturnSP500].omega	0.000002	0.000002	1.030038	0.30299
[ReturnSP500].alpha1	0.233722	0.065514	3.567521	0.00036
[ReturnSP500].beta1	0.643125	0.085516	7.520516	0.00000
[returnDji].mu	0.000289	0.000185	1.562649	0.11814
[returnDji].omega	0.000002	0.000001	1.599731	0.10966
[returnDji].alpha1	0.271243	0.070150	3.866605	0.00011

```
[returnDji].beta1      0.583464      0.099683 5.853191   0.00000
[Joint]dcca1           0.000000      0.000021 0.000301   0.99976
[Joint]dccb1           0.921866      0.149733 6.156745   0.00000

Information Criteria
---------------------


Akaike        -17.255
Bayes         -17.100
Shibata       -17.258
Hannan-Quinn  -17.192
```

예측에 대해서는 이미 대부분의 주제에서 다뤘으므로 여기서 다시 논의하진 않겠다.

▌ 질문

1. ts( ) 함수를 사용해 데이터 계열을 시계열로 변환하는 예제를 들어 보시오.

2. zoo와 xts는 ts( ) 함수와 어떻게 다른가? xts와 zoo 객체 생성 예제를 들어 보시오.

3. zoo를 사용해 파일을 읽는 방법은?

4. 시계열에서 정상성을 확인하는 방법은?

5. R에서 AR(2) 모델을 파악하는 방법은?

6. R에서 MA(2) 모델을 파악하는 방법은?

7. 다음 모델에 대한 예를 들어보고 R에서 실행해 보시오.

   GARCH, EGARCH, VGARCH

8. R에서 ARIMA(1,1,1) 모델을 파악하는 방법은?

9. 주어진 모델에 대한 예제를 제공하고 R에서 실행해 보시오.

▌요약

4장에서는 시계열을 추세, 계절성, 주기성, 잔차와 같은 다양한 구성요소로 분해하는 방법을 살펴봤다. 또한 R에서 계열을 시계열로 변환하는 방법과 선형 필터, AR, MA, ARMA, ARIMA, GARCH, EGARCH, VGARCH, DCC와 같은 다양한 예측 모델을 R에서 실행하고 예측하는 방법을 설명했다.

5장부터는 R을 사용해 트레이딩의 서로 다른 개념을 논의하겠다. 추세를 시작으로, 전략, 3가지 방법을 사용한 페어 트레이딩pairs trading을 순차적으로 살펴본다. 자본자산 가격결정capital asset pricing, 다중요인multi factor 모델, 포트폴리오 구성에 대해서도 논의한다. 또한 트레이딩 전략수립을 위한 머신 러닝machine learning 기술을 살펴보겠다.

05

알고리즘 트레이딩

알고리즘 트레이딩algorithmic trading은 알고리즘이라는 사전에 정의된 규칙에 따라 금융상품을 거래하는 매매 방식이다. 트레이더trader는 예측 모델링, 시계열 모델링, 머신 러닝을 사용해 자산의 가격, 수익, 변동 방향성 등을 예측한다.

알고리즘은 퀀트 트레이더quantitative trader나 퀀트 연구원quantitative researcher들이 개발하며 과거 실 데이터historical data를 기반으로 테스트한다. 알고리즘은 실제 트레이딩에 사용되기 전에 엄격한 테스트를 거친다. 기술적 지표기반 트레이딩technical indicator based trading은 완전 자동화된 경우라면 알고리즘 트레이딩으로 수행할 수도 있다. 하지만 퀀트 트레이더들은 시가총액market capitalization, 현금 흐름cash flow, 부채 비율debt to equity ratio 등의 기본 재무 데이터를 사용해 알고리즘의 규칙을 정의하며, 이러한 알고리즘에 대한 규칙을 정의하는 데 다양한 기술을 사용한다. 최근에는 투자나 트레이딩 회사에서 가격, 수익, 변동 방향성을 예측하는 데 머신 러닝 기법을 적극적으로 도입하기 시작했다.

머신 러닝 기반 트레이딩은 6장에서 살펴보겠다.

5장에서는 업계에서 일반적으로 사용하는 트레이딩 전략과 구현 방법을 살펴보겠다. 5장에서 집중적으로 다룰 내용은 다음과 같다.

- 모멘텀 트레이딩momentum trading/방향성 트레이딩directional trading1
- 페어 트레이딩pairs trading
- 자본자산 가격결정 모델CAPM: capital asset pricing model
- 다중요인 모델multi factor model
- 포트폴리오 구성portfolio construction

5장을 진행하기 위해선 quantmod, tseries, xts, zoo, PerformanceAnalytics와 같은 특정 R 패키지를 설치해야 한다.

▌ 모멘텀 트레이딩/방향성 트레이딩

모멘텀 트레이딩이란 펀더멘털fundamental이나 내재적 가치보다 시장의 방향성, 즉 장세가 상승세냐 하락세냐 하는 기술적 분석과 시장 심리 및 분위기 변화에 따라 거래하는 투자 방식을 말한다. 모멘텀은 현재의 주가가 상승이나 하락추세로 얼마나 가속적인 움직임을 보이는지를 측정하는 지표다. 모멘텀 투자가 유행하면 대개 기업 펀더멘털과 관계없이 '투자심리'에 의해 주가가 결정되는 경우가 많다. 주가가 오르는 주식은 무조건 매수하는 반면 반대의 경우는 이유를 불문하고 매도하는 경향이 강하기 때문이다. 이 책에서는 어떠한 다양한 유형의 모멘텀 트레이딩 전략이 존재하고 그 장단점이 무엇인지에 대해서는 논의하지 않겠다. 이에 대한 고민은 트레이더의 몫으로 남겨 놓겠다. 5장에서는 R에서 모멘

---

1 모멘텀 트레이딩(momentum trading)은 추세 거래, 방향성 트레이딩은 투기 거래라고도 한다.

팀 트레이딩 규칙을 구현하고 과거 실 데이터로 백테스트^{back test}[2]하는 방법을 알아본다. 주식 수익률은 다양한 요인에 따라 달라지므로 5장 후반부에서 주식 수익률을 설명하는 다중요인 모델도 살펴보겠다.

먼저 간단한 기술적 지표로 시작해 보자.

기술적 지표는 quantmod 패키지에 구현돼 있으므로 quantmod를 사용한다.[3]

```
> library(quantmod)
> getSymbols("^DJI", src = "yahoo")
[1] "DJI"
> head(DJI)
```

먼저 library 명령으로 quantmod 패키지를 R 작업공간으로 불러온다. 그런 다음 야후 리파지토리^{repository}에서 **다우존스 지수**^{DJI: Dow Jones Index}를 추출한다. 데이터는 DJI.Open, DJI.High, DJI.Low, DJI.Close 등과 같은 여러 열로 구성돼 있다. head(DJI) 명령을 사용하면 이를 확인할 수 있다. 다음 코드는 종가(DJI.Close)만 추출해 새로운 dji 변수에 저장하는 방법이다.

```
> dji <- DJI[,"DJI.Close"]
> class(dji)
[1] "xts" "zoo"
```

위 명령은 xts인 dji 클래스를 나타내며, zoo는 dji가 시간 색인 형식^{time index format}임을 의미하므로 두 지정된 날짜 사이의 dji 데이터를 추출하기 위해 다음과 같은 명령을 사용한다. 여기서는 2010년 1월 1일부터 2015년 12월 31일까지의 데이터를 추출한다.

---

[2] 백테스트란 과거의 시장 흐름에 매매 전략을 대입하는 테스트로, 과거로 돌아가 특정 투자 전략을 사용했다면 어느 정도의 수익률을 올릴 수 있을지 시뮬레이션 하는 과정이다.

[3] 5장의 실습은 기본적으로 getSymbols( ) 함수를 사용해 야후 사이트에서 데이터 집합을 가져오는 방식을 사용한다. 하지만 야후 사이트가 불안정하여 데이터 집합 중 일부 데이터가 누락되는 경우가 발생하곤 한다. 따라서 실습 시 기준으로 삼은 데이터 집합을 별도의 CSV 파일로 제공하니 참조하기 바란다.

```
> dji <- dji[(index(dji) >= "2010-01-01" & index(dji) <= "2015-12-31"),]
```

Delt( ) 함수는 원종가raw closing prices를 수익률로 변환하며 이는 기본적으로 한 주기one period 수익률이다.

```
> ret_dji <- Delt(dji, k = 1)
```

Delt( ) 함수에 k 파라미터를 적용하면 특정기간의 수익률을 계산할 수도 있다. 뿐만 아니라 주가의 정상 수익률normal return이나 로그 수익률logarithmic return을 계산하는 옵션도 존재한다. 다음 명령에서는 k = 1:3을 사용했다. 이는 시차lag를 1에서 3까지 1씩 증가하며 dji 수익률을 계산한다는 의미다.

```
> ret_dji <- Delt(dji, k = 1:3)
```

head( ) 함수를 사용해 위 명령의 결과를 확인해 보자. 시차 1, 2, 3에 대한 Delt.1, Delt.2, Delt.3의 결과가 각각 출력된다.[4]

```
> head(ret_dji)
           Delt.1.arithmetic Delt.2.arithmetic Delt.3.arithmetic
2010-01-04                NA                NA                NA
2010-01-05        -0.0011281628                NA                NA
2010-01-06         0.0001570331        -0.0009713069                NA
2010-01-07         0.0031380432         0.0032955691       0.002163688
2010-01-08         0.0010681840         0.0042095792       0.004367273
2010-01-11         0.0043133342         0.0053861256       0.008541071
```

위 결과에 NA가 보인다. 이는 데이터의 시작 때문이다. 첫 번째 열의 경우 첫 번째 지점은 수익률을 계산하기 위한 참조 값이 없다. 따라서 첫 번째 지점은 NA가 되고 두 번째 지점부터 수익률 값을 구할 수 있다. 두 번째 열에서는 직전 두 데이터로부터 현재 데이터의 수익률을 계산해야 하지만 처음 두 데이터 지점에서는 불가하므로 처음 두 데이터는 NA가

---

[4] 위의 명령은 Delt( ) 함수의 예제를 보여주는 것으로 이후 예제는 k = 1일 경우를 기반으로 진행한다는 점을 유의하기 바란다.

된다. 동일한 원리로 세 번째 열은 세 개의 NA가 존재한다.

Delt( ) 함수는 몇 가지 파라미터가 있으며, 각 파라미터에는 이 함수에 해당하는 유형이 있다. 때로는 생성하는 반환 값의 종류와 출력 형식과 같이 출력에 대해 살펴봐야 할 필요가 있다. 함수와 해당 파라미터를 예제와 함께 더 자세히 살펴보고 싶다면 다음 명령을 실행하면 된다. 그러면 해당 함수에 대한 모든 세부 정보를 확인할 수 있다.

```
> ? Delt
```

그림 5.1은 다우존스 지수 종가의 명확한 추세를 보여주며 다음 명령으로 확인할 수 있다.

```
> par(mfrow = c(2, 1))
> plot(dji, type = "l")
> plot(ret_dji, type = "l")
```

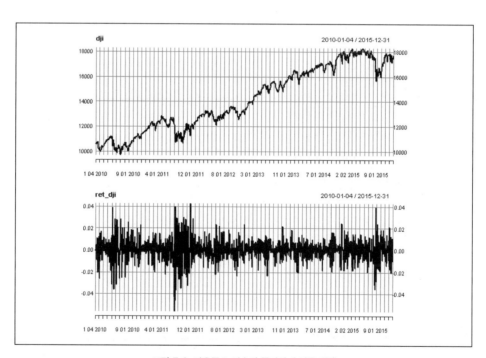

그림 5.1 다우존스 지수의 종가와 수익률 계열

이제 적절한 시기에 신호signal를 생성할 수 있는 규칙과 투자에 대한 긍정적인 수익을 창출할 수 잠재력을 가진 지표indicator의 집합을 정의해야 한다. 모델의 일반화 능력generalization capacity을 이해하는 것은 매우 중요하다. 이를 위해선 데이터 집합을 두 개의 작은 데이터 집합으로 나눠야 한다. 한 데이터 집합은 데이터의 70-80%로 구성되고, 다른 데이터 집합은 나머지 20-30%의 데이터로 구성된다. 이때 전자를 표본내in-sample 데이터 집합, 후자를 표본외out-of-sample 데이터 집합이라 한다.[5]

전략 아이디어와 이에 대한 일반화 역량을 백테스트 하기 위해 데이터 집합을 표본내 데이터 집합과 표본외 데이터 집합으로 나눴다. 여기서는 4개의 날짜를 정의하겠다. in_sd는 표본내 데이터의 시작일을 정의하고, in_ed는 표본내 데이터의 종료일을 정의한다. 마찬가지로 out_sd와 out_ed는 표본외 데이터의 시작일과 종료일을 정의한다. 날짜는 데이터가 시계열 형식이므로 순서대로 정의하며, 과거 데이터를 기반으로 모델을 만들어 과거 데이터 이후 날짜의 데이터 집합인 실시간 데이터에 사용한다.

```
> in_sd <- "2010-01-01"
> in_ed <- "2014-12-31"
> out_sd <- "2015-01-01"
> out_ed <- "2015-12-31"
```

in_dji와 in_ret_dji 변수는 다우존스 지수 종가와 사전에 정의한 표본내 날짜 기간의 각 수익률을 포함하며, out_dji와 out_ret_dji 변수는 다우존스 지수 종가와 사전에 정의한 표본외 날짜에 대한 각 수익률 데이터를 포함한다.

```
> in_dji <- dji[(index(dji) >= in_sd & index(dji) <= in_ed),]
> in_ret_dji <- ret_dji[(index(ret_dji) >= in_sd & index(ret_dji) <= in_ed),]
> out_dji <- dji[(index(dji) >= out_sd & index(dji) <= out_ed),]
> out_ret_dji <- ret_dji[(index(ret_dji) >= out_sd & index(ret_dji) <= out_ed),]
```

---

[5] 표본내와 표본외 데이터 집합은 모델 수립을 위한 훈련과 검증을 위한 데이터 집합이다.

표본내와 표본외 데이터 집합을 생성하는 목적은 합당하며 파라미터 추정에 대한 인간의 편향적인 사고를 제어하는 데 도움이 된다. 표본내 데이터를 사용해 전략을 백테스트하며 최적의 파라미터 집합을 추정하고 성능을 평가한다. 최적의 파라미터 집합은 규칙과 파라미터의 일반화 역량을 이해하기 위해 표본외 데이터에 적용해야 한다. 표본외 데이터에 대한 성능이 표본내 데이터와 매우 유사하다면 파라미터와 규칙 집합의 일반화 능력이 매우 좋다고 가정할 수 있으며 실제 트레이딩에 사용할 수 있다.

자동화된 트레이딩 신호를 생성하기 위해 MACD(moving average convergence divergence, 이동평균수렴·확산지수)[6]와 **볼린저 밴드**Bollinger band[7] 지표를 사용하겠다. MACD와 볼린저 밴드 지표는 다음 두 줄의 코드를 사용해 계산한다. 이 두 함수에 같은 파라미터 값을 사용했지만 데이터 집합에 가장 적합하다고 생각하는 파라미터를 사용할 수 있다. 출력 변수 macd는 MACD 지표와 해당 신호값을 포함한다. 하지만 출력 변수 bb는 하한선lower band, 평균, 상한선upper band, 백분율 볼린저 밴드를 포함한다.

```
> macd <- MACD(in_dji, nFast = 7, nSlow = 12, nSig = 15, maType = "SMA", percent = FALSE)
> bb <- BBands(in_dji, n = 20, maType = "SMA", sd = 2)
```

아래 코드의 첫 줄에서는 signal 변수를 생성하고 NULL로 초기화한다. 두 번째 줄에서는 dji가 볼린저 밴드 상한선 위에 있고 macd 값이 macd−signal 값보다 크면 매수buy 신호 (1)을 생성한다. dji가 볼린저 밴드 하한선 밑으로 내려가고 macd가 macd−signal 값보다 작으면 매도sell 신호(−1)를 생성한다. 신호가 0일 때는 장을 빠져 나온다.

```
> signal <- NULL
> signal <- ifelse(in_dji > bb[,'up'] & macd[,'macd'] > macd[,'signal'], 1,
+                  ifelse(in_dji < bb[,'dn'] & macd[,'macd'] < macd[,'signal'], -1, 0))
```

---

[6] MACD란 주가의 두 이동평균선 사이의 관계를 보여주는 모멘텀 지표다. 단기이동평균선과 장기이동평균선이 멀어지게 되면 다시 가까워지게 되는 성질을 이용해 두 개의 이동평균선의 차이가 가장 큰 시점을 찾아내는 분석 기법으로, 추세 방향과 주가 움직임을 분석하는데 주로 사용한다.

[7] 볼린저 밴드란 주가 변동에 따라 상·하한선의 폭이 같이 움직이게 하여 주가의 움직임을 밴드 내에서 판단하고자 고안된 주가 지표다. 통상 20일 이동평균선을 중심선으로 표준편차의 두 배를 상·하한선으로 사용하는 추세밴드로, 변동성이 커지면 밴드가 넓어지고 변동성이 감소하면 밴드가 좁아진다.

위 예제에서는 매수long와 매도short 신호 모두를 생성했다.[8] 하지만 매수 전략만 또는 매도 전략만 구현할 수도 있다. 또한 이 신호 생성 메커니즘을 수정하고 원하는 다른 종료 기준들을 사용할 수도 있다. 전략이 거래를 위해 직접적으로 사용되지 않았으므로 거래 비용transaction cost과 슬리피지 비용slippage cost[9]을 계산하지 않았다. 전략들은 단지 구현 메커니즘을 보여주기 위해 사용됐다.

```
> trade_return <- in_ret_dji * lag(signal)
```

거래 수익trade return은 다우존스 지수 수익률과 전날의 신호를 사용해 계산한다. PerformanceAnalytics 패키지를 사용해 전략 성능의 다양한 행렬을 계산하겠다.

먼저 PerformanceAnalytics 패키지를 R 작업공간으로 불러온다.

```
> library(PerformanceAnalytics)
> cumm_ret <- Return.cumulative(trade_return)
> annual_ret <- Return.annualized(trade_return)
```

전략의 누적 수익률과 연간 수익률은 위 두 줄의 코드를 사용해 계산한다. charts. PerformanceSummary( ) 함수는 그림 5.2와 같이 주어진 시점에서의 드로우다운drawdown[10]과 함께 누적 수익률과 일별 수익률의 그래프를 그린다.

---

[8] 롱(long)은 주식 등이 오를 것으로 예상될 때, 주식 등을 사서(buy) 보유(hold) 한다는 뜻이다. 주식을 사서 보유한 상태를 롱 포지션(long position)이라고 한다. 반면에 숏(short)은 주식 등이 내려갈 것으로 예상될 때, 주식 등을 빌려서(short) 판다(sell)는 뜻이다. 주식 등을 빌려서 파는 상태를 숏 포지션(short position, 공매도)이라고 한다.

[9] 슬리피지 비용이란 시장 주문(market order)을 넣을 때 주문을 넣은 시점의 가격으로 체결되지 않고 더 나쁜 가격으로 체결되는 것을 말한다. 일반적으로 호가 공백이 생기거나 주문 실행 시점이 늦어 매매하고자 하는 가격보다 불리한 가격으로 매매가 체결된 경우 발생하는 가격차이를 말한다.

[10] 드로우다운(drawdown)은 상품, 펀드 또는 선물에서 특정 기간 동안 발생한 시세 고점에서 저점까지의 하락을 의미한다. 드로우다운은 보통 고점과 저점 간의 비율로 표현한다. 드로우다운은 투자 시 금융 리스크 투자금액에 대한 손해 발생 가능성을 판단하는 데 도움이 된다.

```
> charts.PerformanceSummary(trade_return)
```

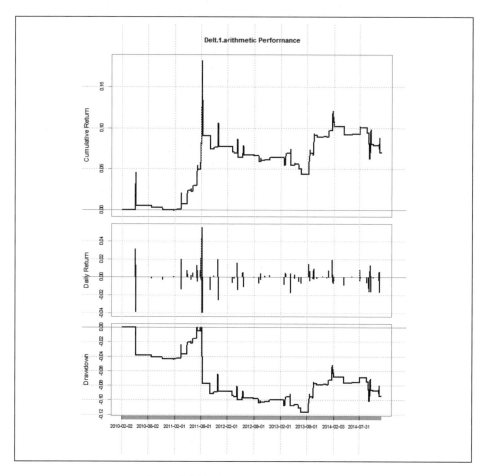

그림 5.2 전략의 누적 수익률, 일별 수익률, 드로우다운

거래 수익률의 성능에 대해 더 자세히 알아보려면 summary( ) 함수를 사용한다. summary( ) 함수는 일별로 모든 거래 수익률의 최소값, 1분위값first quartile, 중간값, 평균값, 3분위값third quartile, 최대값을 제공한다. trade_return 변수에는 몇 개의 NA도 있으므로 summary( ) 함수는 NA의 개수도 보여준다. 다음 코드에서는 먼저 trade_return은 특정 형식의 출력값

을 생성하기 때문에 먼저 trade_return를 시계열 객체로 변환한다. 출력은 다음과 같이 최소값, 1분위값, 중간값, 평균값, 3분위값, 최대값, NA값을 보여준다. 참고로 NA값은 20으로 이는 trade_return에 20개의 NA가 있음을 의미한다.

```
> summary(as.ts(trade_return))
     Min.   1st Qu.    Median      Mean   3rd Qu.      Max.     NA's
-0.039770  0.000000  0.000000  0.000062  0.000000  0.055460       20
```

다음은 표본내 거래 수익률에 대한 전략의 성능을 계산하기 위한 몇 가지 명령들이다.

첫 번째 명령은 거래 기간 동안 거래 수익의 최대 드로우다운을 계산하며, 0.1173028은 최대 드로우다운이 11.73%임을 의미한다. 두 번째와 세 번째 명령은 거래 수익에 대한 일별과 연간 표준편차를 계산한다. 다음은 전략 수익에 대한 VaR 계산이며, 마지막 두 명령은 전략의 샤프 비율Sharpe ratio[11]을 일별과 연단위로 계산한다.

일별 샤프 지수는 0.01621421이고 연단위는 0.2289401이다. 샤프 지수에는 Rf와 FUN이라는 두 가지 파라미터가 있다. Rf는 무위험risk-free 이자율, FUN은 분모에 해당한다. 이번 샤프 비율 계산에서는 FUN = "StdDev"를 사용했다. 하지만 VaR가 될 수도 있다.

```
> maxDrawdown(trade_return)
[1] 0.1173028
> StdDev(trade_return)
              [,1]
StdDev 0.00379632
> StdDev.annualized(trade_return)
                               Delt.1.arithmetic
Annualized Standard Deviation         0.06026471
> VaR(trade_return, p = 0.95)
VaR calculation produces unreliable result (inverse risk) for column: 1 :
-0.00226820727909124
```

---

[11] 샤프 비율(또는 샤프 지수)은 금융에서 투자성과를 평가함에 있어 해당 투자의 리스크를 조정해 반영하는 방식이며, William F. Sharpe의 이름을 따 명명했다. 샤프 비율은 투자 자산 또는 매매 전략에서, 일반적으로 리스크라 불리는 편차 한 단위당 초과수익(또는 리스크 프리미엄)을 측정한다.

```
    Delt.1.arithmetic
VaR                    NA
> SharpeRatio(as.ts(trade_return), Rf = 0, p = 0.95, FUN = "StdDev")
                                    [,1]
StdDev Sharpe (Rf=0%, p=95%): 0.01621421
> SharpeRatio.annualized(trade_return, Rf = 0)
                                Delt.1.arithmetic
Annualized Sharpe Ratio (Rf=0%)          0.2289401
```

표본내 데이터에 대한 성능이 좋다면 표본외 데이터에 이 전략을 사용하여 표본외 데이터에 대한 모든 행렬을 계산하고 전략 성능의 일관성을 검사할 수 있다. 다음 두 명령은 표본외 데이터에 대한 MACD와 볼린저 밴드를 계산한다.

```
> macd <- MACD(out_dji, nFast = 7, nSlow = 12, nSig = 15, maType = "SMA", percent
= FALSE)
> bb <- BBands(out_dji, n = 20, maType = "SMA", sd = 2)
```

다음으로 이러한 표본외 지표들을 사용해 표본내 데이터에서와 동일한 방식으로 신호를 생성한다.

```
> signal <- NULL
> signal <- ifelse(out_dji > bb[,'up'] & macd[,'macd'] > macd[,'signal'], 1,
+                   ifelse(out_dji < bb[,'dn'] & macd[,'macd'] < macd[,'signal'],
-1, 0))
```

표본외 데이터에 대한 거래 수익과 모든 관련 지표는 다음과 같이 표본내 데이터의 경우와 동일한 명령을 사용해 계산한다.

```
> trade_return <- out_ret_dji * lag(signal)
> cumm_ret <- Return.cumulative(trade_return)
> annual_ret <- Return.annualized(trade_return)
> charts.PerformanceSummary(trade_return)
> maxdd <- maxDrawdown(trade_return)
> sd <- StdDev(trade_return)
```

```
> sda <- StdDev.annualized(trade_return)
> VaR(trade_return, p = 0.95)
> SharpeRatio(as.ts(trade_return), Rf = 0, p = 0.95, FUN = "StdDev")
> SharpeRatio.annualized(trade_return, Rf = 0)
```

여기서는 이 전략을 다우존스 지수와 같은 특정 시계열에 적용했다. 하지만 다른 주식에도 동일한 전략을 검증해 볼 수 있으며 주식 전반에 걸친 전략 행동을 이해할 수도 있다. 대부분의 주식에 더 접합한 전략을 찾았다면 이는 아이디어의 일관성을 보여주며 실시간 트레이딩에도 잘 적용될 수 있다. 하나의 특정 전략이 몇 개의 주식에 잘 적용된다 할지라도 포트폴리오의 분산을 확인해야 한다는 사실을 명심하라. 예제로 DJI 시계열 수익률의 분산을 계산해 보자.

```
> var(ret_dji, na.rm = T)
Delt.1.arithmetic 8.590805e-05
```

위 코드에서는 na.rm = T를 사용하여 시계열에서 NaN^{Not a Number}을 제거했다. 이제 S&P 500이라는 다른 기호^{symbol}를 작업공간으로 불러온다. S&P 500을 작업공간으로 불러오는 코드는 다음과 같다.

```
> getSymbols("^GSPC", src = "yahoo")
```

이제 S&P 500의 종가만 추출하고 두 날짜를 지정한다.

다음으로 S&P 500의 수익률을 계산한다.

```
> snp <- GSPC[,"GSPC.Close"]
> snp <- snp[(index(snp) >= "2010-01-01" & index(snp) <= "2015-12-31"),]
> ret_snp <- Delt(snp, k = 1)
```

또한 S&P 500 계열 수익률의 분산을 계산한다.

```
> var(ret_snp, na.rm = T)

Delt.1.arithmetic 0.0001004213
```

이제 두 시계열의 수익률을 결합하고 두 수익률 합의 분산을 계산한다.

```
> var(ret_dji + ret_snp, na.rm = T)
Delt.1.arithmetic       0.0003678564
```

이를 통해 다음을 알 수 있다.

```
Variance(ret_dji + ret_snp) ≠ Variance(ret_dji) + Variance(ret_snp)
```

보다시피 $0.0003678564 \neq 8.590805e-05 + 0.0001004213$이다.

이 차이의 원인을 이해하는 것이 무엇보다 중요하다. 확률이론의 기본으로 돌아가면 다음을 확인할 수 있다.

$$분산(X + Y) = 분산(X) + 분산(Y) + 2공분산(X, Y) \tag{5.1}$$

$$분산(X + Y) = 분산(X) + 분산(Y) + 2\rho\sigma_X\sigma_Y \tag{5.2}$$

여기서, ρ는 X와 Y간의 상관관계이며, σ_X는 X의 표준편차, σ_Y는 Y의 표준편차다.

ret_dji, ret_snp의 표준편차와 ret_dji와 ret_snp 간의 상관관계는 다음 명령을 사용해 계산한다.

```
> sd(ret_dji, na.rm = T)
[1] 0.00926866
> sd(ret_snp, na.rm = T)
[1] 0.01002104
> cor(ret_dji[!is.na(ret_dji)], ret_snp[!is.na(ret_snp)])
  Delt.1.arithmetic
Delt.1.arithmetic              0.977196
```

이제 이 값들을 공식 5.2에 대입하면 양쪽이 동일함을 알 수 있다. 즉, 위 공식처럼 포트폴리오의 분산은 var(A + B) = var(A) + var(B) + 2cov(A,B)다. 주식시장에서 분산은 리스크다. 양(+)의 상관관계가 있는 주식, 즉 같은 흐름을 타는 종목(예: 우산과 비옷)이 있으며, 반대로 음(−)의 상관관계(햇빛가리개와 우산)가 있다. 양의 상관관계는 공분산^{covariance}이 양수이므로 포트폴리오의 분산이 커지고, 음의 상관관계는 공분산이 음수이므로 포트폴리오 분산이 작아진다. 상관관계가 없으면 공분산은 0이므로 선형관계가 없어 두 변수는 독립적인 관계에 있다고 할 수 있다. 다만 두 변수가 독립적이라면 공분산은 0이 되지만, 공분산이 0이라고 해서 항상 독립적이라고 할 수 없다.

따라서 리스크를 최소화하는 데 도움이 되는 주식을 파악하기 위해선 포트폴리오에서 주식의 상관행렬을 조사해야 한다. 포트폴리오에는 2개의 주식만 보유하고 있으므로 port_ret를 NA, 데이터 지점^{point}의 수와 같은 수의 행 및 2개의 열로 구성된 데이터프레임으로 생성한다.

```
> port_ret <- data.frame(matrix(NA, dim(ret_dji)[1], 2))
```

다음 두 명령은 ret_dji를 데이터프레임의 첫 번째 열에 복사하고 ret_snp를 두 번째 열에 복사한다.

```
> port_ret[,1] <- ret_dji
> port_ret[,2] <- ret_snp
```

이제 포트폴리오에 있는 주식의 상관행렬을 계산할 수 있다. stock 1과 stock 2의 상관관계를 계산하는 코드는 다음과 같다.

```
> cor(port_ret)
   X1 X2
X1  1 NA
X2 NA  1
```

위 상관행렬에는 NA가 있다. 이는 port_ret 데이터프레임의 어딘가에 NA가 있기 때문이므로 데이터프레임에서 NA를 제거해야 한다. is.na( )를 사용하면 NA를 제거할 수 있다. port_ret에서 NA를 제거한 후 상관행렬을 계산하는 코드는 다음과 같다.

```
> port_ret <- port_ret[!is.na(port_ret[,1]),]
> cor(port_ret)
         X1       X2
X1 1.000000 0.977196
X2 0.977196 1.000000
```

두 주식간의 상관관계는 순서 독립적이므로 대각선 요소가 같다. 상관관계가 없거나 완벽한 상관관계가 있는 한 쌍의 주식을 찾는 것은 거의 불가능하다. 음의 상관관계가 클수록 분산투자diversification에 좋다. 상관관계가 증가할수록 포트폴리오의 분산은 증가하므로 분산투자의 관련성은 낮아진다. 이것이 상관관계가 포트폴리오의 주식을 선택하고 포트폴리오의 리스크를 통제하는 가장 중요한 기준 중 하나인 이유다.

페어 트레이딩

일반적으로 분산투자 개념은 익숙하다. 분산투자를 위해서는 음의 상관관계가 있는 주식을 선택해야 한다. 하지만 페어 트레이딩은 양의 상관관계가 있는 주식들을 선택하고 두 자산 가격의 괴리가 커졌을 때 진입하고, 괴리가 좁혀졌을 때 청산하는 것을 기본으로 하는 전략이다. 쉽게 말하면 동일업종 내에서 저평가된 종목은 매수하고 고평가된 종목은 매도하는 투자전략이다. 예를 들면 IT 업종에서 카카오를 매수하고 네이버를 매도하는 전략을 말한다.

X-Y 포트폴리오의 분산은 다음과 같이 정의한다.

$$분산(X - Y) = 분산(X) + 분산(Y) - 2\rho\sigma_X\sigma_Y \tag{5.3}$$

페어 트레이딩은 시장 중립적인 전략이다. 두 주식의 차분difference은 전체 시장과 상관관계가 없거나 상관관계가 거의 없기 때문이다. 거리 접근법distance approach을 사용하여 페어 트레이딩을 시작하는 방법을 살펴보겠다.

두 개의 시계열, 즉 다우존스 지수와 S&P 500을 페어 트레이딩에 사용해 거리 기반 접근 방식을 R에서 구현하는 방법을 알아보자. 앞서 실습한 다우존스 지수와 S&P 500 지수의 데이터 집합을 동일하게 사용하여 실습한다.

거리 기반 페어 트레이딩

시계열별로 다른 척도를 사용할 수 있으므로 먼저 계열을 정규화한다. 초기 투자를 1이라 하고 이 투자의 누적수익률을 구한다.

```
> ret_dji <- Delt(dji, k = 1)
> ret_snp <- Delt(snp, k = 1)
> ret_dji[1] <- 1
> ret_snp[1] <- 1
```

다음 명령은 1에서 시작한 투자의 누적수익률을 계산한다. 이렇게 하면 두 번째 계열에 대한 첫 번째 계열의 상대적 성능을 추적할 수 있으며 마지막 명령은 두 계열 간의 차분을 계산하는 것이다.

```
> norm_dji <- apply(ret_dji, 2, cumsum)
> norm_snp <- apply(ret_snp, 2, cumsum)
```

누적수익률을 계산하는 공식은 다음과 같다.

```
(norm_dji)t = (norm_dji)t-1 * (1 + rt)
```

이제 plot( ) 함수를 사용해 정규화된 가격 norm_dji와 그래프에서 모든 점을 연결하고 선 그래프를 생성하는 type = "l"로 그래프를 그린다. type = "l"를 지정하지 않으면 점이 생긴다. ylim = c(0.5, 2)는 y축의 범위를 지정하는 데 사용한다. 그리고 lines( ) 함수를 사용해 동일한 그래프에서 다른 계열의 그래프를 그려 같은 그림에서 두 계열을 살펴볼 수 있도록 했다. ylab는 y축에 제목을 붙이는 데 사용한다. legend 명령은 우측상단 구석에 DJI와 S&P 500 계열의 그래프에 대한 범례를 표시한다. lty 파라미터는 그래프에서의 선 유형을 나타내며, lty = 1은 실선을 의미한다. 다음 그래프는 정규화된 가격간의 차분을 나타내는 데 사용한다.

지금까지 설명한 내용을 정리하면 다음 코드와 같다.

```
> plot(norm_dji,
+       type = "l",
+       ylim = c(0.5, 2),
+       ylab = "Normalized_Price")
> lines(norm_snp,col = "red")
> legend('topright',
+       c("DJI", "S&P 500"),
+       lty = 1,
+       col = c('black', 'red'),
+       bty = 'o',
+       cex = 1)
```

실행하면 다음과 같은 그래프가 나타난다.

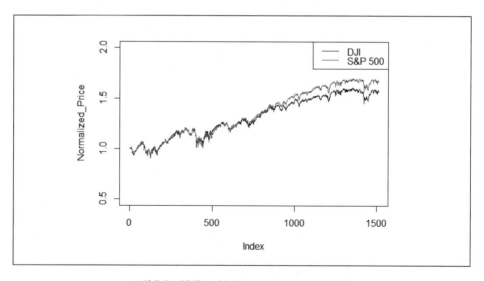

그림 5.3 다우존스 지수와 S&P 500의 정규화된 가격

이 그래프를 보면 두 계열 간 거리가 지수 1000 이전에는 수렴하지만 그 이후에는 계속 발산한다는 사실을 알 수 있다. 이 페어는 수렴하지 않으므로 페어 트레이딩에 사용해서는 안 된다. 과거 데이터에서 자주 수렴과 발산하는, 즉 두 계열 펀더멘털fundamental에서 유사성이 존재하는 다른 페어를 찾아야 한다.[12]

이러한 연유로 엑손모빌Exxon Mobil, XOM과 쉐브론Chevron Corporation, CVX을 선택했다.[13] 그림 5.4는 정규화된 가격 계열, 차분, 트레이딩 신호를 보여준다.

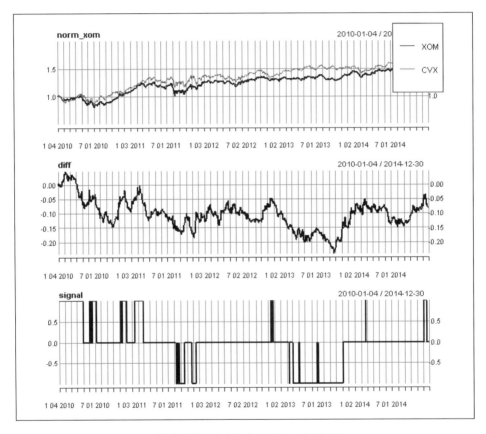

그림 5.4 정규화된 가격 계열, 차분, 트레이딩 신호

---

[12] 페어 트레이딩의 기본은 차익거래다. 스프레드(spread)가 커질 때와 줄어들 때 각각 매수와 매도를 진행하며 스프레드는 A와 B의 가격차이(거리)를 말한다. 스프레드는 평균점을 중심으로 수렴과 발산을 반복해야 간격차이가 커질 때 이를 예측하여 차익거래가 가능하다. 따라서 발산만 하면 페어 트레이딩에 적절치 않다.

[13] 실습을 위해서는 2010년 1월 1일부터 2014년 12월 31일까지의 엑손 모빌과 쉐브론의 데이터 집합을 사용한다. 앞선 예제와 마찬가지로 야후 리파지토리에서 데이터 집합을 가져오거나 별도로 제공한 데이터 집합을 사용하기 바란다.

정규화된 가격은 그림 5.4에서 보듯이 오랫동안 서로 아주 멀리 떨어지지 않는다. 이 페어는 거리 기반 트레이딩에 좋은 후보일 수 있다.

그럼 지금부터 norm_dji와 norm_snp를 계산했던 것처럼 다음 명령들을 사용해 norm_xom과 norm_cvx를 계산하고 그래프를 그려 보자.

```
> class(norm_xom)
[1] "matrix"
> class(norm_cvx)
[1] "matrix"
```

먼저 이 두 변수의 클래스를 조사해야 한다. 위에서 보듯이 이들은 모두 행렬이며 xts, zoo 객체여야 한다. 따라서 다음으로 행렬 객체를 xts, zoo 객체로 변환하는 작업을 수행한다.

```
> norm_xom <- xts(norm_xom, index(ret_xom))
> norm_cvx <- xts(norm_cvx, index(ret_cvx))
```

xts( ) 함수가 이 작업을 수행하며 norm_xom과 norm_cvx 모두 xts 객체로 변환되며 다음 코드를 사용해 그래프로 확인할 수 있다.

```
> par(mfrow = c(3, 1))
> plot(norm_xom,
+       type = "l",
+       ylim = c(0.5, 2),
+       ylab = "Normalized_Price")
> lines(norm_cvx, col = "red")
> legend('topright',
+        c("XOM", "CVX"),
+        lty = 1,
+        col = c('black', 'red'),
+        bty = 'o',
+        cex = 1)
> diff = norm_xom - norm_cvx
> plot(diff,
+       type = "l",
+       ylab = "Normalized_Price_difference")
```

정규화된 가격 차분의 평균, 표준편차의 계산방법은 다음과 같다.

```
> me <- mean(diff)
> std <- sd(diff)
```

차분 계열의 상한(ub)과 하한(lb)은 평균값에서 표준편차의 n배를 더하거나 빼서 계산할 수 있다.

```
> ub <- me + n * std
> lb <- me - n * std
```

n에 대한 최적의 파라미터값을 찾는 것은 쉽지 않다. 시행착오를 겪으며 n의 최적값을 찾거나 그리드 기반 파라미터 최적화 프로그램을 사용해 최적값을 찾아야 한다.

예컨대 여기서는 설명을 위해 n = 1을 사용했다. 차분값이 하한선보다 낮으면 매수 신호(1)가 생성되고, 차분값 상한선보다 높으면 매도 신호(−1)가 생성되고, 그렇지 않으면 보류 신호(0)를 생성한다.

차분값, 즉 스프레드spread가 상한선보다 높을 때, 역사적으로 대부분의 시간 동안 그러했듯이 평균값으로 회귀할 것이라고 추측한다. 비슷하게 스프레드가 하한선보다 낮은 경우에도 평균값으로 회귀할 것이라고 추측한다.

```
> n <- 1
> signal <- ifelse(diff > ub, 1, ifelse(diff < lb, -1, 0))
```

여기서는 평균과 표준편차를 계산하기 위해 앞서 me와 std를 계산했던 방식처럼 차분의 전체 시계열을 사용했다. 롤링 윈도우rolling window[14]를 대상으로 평균과 표준편차를 동적으로 계산할 수도 있다. 이 동적 평균과 표준편차는 신호 생성을 변경하고 진입entry과 이탈exit이 더욱 빈번해진다.

---

[14] 롤링 윈도우: 모수의 추정기간을 한 기간씩 이동하여 모수를 추정하는 방식

동적 평균과 표준편차는 rollapply( ) 함수를 사용해 계산할 수 있다. rollapply( ) 함수에 데이터 집합, 길이, 함수를 정의해야 한다.

```
> me_dynamic <- rollapply(diff, 10, mean)
> std_dynamic <- rollapply(diff, 10, sd)
```

plot( ) 함수는 그림 5.4와 같이 신호를 그린다. 0이 아닌 신호값은 시장 참여를 나타내며 0은 시장에 참여하지 않음을 의미한다.

```
> plot(signal, type = "l")
```

정규화된 가격의 차분을 스프레드spread라고도 한다. 스프레드를 사용해 신호를 생성함에 따라 개별 주식 대신 스프레드를 거래한다. 따라서 스프레드 매매가 의미하는 바를 분명히 이해해야 한다. 매수는 스프레드 매수를 의미한다. 이는 XOM에 대해서는 롱 포지션long position, CVX에 대해서는 숏 포지션short position을 취하거나 XOM에 대해서는 숏 포지션을, CVX에 대해서는 롱 포지션을 취함을 의미한다. 다음 두 줄로 스프레드와 거래 수익률을 계산할 수 있다. 참고로 XOM과 CVX는 2010년 1월 1일부터 2014년 12월 31일까지의 데이터 집합을 사용한다.

```
> spread_return <- ret_xom - ret_cvx
> trade_return <- spread_return * lag(signal) - cost
```

spread_return 변수는 스프레드 수익률이며 trade_return 변수는 거래 수익률이다. cost는 거래 활동을 수행하기 위한 비용으로 거래 비용transaction cost, 중개 비용brokerage cost, 슬리피지 비용slippage cost을 포함한다.

이 책의 목적은 수익이 발생하는 거래방안을 찾는 것이 아니라 R 코딩을 알아가는 데 있다. 따라서 비용을 0으로 간주했지만, 거래방안을 백테스트하고 실제로 거래가 이루어지는 동안에는 적절한 비용을 반영해야 한다.

이제 성능 측정 명령을 적용해 성능요약을 추출한다.

```
> summary(trade_return)
     Index               Delt.1.arithmetic
Min.    :2010-01-04   Min.   :-0.0289611
1st Qu.:2011-04-01   1st Qu.: 0.0000000
Median :2012-06-29   Median : 0.0000000
Mean    :2012-07-01   Mean   :-0.0002691
3rd Qu.:2013-10-01   3rd Qu.: 0.0000000
Max.    :2014-12-30   Max.   : 0.0264458
                     NA's   :1
```

모든 주요 성과 지표는 다음 명령을 사용해 계산한다. 이 모든 명령들은 이미 모멘텀 트레이딩 절에서 사용했다.

```
> cumm_ret <- Return.cumulative(trade_return)
> annual_ret <- Return.annualized(trade_return)
> charts.PerformanceSummary(trade_return)
> maxdd <- maxDrawdown(trade_return)
> sd <- StdDev(trade_return)
> sda <- StdDev.annualized(trade_return)
> VaR(trade_return, p = 0.95)
> SharpeRatio(as.ts(trade_return), Rf = 0, p = 0.95, FUN = "StdDev")
> SharpeRatio.annualized(trade_return, Rf = 0)
```

그림 5.5는 이 거리 기반 페어 트레이딩 전략에 대한 일일 기준 누적수익률, 일별수익률, 드로우다운을 보여준다.

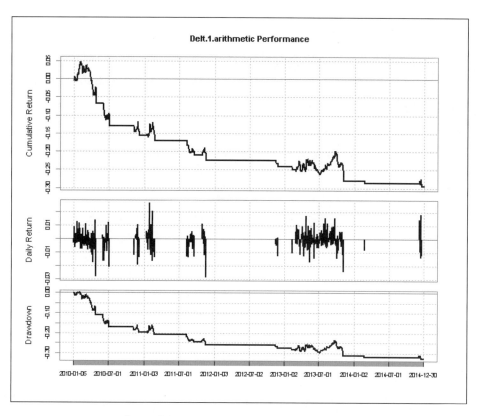

그림 5.5 일일 기준 전략의 누적수익률, 일별수익률, 드로우다운

여기서는 실제로 거리 기반 페어 트레이딩 모델을 구현하는 방법을 설명했다. 데이터는 표본내와 표본외 데이터 집합으로 분리해야 한다. 파라미터의 최적화는 표본내 데이터를 사용해 수행해야 하며, 표본외 데이터를 대상으로 파라미터의 유효성을 검사해야 한다. 모멘텀 트레이딩 절에서 이러한 접근법을 살펴봤다.

상관관계 기반 페어 트레이딩

페어 트레이딩의 또 다른 전통적인 방법은 상관관계다. 역사적으로 상관관계가 높은 페어를 선택해야 하며 페어의 스프레드와 시장 효과와의 상관관계는 최소화해야 한다. 상관관계 강도strength가 약해질 때마다 트레이딩 기회가 발생한다. 또한 이는 평균회귀mean reversion[15]를 전제로 하며 트레이더는 평균으로부터 적어도 n배 표준편차만큼 상관관계에서 유의미한 표준편차를 보일 때마다 평균으로의 상관관계 회귀correlation reversion에 베팅한다.

시장중립market neutral 전략은 다음과 같이 두 가지 방식으로 구현할 수 있다.

- 베타 중립beta neutral
- 금액 중립dollar neutral

베타 중립성beta neutrality은 스프레드의 베타가 0에 가깝다는 것을 의미한다. 베타가 거의 같은 두 개의 주식이나 상품을 선택하면 된다.[16] 반면에 금액 중립성dollar neutrality은 매수long에 대한 투자가 매도short 시 받는 금액만큼 상쇄되므로 시장에 조금 노출돼 있음을 의미한다.

실제로는 시장에 거의 노출돼 있지 않다고 해서 리스크가 없거나 리스크가 거의 없음을 의미하지는 않는다. 수익성 높은 거래를 하기 위해서는 리스크를 적절히 관리해야 한다. 여기서는 상관관계 기반 페어 트레이딩 모델을 구현하는 방법을 살펴보겠다.

우선 XOM과 CVX를 한 페어의 주식으로 사용하므로 XOM과 CVX의 수익률로 구성된 데이터프레임을 만든다.

---

[15] 평균회귀(mean reversion)란 통계학에서 말하는 평균으로의 회귀(regression to/toward the mean)와 약간의 차이가 있다. 평균으로의 회귀는 정의로부터 유도되는 논리적 귀결이며 수학적 법칙이다. 하지만 평균회귀는 이러한 법칙에 더하여 주가, 상승률, PER(Price Earnings Ratio, 주가수익률), PBR(Price to Book value Ratio, 주가순자산비율), ROE(Return On Equity, 자기자본이익률) 등의 지표가 과거평균, 혹은 전체평균에 수렴하는 경향이 있다는 가설이다. 예컨대 순자산이 많지만 수익성이 낮아 낮게 평가 받는 주식을 매수하면 ROE가 전체 평균에 수렴하는 평균회귀의 원리에 따라 점점 기업의 수익성이 개선되고 이에 따라 주가가 상승하게 될 것을 기대해 볼 수 있다.

[16] 베타는 시장민감도, 즉 시장수익률 대비 개별 수익률이라고 볼 수 있다. 개별 주식의 베타가 1이면 시장과 동일하게 움직이고 베타가 1보다 작으면 시장보다 둔감, 1보다 크면 시장보다 민감하다고 이해할 수 있다.

첫 번째 열은 XOM의 수익률이고 두 번째 열은 CVX의 수익률이다.

```
> data <- data.frame(matrix(NA, dim(ret_xom)[1], 2))
> data[,1] <- ret_xom
> data[,2] <- ret_cvx
> class(data)
[1] "data.frame"
```

유형은 class( ) 함수를 사용해 확인할 수 있으며 data가 data.frame 유형임을 알 수 있다. 이를 xts 객체로 변환해야 하며 다음 코드를 사용하여 변환할 수 있다.

```
> data <- xts(data, index(ret_xom))
> class(data)
[1] "xts" "zoo"
```

이제 data 유형은 xts, zoo임을 알 수 있다. 다음으로 단일 파라미터 x의 첫 번째 열과 두 번째 열 간의 상관관계를 계산하여 반환하는 correlation이라는 함수를 만든다.

```
> correlation <- function(x) {
+    result <- cor(x[,1], x[,2])
+    return (result)
+ }
```

이제 rollapply( ) 함수를 사용해 보자. 이 함수에서 정의한 함수 롤링 윈도우 길이에 따라 롤링 윈도우 단위로 계산을 수행한다. 이 함수는 4개의 파라미터를 받는다. 첫 번째 파라미터는 계산에 사용할 데이터이고, 두 번째 파라미터는 윈도우 길이, 세 번째 파라미터는 계산에 사용할 함수, 네 번째 파라미터는 함수가 각 열에 개별적으로 적용해야 하는지 여부를 결정한다.

데이터 길이는 252, 함수는 앞서 정의한 correlation, 그리고 이 함수는 열에 별도로 적용하지 않으므로 by.column = FALSE로 설정한다.

따라서 계속 이동하고 마지막 10개의 데이터 점을 이용해 상관관계를 계산한다.

```
> corr <- rollapply(data, 252, correlation, by.column = FALSE)
> plot(corr)
```

이 전략은 역사적으로 상관관계가 있는 두 주식의 실적을 지속적으로 살펴본다. 두 주식 간의 상관관계가 일시적으로 약화될 때, 즉 한 주가가 오르고 다른 주가가 내릴 때, 페어 트레이딩은 시장수익률을 상회outperform하는 주식은 매도short하고 시장수익률을 하회 underperform하는 주식은 매수long하여 둘 간의 스프레드가 결국 수렴한다는 것에 베팅한다.

한 페어 내에서 발산은 일시적인 수요나 공급의 변화, 한 주식에 대한 대규모의 매수와 매도 주문, 한 회사에 대한 중요한 뉴스에 대한 반응 등으로 인해 발생할 수 있다.

그림 5.6은 롤링 길이가 252일 때 XOM과 CVX 수익률 간의 상관관계를 보여 준다. 거의 항상 상관관계가 0.6 이상임을 알 수 있다. 이는 이 페어의 높은 상관관계가 거의 매일 지속됨을 보여준다.

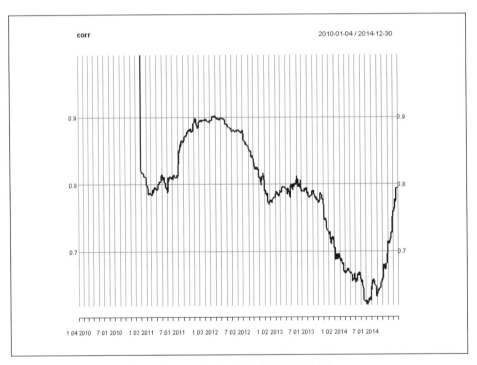

그림 5.6 XOM과 CVX 수익률 간의 상관관계

일반적으로 상관관계가 0.8보다 크면 상관관계가 높다고 하며, 0.5보다 작으면 상관관계가 낮다고 간주한다. 또한 XOM과 CVX의 헤지 비율hedge ratio을 계산해야 하는데 이는 XOM 가격을 CVX 가격으로 나누어 계산할 수 있다.

```
> hedge_ratio <- xom / cvx
```

그런 다음 헤지 비율의 평균과 표준편차, 그리고 상한선과 하한선을 계산한다. 거리 기반 모델에서는 정적 평균static mean과 표준편차를 사용하는 기법을 설명했다. 하지만 이 절에서는 경계의 계산을 위한 롤링 윈도우 기반 평균과 표준편차를 설명하겠다. 평균과 표준편차는 시간의 함수이므로 상한선과 하한선이 된다. rollapply( ) 함수를 사용해 모든 14개 데이터 점에 대한 스프레드의 롤링 평균rolling mean과 표준편차를 계산해 보자.

```
> roll_me <- rollapply(hedge_ratio,14, mean)
> roll_std <- rollapply(hedge_ratio,14, sd)
> n <- 1
> roll_ub <- roll_me + n * roll_std
> roll_lb <- roll_me - n * roll_std
```

위 두 명령에는 임의의 최적화돼야 하는 파라미터 n이 있다. 일단 경계를 계산했다면 신호를 생성해야 한다. 이 작업은 다음 코드를 사용해 수행할 수 있다.

```
> signal <- NULL
> signal <- ifelse(hedge_ratio > roll_ub, -1,
+                  ifelse(hedge_ratio < roll_lb, 1, 0))
> lagsignal <- Lag(signal, 1)
> signal <- ifelse(lagsignal == -1 & hedge_ratio > roll_me, -1,
+                  ifelse(lagsignal == 1 & hedge_ratio < roll_me, 1, 0))
```

헤지 비율이 상한선보다 높을 때 매도 신호(-1)를 생성하고, 헤지 비율이 하한선보다 낮을 때 매수 신호(1)를 생성한다. 그런 다음 시차lag 1에서 신호를 계산하고 이를 사용해 헤지 비율이 롤링 평균과 교차할 때 이탈exit 신호를 생성한다. 매도 신호는 XOM의 매도 1 단위

unit와 매수 헤지 비율 시간^{long hedge ratio time} CVX를 의미한다. 반면에 매수 신호는 XOM의 매수 1 단위와 매도 헤지 비율 시간^{short hedge ratio time} CVX를 의미한다. 다음 명령을 사용하면 스프레드 수익률과 트레이드 수익률을 계산할 수 있다.

```
> spread_return <- ret_xom - ret_cvx
> trade_return <- spread_return * lag(signal) - cost
```

이 작업을 완료한 다음에는 이러한 신호의 품질을 분석해야 하므로 거래 수익률의 모든 행렬을 계산해야 한다. 이는 앞서 모멘텀 트레이딩과 거리 기반 페어 트레이딩 절에서 살펴본 명령을 사용해 계산할 수 있다. 또한 표본내 데이터를 사용하여 파라미터를 최적화하고 표본외 데이터에 최적화된 파라미터를 사용해 표본외 데이터에 대한 전략 성능을 실제로 확보해야 한다.

공적분 기반 페어 트레이딩

대부분 시계열은 단위근^{unit root}을 가지며 유일한 분산값을 가지지 않기 때문에 비정상적인 non-stationary 시계열이다. 이러한 확률적 추세를 보이는 불안적인 시계열을 '적분계열'이라고 한다. 이러한 적분계열을 그대로 회귀분석하면 표본수가 증가함에 따라 회귀계수의 t-값도 증가하여 상관관계가 없는 변수간에도 매우 강한 상관관계가 있는 것으로 나타나는 허구적 회귀^{spurious regression} 문제가 발생한다. 하지만 차분 등을 통하여 단위근을 제거하여 안정적인 시계열로 치환하여 분석하면 원래 통계의 장기적 특성을 배제하고 모델을 작성하게 되므로 두 변수 사이의 장기적인 정보를 잃게 된다. 따라서 경제통계의 장기적인 특성을 고려하면서 회귀분석의 안정성을 유지하는 모델을 작성해야 한다.

그런데 대부분의 경제통계는 단일 계열로서는 '적분계열'일지라도 서로 밀접한 연관성이 있으며, 이렇게 경제적인 연관성을 지닌 적분계열의 선형결합(더하기, 빼기)이 정상적인 시계열을 생성하는 경우가 많다. 이 경우 이들 적분계열이 공통 추세를 공유한다는 의미에서 '공적분 관계^{co-integration}'라고 말한다. 이렇게 적분계열 사이에 공적분 관계가 존재하면 계열간 단기적으로는 상호괴리를 보이지만 장기적으로는 정상적인 관계를 유지한다고 판단하며 이를 이용해 회귀분석을 비롯한 통계적 이론을 적용하여 장기적 관계를 분석할 수 있다.

이러한 공적분 기반의 페어 트레이딩은 최근에 각광받는 페어 트레이딩 기법으로 매우 빠르게 확산되고 있다. 공적분은 다른 가격 계열에 대한 특정 가격 계열의 회귀분석을 고려한다. 대부분 가격 계열들은 비정상이기 때문에, 이 계열들이 공적분되지 않으면 회귀분석 결과는 허구spurious가 될 수 있다. 비정상 계열들을 회귀분석해야 할 때 공적분은 중요해진다. 먼저 사용하는 시계열이 비정상인지 확인한다. 이를 위해선 작업공간에 tseries 패키지를 불러와야 하며 이 절에서는 2010년 1월 1일부터 2014년 12월 31일까지의 데이터 집합을 사용한다.

```
> library(tseries)
> adf.test(xom)

        Augmented Dickey-Fuller Test[17]

data:  xom
Dickey-Fuller = -2.8976, Lag order = 10, p-value = 0.1983
alternative hypothesis: stationary
```

디키-풀러Dickey-Fuller 통계량은 -2.8976으로, 임계값 -3.43보다 크다는 사실을 알 수 있다. 이는 계열이 비정상non-stationary임을 의미한다. 그럼 계열의 1차 차분first difference도 확인해 보자.

```
> diff <- xom - Lag(xom, 1)
> adf.test(diff[!is.na(diff)])

        Augmented Dickey-Fuller Test

data:  diff[!is.na(diff)]
Dickey-Fuller = -10.578, Lag order = 10, p-value = 0.01
alternative hypothesis: stationary
```

---

[17] ADF(Augmented Dickey-Fuller, 확대된 디키-풀러)는 단위근 검정(unit root test) 방법이다. 참고로 단위근 검정이란 시계열 자료의 정상성(stationlary)에 관한 검정방법으로 공적분 검정에 앞서 선행하는 검정이다.

diff에는 NA가 포함돼 있으므로 NA가 아닌 데이터만 고려하고 **adf.test( )** 함수를 사용해 단위근을 검정해야 한다. 시계열의 1차 차분 후 디키–풀러 통계량은 −10.578로, 임계값 −3.43보다 작다. 이처럼 1차 차분은 정상^stationary이며, XOM은 1차 적분되었다고 하고 I(1)이라 표기한다.

이제 lm( ) 함수를 사용하여 XOM과 CVX 모델을 적합^fit하겠다. lm( ) 함수는 선형모델^linear model을 뜻하며, CVX 원가에 대한 XOM의 회귀분석을 수행하며 lm( ) 함수에서 0은 절편^intercept이 없는 회귀분석을 의미한다.

```
> model <- lm(xom ~ cvx + 0)
> model

Call:
lm(formula = xom ~ cvx + 0)

Coefficients:
   cvx
0.7918
```

summary( ) 함수를 사용하면 model의 요약정보를 살펴볼 수 있다.

```
> summary(model)

Call:
lm(formula = xom ~ cvx + 0)

Residuals:
    Min      1Q  Median      3Q     Max
-11.6382  -1.7511   0.6001   3.0218   8.8293

Coefficients:
    Estimate Std. Error t value Pr(>|t|)
cvx 0.791812   0.001027   770.8   <2e-16 ***
---
Signif. codes:  0 '***' 0.001 '**' 0.01 '*' 0.05 '.' 0.1 ' ' 1
```

```
Residual standard error: 3.887 on 1256 degrees of freedom
Multiple R-squared:  0.9979,Adjusted R-squared:  0.9979
F-statistic: 5.941e+05 on 1 and 1256 DF,  p-value: < 2.2e-16
```

다음 작업은 아래 명령을 사용해 model 변수에서 잔차를 추출하고 단위근 검정을 수행한다. 결과에서 보듯이 디키-풀러 통계량은 −2.7935로, 임계값 −3.43보다 크다. 이는 단위근이 있음을 의미한다. 확률이론에서 단위근 검증은 중요하다. 단위근을 찾는 것은 XOM과 CVX가 공적분 관계에 있지 않는다는 사실을 보여주기 위해서다.

```
> adf.test(as.ts(model$residuals))

        Augmented Dickey-Fuller Test

data:  as.ts(model$residuals)
Dickey-Fuller = -2.7935, Lag order = 10, p-value = 0.2424
alternative hypothesis: stationary
```

XOM과 CVX가 공적분 관계에 있지 않다. 따라서 다른 공적분 관계에 있는 페어를 찾아야 한다. 여기서는 Exxon Mobil^{XOM}과 BP Plc^{BP} 사이의 공적분 관계를 살펴보겠다.

getSymbols( ) 함수를 사용하여 XOM과 BP의 종가를 추출하고 이를 이용해 회귀분석을 수행하여 관계를 수립한다.

```
> getSymbols("XOM", src = "yahoo")
[1] "XOM"
> getSymbols("BP", src = "yahoo")
[1] "BP"
> xom <- XOM[,"XOM.Close"]
> bp <- BP[,"BP.Close"]
> xom <- xom[(index(xom) >= "2010-01-01" & index(xom) <= "2014-12-31"),]
> bp <- bp[(index(bp) >= "2010-01-01" & index(bp) <= "2014-12-31"),]
> model <- lm(xom ~ bp + 0)
> adf.test(as.ts(model$residuals))
```

```
        Augmented Dickey-Fuller Test
data:  as.ts(model$residuals)
Dickey-Fuller = -4.0965, Lag order = 10, p-value = 0.01
alternative hypothesis: stationary
```

이때 디키—풀러 통계량은 −4.0965로, 95% 신뢰구간에서 임계값 −3.43보다 작다. 따라서 단위근이 없고 이 페어는 정상이다.

```
> par(mfrow = c(2, 1))
> plot(xom, type = "l")
> lines(bp * model$coefficients, col = "red")
> plot(as.xts(model$residuals), type = "l")
```

그림 5.7은 XOM, 헤지 비율을 곱한 BP 가격 계열, 그리고 해당 스프레드를 보여 준다. plot() 함수와 lines() 함수는 그래프를 그리는 데 사용한다. 평균으로부터 떨어져 있는 정도, 즉 잔차는 평균회귀^{mean reversion} 하므로 다음 목표는 아래 명령을 사용해 경계와 신호를 생성한다.

```
> roll_me <- rollapply(model$residuals, 14, mean)
> roll_std <- rollapply(model$residuals, 14, sd)
> n <- 1
> roll_ub <- roll_me + n * roll_std
> roll_lb <- roll_me - n * roll_std
```

위의 두 명령에는 임의의 최적화돼야 하는 파라미터 n이 있다.

```
> signal <- NULL
> signal <- ifelse(model$residuals > roll_ub, -1,
+                 ifelse(model$residuals< roll_lb, 1, 0))
> lagsignal <- Lag(signal, 1)
> signal <- ifelse(lagsignal == -1 & model$residuals > roll_me, -1,
+                 ifelse(lagsignal == 1 & model$residuals < roll_me, 1, 0))
```

그림 5.7은 XOM과 헤지 비율을 곱한 BP의 계열을 잔차와 함께 보여준다. 가격 계열을 보면 두 계열간의 긴밀한 관계가 오랜 기간 변하지 않음을 알 수 있다. 그리고 멀어지더라도 곧바로 긴밀한 관계로 돌아온다.

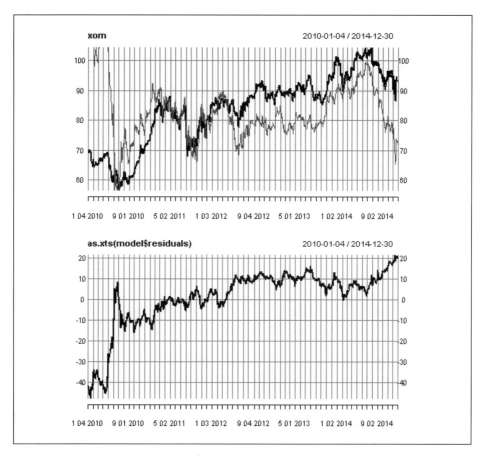

그림 5.7 XOM과 헤지 비율을 곱한 BP 계열 그리고 해당 잔차 계열

신호를 생성했으므로 전략의 성능을 계산해야 한다. 이는 모멘텀 트레이딩이나 거리 기반 페어 트레이딩 절에서 살펴본 명령을 사용해 수행할 수 있다.

▎ 자본자산 가격결정 모델

자본자산 가격결정 모델CAPM: Capital Asset Pricing Model은 시장의 균형상태 하에서 자본자산들의 가격이 어떻게 결정되는가를 설명하는 모델이다. 자본자산이란 투자자가 미래에 수익을 얻을 수 있는 권리를 갖는 자산으로 주식, 사채 등의 유가증권을 말하며, 시장의 균형상태란 시장에서 거래되는 모든 증권의 수요와 공급이 일치된 상태를 의미한다. CAPM은 자산의 리스크에 따라 기대수익률이 어떻게 결정되는지를 보여주는 균형이론이다. 다시 말해 리스크와 기대수익률의 선형관계를 구한 후 이를 통해서 주식 또는 포트폴리오의 균형수익률을 산출한다. 그리고 이 수익률로 특정 주식에서 기대되는 미래 기대현금 흐름을 할인하여 산출한 현재가치가 그 주식의 균형가치가 된다. 이러한 과정은 주식 가격의 결정뿐만 이니라 자본비용의 산출과 투자 안의 경제성 평가에도 이용된다.

CAPM 공식은 다음과 같다.

$$E(R_i) = R_f + \beta_i[E(R_m) - R_f] \tag{5.4}$$

여기서, 각 의미는 다음과 같다.

- $E(R_i)$: 주식의 기대수익률
- $E(R_m)$: 시장의 기대수익률
- R_f: 무위험수익률
- R_i: 주식수익률
- R_m: 시장수익률
- β_i: 주식의 체계적 리스크[18]

CVX는 공식 5.4에 따라 선형모델을 사용하여 DJI에 회귀한다.

---

[18] 총 리스크 = 체계적 리스크(systematic risk, 분산불가능위험) + 비체계적 리스크(unsystematic risk, 분산가능위험)이다. 즉 체계적 리스크란 증권시장 전체의 수익률 변동에 기인한 위험으로 분산투자에 의해 제거할 수 없는 위험을 말하며, 비체계적 리스크란 시장 전체의 수익률 변동과 무관한 경영진의 변동, 법적 소송, 새로운 해외시장 진출 등과 같이 기업 고유의 요인에 기인한 위험을 말한다.

이 절의 실습을 위해서는 2010년 1월 1일부터 2015년 12월 31일까지의 데이터 집합을 사용한다. 다음 명령에서는 무위험수익률은 0으로 설정했다.

```
> rf <- rep(0, length(dji))
> model <- lm((ret_cvx - rf) ~ (ret_dji - rf) )
> model

Call:
lm(formula = (ret_cvx - rf) ~ (ret_dji - rf))

Coefficients:
(Intercept)      ret_dji
 -0.0002369    1.1273385
```

위 결과에서 절편인 알파alpha는 −0.0002369이고, ret_dji의 계수인 베타beta는 1.1273385임을 알 수 있다. PerformanceAnalytics 패키지를 사용하면 **CAPM.alpha( )**와 **CAPM. beta( )** 함수로 CAPM 알파와 베타를 계산할 수도 있다.

두 함수의 사용 방법은 다음 명령과 같으며 실행결과는 앞서 수행한 결과와 동일함을 알 수 있다.

```
> CAPM.beta(ret_cvx, ret_dji)
[1] 1.127338
> CAPM.alpha(ret_cvx, ret_dji)
[1] -0.0002368571
```

CAPM.beta( ) 함수의 베타값은 계수이며, **CAPM.alpha( )** 함수의 알파값은 위 회귀의 절편이다. 또한 수익률의 산점도scatter plot와 적합선fitted line을 볼 수 있다.

```
> plot(as.ts(ret_cvx),
+      as.ts(ret_dji),
+      xlab = "CVX_Return",
+      ylab = "DJI_Return")
> abline(model, col = "red")
```

그림 5.8은 적합선의 기울기가 양수임을 보여주며, 이는 수익률 간에 양의 상관관계를 의미한다. 다음 명령을 사용하여 이 설명을 확인해 볼 수 있다.

```
> cor(ret_cvx, ret_dji)
                 Delt.1.arithmetic
Delt.1.arithmetic        0.7712051
```

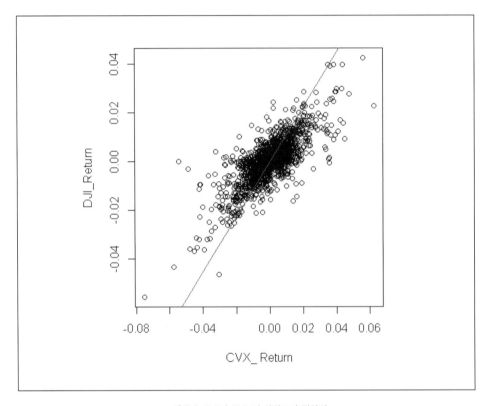

그림 5.8 DJI와 CVX의 산점도와 적합선

▎ 다중요인 모델

다중요인 모델multi factor model은 수익률을 분해하고 리스크를 계산하는 데 사용할 수 있다. 요인은 가격결정, 펀더멘털, 애널리스트의 추정 데이터를 사용해 구성된다. 이 절에서는 SITSystematic Investor Toolbox를 사용하겠다.

gzcon( ) 함수는 연결을 생성하고 압축된 형식으로 데이터를 읽는다. 연결을 생성한 후에는 연결을 닫아야 한다.

위 설명에 대한 명령은 다음과 같다.

```
> con = gzcon(url('http://www.systematicportfolio.com/sit.gz', 'rb'))
> source(con)
> close(con)
```

다음 함수는 http://money.cnn.com에서 다우존스 구성요소 데이터를 가져오며, join( ) 함수는 SIT에 있는 함수다.

```
> dow.jones.components <- function(){
+    url = 'http://money.cnn.com/data/dow30/'
+    txt = join(readLines(url))
+    temp = gsub(pattern = '">', replacement = '<td>', txt, perl = TRUE)
+    temp = gsub(pattern = '</a>', replacement = '</td>', temp, perl = TRUE)
+    temp = extract.table.from.webpage(temp, 'Volume', has.header = T)
+    trim(temp[,'Company'])
+ }
```

다음과 같은 한 줄의 코드로 위 함수를 호출하여 다우존스 구성 목록을 추출한다.

```
> tickers = dow.jones.components()
```

다음 명령은 시세 목록ticker list에 있는 모든 회사의 지난 80개월 동안의 펀더멘털 데이터fundamental data를 추출하는 방법을 보여준다. 이러한 명령은 데이터를 추출하는데 몇 분이

걸리므로 추출한 데이터를 저장하고 추후 load( ) 함수를 사용해 데이터를 불러오는 것이 좋다.

```
> data.fund <- new.env( )
> temp = paste(iif(nchar(tickers) <= 3, 'NYSE:', 'NASDAQ:'), tickers, sep = '')
> for(i in 1:len(tickers)) data.fund[[tickers[i]]] = fund.data(temp[i], 80)
> save(data.fund, file = 'data.fund.Rdata')
> # load(file = 'data.fund.Rdata')
```

다음 명령은 위 코드와 동일하지만 가격 데이터^{pricing data}를 추출한다.

```
> data <- new.env( )
> library(quantmod)
> getSymbols(tickers,
+             src = 'yahoo',
+             from = '1970-01-01',
+             env = data,
+             auto.assign = T)
> for(i in ls(data)) data[[i]] = adjustOHLC(data[[i]], use.Adjusted = T)
> save(data, file = 'data.Rdata')
> # load(file = 'data.Rdata')
```

다음 함수는 날짜 형식으로 다양한 날짜 변수를 생성한다.

```
> date.fund.data <- function(data){
+   quarter.end.date = as.Date(paste(data['quarter end date',],
+                                     '/1',
+                                     sep = ''),
+                              '%Y/%m/%d')
+   quarterly.indicator = data['quarterly indicator',]
+   date.preliminary.data.loaded = as.Date(data['date preliminary data loaded',],
+                                           '%Y-%m-%d') + 1
+   months = seq(quarter.end.date[1], tail(quarter.end.date, 1) + 365,
+              by = '1 month')
+   index = match(quarter.end.date, months)
+   quarter.end.date = months[ iif(quarterly.indicator == '4',
```

208

```
+                                    index + 3,
+                                    index + 2) + 1 ] - 1
+     fund.date = date.preliminary.data.loaded
+     fund.date[is.na(fund.date)] = quarter.end.date[is.na(fund.date)]
+     return(fund.date)
+ }
```

이제 가격과 펀더멘털 데이터를 추출했으므로 이 데이터를 사용해 EPS(Earnings Per Share, 주당순이익)[19], 발행 주식수, 시가총액, 장부가에 대한 시장가치 등과 같은 다양한 펀더멘털 요소를 구성해야 한다. 이 반복문은 모든 시세에 대한 펀더멘털 요소를 하나씩 계산하고 목록을 만든다.

```
> library(quantmod)
> for(i in tickers) {
+     fund = data.fund[[i]]
+     fund.date = date.fund.data(fund)
+     # 주당순이익(EPS: Earnings Per Share)
+     EPS = get.fund.data('Diluted EPS from Total Operations',
+                         fund,
+                         fund.date,
+                         is.12m.rolling = T)
+     # 발행주식수(Common Shares Outstanding)
+     CSHO = get.fund.data('total common shares out',
+                           fund,
+                           fund.date)
+     # 자기자본(Common Equity)
+     CEQ = get.fund.data('total equity',
+                         fund,
+                         fund.date)
+     # 결합(merge)
+     data[[i]] = merge(data[[i]], EPS, CSHO, CEQ)
+ }
```

---

[19] EPS(Earnings Per Share, 주당순수익)과 관련된 개념으로 PER(Price-Earnings Ratio, 주가수익비율)이 있다. 따라서 주가 = EPS x PER로 계산할 수 있다.

다음으로 위 데이터를 1995년부터 2011년까지의 기간으로 필터링한다.

```
> bt.prep(data, align = 'keep.all', dates = '1995::2011')
```

모든 시세의 가격을 추출할 수 있으며 NA는 다음 명령을 사용해 이전 값으로 대체할 수 있다.

```
> prices = data$prices
> prices = bt.apply.matrix(prices, function(x) ifna.prev(x))
```

이제 펀더멘털 요소와 가격을 사용해 펀더멘털 비율을 구성해야 한다. 여기서는 시가총액, EPS^Earnings Per Share 대 주가 비율, 자기자본(순자산) 대 주가비율[20]의 3가지를 만들었지만 원하는 만큼 비율을 만들 수 있다.

```
> factors = list()
> # 재무비율(Financial Ratios)
> factors$TV = list()
> # 시가총액(market capitalization)
> CSHO = bt.apply(data, function(x) ifna.prev(x[,'CSHO']))
> MKVAL = prices * CSHO
> # EPS(Earnings / Price = Earnings Per Share, 주당순이익)
> EPS = bt.apply(data, function(x) ifna.prev(x[,'EPS']))
> factors$TV$EP = EPS / prices
> # 자기자본 대 주가 비율(Book Value / Price)
> CEQ = bt.apply(data, function(x) ifna.prev(x[,'CEQ']))
> factors$TV$BP = CEQ / MKVAL
```

---

[20] 일반적으로는 자기자본(순자산)과 관련된 비율은 BPS(Book value Per Share, 주당순자산 = 순자산/발행주식수)이나 PBR(Price to Book value Ratio, 주가순자산비율 = 주가/주당순자산)을 많이 사용한다.

이 모든 비율의 척도는 다를 수 있으므로 계속 진행하기 앞서 표준화하는 작업을 잊으면 안된다. Z-점수[21]를 사용하면 데이터를 표준화할 수 있다.

```
# 횡단면 모든 전통적 값 요인 정규화(Z-점수로 변환)
> for(i in names(factors$TV)) {
+    factors$TV[[i]] = (factors$TV[[i]] -
+                            cap.weighted.mean(factors$TV[[i]], MKVAL)) /
+       apply(factors$TV[[i]], 1, sd, na.rm = T)
+ }
```

다차원인 경우에 서로 다른 데이터를 바인딩하는 방법은 다음과 같다.

```
> # 전체 전통적 값 요인 계산
> load.packages("abind")
> temp = abind(factors$TV, along = 3)
```

정규화된 모든 요소의 평균을 계산한다.

```
> factors$TV$AVG = factors$TV[[1]]
> factors$TV$AVG[] = apply(temp, c(1, 2), mean, na.rm = T)
```

현재 일별 데이터가 있으며 일별 재무 비율을 만들었다. 원하는 빈도로 변환할 수도 있다. 이 데이터를 월별 빈도로 변환하고 해당 월의 마지막 날에 대한 데이터를 추출한다.

```
> # 월말 찾기
> month.ends = endpoints(prices, 'months')
> prices = prices[month.ends,]
> n = ncol(prices)
> nperiods = nrow(prices)
```

---

[21] Z-점수는 편차를 표준편차로 나눈 값을 말한다. 즉 분포가 정규분포라는 가정하에서 원 점수의 평균을 0으로 하고, 표준편차를 1로 하는 변환점수를 말한다. 따라서 Z-점수를 표준 점수(standard score)라고도 하며 통계학적으로 정규분포를 만들고 개개인의 경우가 표준편차상에 어떤 위치를 차지하는지를 보여주는 차원 없는 수치다. 학력고사 등의 평가에서 개개인의 성적이 전체에서 어떤 위치를 차지하는지를 보여주기 위해 쓰이기도 한다.

월별 수익률[22]과 그 시차^{lag}를 계산하는 방법은 다음과 같다.

```
> ret = prices / mlag(prices) - 1
> next.month.ret = mlag(ret, -1)
```

매달 말일의 시가총액은 다음을 사용해 계산할 수 있다.

```
> MKVAL = MKVAL[month.ends,]
```

매달 말일에 대한 모든 비율을 추출한다.

```
> for(j in 1:len(factors)) {
+   for(i in 1:len(factors[[j]])) {
+     factors[[j]][[i]] = factors[[j]][[i]][month.ends,]
+   }
+ }
```

다음으로 분위수^{quantile}[23]를 계산해야 하는데, 이는 다음 명령을 사용해 계산할 수 있다. 본 예제에서는 5분위수를 만들었으며 각 분위수의 다음달 평균 수익률은 EP$^{earning\ price}$ 요인을 사용해 계산한다. 분위수는 EP 요인을 기반으로 주식을 배치하여 매월 생성된다.

```
> out = compute.quantiles(factors$TV$AVG, next.month.ret, plot = F)
> models = list()
> for(i in 1:5) {
+   data$weight[] = NA
+   data$weight[month.ends,] = iif(out$quantiles == i,
+                                      out$weights, 0)
+   capital = 100000
+   data$weight[] = (capital / prices) * (data$weight)
+   models[[paste('Q', i,sep = '')]] = bt.run(data,
+                                       type = 'share',
```

---

[22] 일일 수익률은 prices / lag(prices) − 1과 같이 계산할 수 있다.
[23] 분위수는 모집단 혹은 표본의 전체 도수를 몇 등분한 뜻이다. 만약 n등분을 한다면 (n − 1)의 등분값을 가지게 된다.

212

```
+                                    capital = capital)
+ }
```

상단top과 하단bottom은 매우 극단적이므로 스프레드(Q5~Q1)를 만드는 데 사용해야 한다. 이러한 스프레드의 동태성dynamics은 투자전략, 즉 모멘텀이나 평균회귀mean reversion를 설계하고 개발하는 데 도움이 된다.

```
> # 스프레드
> data$weight[] = NA
> data$weight[month.ends,] = iif(out$quantiles == 5, out$weights,
+                                 iif(out$quantiles == 1, -out$weights, 0))
> capital = 100000
> data$weight[] = (capital / prices) * (data$weight)
> models$Q5_Q1 = bt.run(data, type = 'share', capital = capital)
```

이제 알파와 포트폴리오 로딩loading을 예측하기 위해 횡단면회귀분석cross-sectional regression을 실행해야 하며, 다음 명령으로 계산할 수 있다. 참고로 R을 통한 분석 예제라는 목적에 맞게 분석의 편의를 위해 NA값을 0으로 치환했다.

```
> factors.avg = list()
> for(j in names(factors)) factors.avg[[j]] = factors[[j]]$AVG
> factors.avg = add.avg.factor(factors.avg)
> nperiods = nrow(next.month.ret)
> n = ncol(next.month.ret)

> # 각 요인에 대한 행렬 생성
> factors.matrix = abind(factors.avg, along = 3)
> all.data = factors.matrix

> # 베타
> beta = all.data[,1,] * NA

> # all.data에 next.month.ret 추가
> all.data = abind(next.month.ret, all.data, along = 3)
```

```
> dimnames(all.data)[[3]][1] = 'Ret'
> all.data[is.na(all.data)] <- 0
> # 베타 예측(요인 수익률)
> for(t in 30:(nperiods-1)) {
+    temp = all.data[t:t,,]
+    x = temp[,-1]
+    y = temp[,1]
+    beta[(t+1),] = lm(y~x-1)$coefficients
+ }

> # 알파 수익률 예측 생성
> alpha = next.month.ret * NA
> for(t in 40:(nperiods-1)) {
+    # 지난 6개월 동안의 평균 베타
+    coef = colMeans(beta[(t-5):t,], na.rm = T)
+    alpha[t,] = rowSums(all.data[t,,-1] * t(repmat(coef, 1,n)), na.rm = T)
+ }
```

이러한 알파와 베타를 이용해 향후 포트폴리오 수익을 예측할 수도 있다.

┃ 포트폴리오 구성

투자자들은 리스크는 줄이고 투자수익은 극대화하는 데 관심이 있으며, 포트폴리오를 구성할 때에는 투자자의 리스크-수익 특성risk-return profile을 염두에 둬야 한다. 따라서 지금부터 기대수익과 관련하여 리스크를 측정하는 데 도움이 되는 효율적 투자선effective frontier을 만드는 방법을 살펴보겠다. 이를 위해 4가지 주식 데이터부터 추출한다. 첫 줄의 명령은 데이터를 저장하기 위한 새로운 환경을 만든다. 다음 명령들은 기호symbol 목록, 데이터 시작 날짜, 그리고 getSymbols() 함수를 사용해 데이터를 추출하는 작업을 수행한다.

```
> stockData <- new.env()
> symbols <- c("MSFT", "FB", "GOOG", "AAPL")
> start_date <- as.Date("2014-01-01")
```

```
> library(quantmod)
> getSymbols(symbols, src = "yahoo", env = stockData, from = start_date)
> x <- list()
```

다음 for 구문은 개별 주식 데이터를 목록에 저장하고 포트폴리오에서 모든 주식의 종가로 구성된 데이터프레임과 일자별 수익gain을 계산한다.

```
> for(i in 1:length(symbols)) {
+     # stockData 환경에서 데이터 가져오기
+     x[[i]] <- get(symbols[i], pos = stockData)
+     # 일별 수익 손실 백분률(%)
+     x[[i]]$gl <- ((Cl(x[[i]]) - Op(x[[i]])) / Op(x[[i]])) * 100
+     if(i == 1)
+         data <- Cl(x[[i]])
+     else
+         data <- cbind(data, Cl(x[[i]]))
+ }
```

수익률, 각 주식의 평균 수익률, 공분산 행렬은 다음 명령을 사용해 계산한다.

```
> data_ret <- apply(data, 2, Delt)
> napos <- which(apply(data_ret, 2, is.na)) # NA 제거
> avg_ret <- apply(data_ret[-napos,], 2, mean)
> covariance_mat <- cov(data_ret, use = 'na')
```

포트폴리오에 할당할 가중치는 다음과 같다.

```
> weights <- c(0.2, 0.3, 0.35, 0.15)
```

이제 http://faculty.washington.edu/ezivot/econ424/portfolio.r 링크에 있는 R 코드를 portfolio.R 파일에 저장해야 한다. portoflio.R에 개발돼 있는 함수에 접근하려면 다음 명령을 사용한다.

```
> source("C:/R_Code/Chapter05/portfolio.R")
```

포트폴리오 기대수익률과 표준편차를 계산하려면 수익률, 가중치, 공분산 행렬이 필요하다. 이제 모든 데이터를 보유하고 있으므로 다음 명령을 사용해 포트폴리오 기대수익률과 위험도를 생성할 수 있다.

```
> weightedport = getPortfolio(avg_ret, covariance_mat, weights)
> weightedport
Call:
getPortfolio(er = avg_ret, cov.mat = covariance_mat, weights = weights)

Portfolio expected return:      0.0009401311
Portfolio standard deviation:  0.01210535
Portfolio weights:
MSFT.Close    FB.Close GOOG.Close AAPL.Close
      0.20        0.30       0.35       0.15
```

최소분산 포트폴리오GMVP: global minimum variance portfolio[24]는 다음 명령을 사용해 구할 수 있다. 이때 이전 명령의 가중치와 비교하여 포트폴리오 가중치가 다르다는 사실을 알 수 있으며 이 가중치 집합은 더 낮은 표준편차를 갖는 포트폴리오를 생성하는 데 도움이 된다.

```
> minvar_port <- globalMin.portfolio(avg_ret, covariance_mat)
> minvar_port
Call:
globalMin.portfolio(er = avg_ret, cov.mat = covariance_mat)

Portfolio expected return:      0.0008400554
Portfolio standard deviation:  0.01130833
Portfolio weights:
MSFT.Close    FB.Close GOOG.Close AAPL.Close
    0.3096      0.0706     0.2771     0.3427
```

---

[24] 최소분산 포트폴리오: 투자기회집합 가운데 리스크(분산)를 가장 최소화시키는 포트폴리오로 이루어진 집합으로 최소분산 투자기회선이라고도 한다.

이제 기대수익률이 0.0002인 포트폴리오를 생성해 보자. 다음 명령을 사용해 기대수익률이 0.0002인 포트폴리오에 대한 포트폴리오 가중치와 표준편차를 생성할 수 있다.

```
> rf <- 0.0002
> effcient_port <- efficient.portfolio(avg_ret, covariance_mat, rf)
> effcient_port
Call:
efficient.portfolio(er = avg_ret, cov.mat = covariance_mat, target.return = rf)

Portfolio expected return:    2e-04
Portfolio standard deviation:  0.01742275
Portfolio weights:
MSFT.Close   FB.Close GOOG.Close AAPL.Close
    0.2598    -0.8113    1.1838     0.3677
```

접점 포트폴리오tangent portfolio는 가장 높은 샤프Sharpe 기울기를 가진 위험자산의 포트폴리오다.[25] 이를 계산하기 위해 tangency.portfolio( ) 함수를 사용한다.

```
> tangency_port <- tangency.portfolio(avg_ret, covariance_mat, rf)
> tangency_port
Call:
tangency.portfolio(er = avg_ret, cov.mat = covariance_mat, risk.free = rf)

Portfolio expected return:    0.00130597
Portfolio standard deviation:  0.01486488
Portfolio weights:
MSFT.Close   FB.Close GOOG.Close AAPL.Close
    0.3459     0.7125   -0.3829     0.3244
```

이미 최소분산 포트폴리오를 계산했으므로 최대 기대수익률을 가진 다른 포트폴리오는 두 번째 포트폴리오라고 생각할 수 있다. 이들 포트폴리오를 P_1과 P_2라 하면, 임의의 α에 대

---

[25] 샤프 비율(Sharp ratio)이란 리스크와 보상비율(the risk and reward ratio)을 말하며 접점 포트폴리오란 샤프 비율을 극대화할 수 있는 포트폴리오를 말한다.

해 또 다른 포트폴리오를 다음과 같이 구성할 수 있다.

$$P = \alpha * P_1 + (1 - \alpha) * P_2 \tag{5.5}$$

효율적 투자선efficient frontier은 다음 명령을 사용해 계산할 수 있다. 아래 명령은 −2에서 2 까지 범위의 α를 사용해 50개의 포트폴리오를 생성한다.

```
> efficient_frontier <- efficient.frontier(avg_ret,
+                                           covariance_mat,
+                                           alpha.min = -2,
+                                           alpha.max = 2,
+                                           nport = 50)
```

다음으로 그림 5.9와 같이 효율적 투자선, 최소분산과 점점 포트폴리오에 대한 붉은점과 파란점, 그리고 투자선에 대한 접선을 그린다.

```
> plot(efficient_frontier, plot.assets = T)
> points(minvar_port$sd, minvar_port$er, col = "blue")
> points(tangency_port$sd, tangency_port$er, col = "red")
> tangenet_sharpe_ratio = (tangency_port$er - rf) / tangency_port$sd
> abline(a = rf, b = tangenet_sharpe_ratio)
```

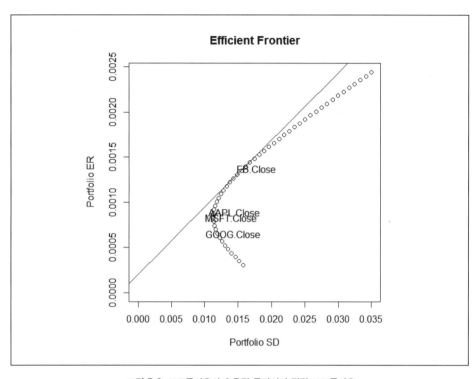

그림 5.9 포트폴리오의 효율적 투자선과 접점 포트폴리오

▌질문

1. 야후 파이낸스Yahoo Finance에서 R 작업공간으로 주식 데이터를 가져오는 방법은?

2. 이동평균교차moving average crossover를 사용해 모멘텀 전략을 생성하는 방법은?

3. 전략의 성과지표performance metrics를 계산하는데 도움이 되는 패키지는 무엇인가?

4. 5개의 주식으로 구성된 포트폴리오의 공분산 행렬을 계산하는 방법은?

5. 야후로부터 MSFTMicrosoft Corporation 데이터를 추출하고 종가 계열이 비정상인지 검정하시오.

6. 거리 방식을 사용해 스프레드가 평균으로 회귀reversion할 때 이탈exit하는 거래 신호를 생성하시오.

7. 한 페어pair의 주식에 대한 공적분 검정을 실시하고 이를 코드로 작성하는 방법은?

8. 헤지 비율을 계산하는 방법은 무엇이며 트레이딩에 어떠한 도움이 되는가?

9. 포트폴리오 베타를 계산하는 방법은 무엇인지 예를 들어 설명하시오.

10. 분위수와 분위수 스프레드를 생성하기 위해 펀더멘털 요인을 사용하는 방법은?

11. 포트폴리오 기대수익과 표준편차를 계산하는 코드를 작성하시오.

12. 효율적 투자선을 계산하고 R 명령을 사용해 그래프를 그리는 방법은?

▌ 요약

5장에서는 R을 사용해 다양한 트레이딩의 개념을 살펴봤다. 추세추종전략trend following strategy을 시작으로 거래 신호를 생성하는 방법과 성능과 관련된 다양한 파라미터를 파악하는 방법을 자세히 살펴봤다. 모멘텀 전략 다음에는 3가지 다른 방식을 사용하는 페어 트레이딩을 살펴봤다. 첫 번째 방식은 거리 기반 페어 트레이딩, 두 번째 방식은 상관관계 기반 페어 트레이딩, 마지막으로 세 번째 방식은 공적분 기반 페어 트레이딩이었다. 트레이딩에서 포트폴리오는 리스크와 비율을 제어하는데 중요하므로 자본자산 가격결정 모델, 다중요인 모델, 포트폴리오 구성도 다뤘다. 이때 이러한 포트폴리오 개념을 구현하기 위해 SIT^{Systematic Investor Toolbox}를 사용했다.

6장에서는 최근 많은 주목을 받고 있는 머신 러닝machine learning 알고리즘을 사용한 트레이딩 전략을 살펴본다. 머신 러닝 알고리즘은 과거 시장 행동behavior에서 자동으로 학습하고 이러한 행동을 모방하려 한다.

06

머신 러닝 트레이딩

최근 자본시장에서 머신 러닝^{machine learning} 기반의 알고리즘 트레이딩이 많은 주목을 받고 있으며, 많은 회사들이 독자적 또는 고객을 위해 머신 러닝 기반의 알고리즘 구축에 심혈을 기울이고 있다. 머신 러닝 알고리즘은 지속적으로 학습하면서 자동으로 행동^{behavior}을 변경하는 방식으로 프로그래밍된다. 이는 시장에 출현한 새로운 패턴을 식별하는 데 도움이 된다. 때로는 자본시장의 패턴이 매우 복잡해 사람이 파악할 수 없는 경우가 있다. 또는 사람이 하나의 패턴을 발견했다 할지라도 사람의 힘으로 효율적으로 발견하기엔 한계가 있다. 패턴의 복잡성은 사람들로 하여금 이처럼 복잡한 패턴을 정확하고 효율적으로 식별할 수 있는 대체 메커니즘을 찾도록 했다.

5장에서는 모멘텀 트레이딩, 페어 트레이딩, 포트폴리오 구성 등과 같은 알고리즘 트레이딩을 살펴봤다. 6장에서는 이러한 알고리즘 트레이딩에 사용되는 지도^{supervised}와 자율unsupervised 머신 러닝 알고리즘을 단계별로 살펴보겠다.

- 로지스틱 회귀분석logistic regression
- 신경망neural network
- 심층 신경망deep neural network
- K 평균 알고리즘K means algorithm
- K 최근접 이웃 알고리즘K nearest neighborhood algorithm
- 서포트 벡터 머신SVM: support vector machine
- 랜덤 포레스트random forest
- 의사결정나무decision tree

6장에서는 quantmod, nnet, genalg, caret, PerformanceAnalytics, deepnet, h2o, clue, e1071, randomForest, party 패키지를 사용한다. 5장과 마찬가지로 본문은 야후 리파지토리에서 데이터 집합을 가져오는 방식을 기준으로 설명하지만 별도로 해당 데이터 집합을 CSV 파일로 제공하겠다.

▎ 로지스틱 회귀분석

시장 방향market direction은 투자자나 트레이더에게 매우 중요하다. 하지만 시장 방향성 예측은 시장 데이터에 많은 잡음이 포함돼 있기 때문에 상당히 어려운 작업이다. 시장은 상하로 움직이므로 시장 변동성의 본질은 이진binary이다. 로지스틱 회귀모델은 이진 기반의 행동behavior을 사용해 모델을 적합fit하고 시장 방향성을 예측한다. 로지스틱 회귀분석은 각 이벤트에 확률을 부여하는 확률적 모델 중 하나다. 야후로에서의 데이터 추출은 이전 장들에서 학습했으므로 문제가 없다고 가정하겠다. 6장에서는 다시 한번 quantmod 패키지를 사용한다. 다음 세 명령은 패키지를 작업공간으로 불러와서 야후yahoo 리파지토리에서 R로 데이터를 가져와 데이터에서 종가closing price만 추출한다.

```
> library(quantmod)
> getSymbols("^DJI", src = "yahoo")
> dji <- DJI[,"DJI.Close"]
```

로지스틱 회귀분석을 위한 입력 데이터는 이동평균, 표준편차, RSI^{relative strength index},
MACD^{moving average convergence divergence}, 볼린저 밴드^{Bollinger band} 등과 같이 Up(상) 또는
Down(하)으로 움직이는 시장 방향성에 예측력을 갖는 지표들을 사용하겠다. 이러한 지표
들은 다음 명령을 사용해 구성할 수 있다.

```
> avg10 <- rollapply(dji, 10, mean)
> avg20 <- rollapply(dji, 20, mean)
> std10 <- rollapply(dji, 10, sd)
> std20 <- rollapply(dji, 20, sd)
> rsi5 <- RSI(dji, 5, "SMA")
> rsi14 <- RSI(dji, 14, "SMA")
> macd12269 <- MACD(dji,12, 26, 9, "SMA")
> macd7205 <- MACD(dji, 7, 20, 5, "SMA")
> bbands <- BBands(dji, 20, "SMA", 2)
```

다음 명령은 Up 방향(1) 또는 Down 방향(0)으로 direction 변수를 지정한다. Up 방향은
현재 가격이 20일 이전 가격보다 높을 때 생성되고, Down 방향은 현재 가격이 20일 이
전 가격보다 낮을 때 생성된다.

```
> direction <- NULL
> direction[dji > Lag(dji, 20)] <- 1
> direction[dji < Lag(dji, 20)] <- 0
```

이제 아래 명령으로 가격과 지표로 구성된 모든 열을 바인딩한다.

```
> dji <- cbind(dji, avg10, avg20, std10, std20, rsi5, rsi14,
+              macd12269, macd7205, bbands, direction)
```

dji 객체의 차원^{dimension}은 dim( ) 함수를 사용해 계산할 수 있다. dji에 대해 dim( )를 사용하

고 출력결과를 dm에 저장한다. dm에는 두 개의 값이 저장된다. 첫 번째 값은 dji의 행의 개수이고 두 번째 값은 dji의 열의 개수이다. 열 이름은 colnames( ) 함수를 사용해 추출한다. 세 번째 명령은 마지막 열의 이름을 추출할 때 사용한다. 다음은 열 이름을 Direction이라는 특정한 이름으로 바꾼다.

```
> dm <- dim(dji)
> dm
[1] 2667 16
> colnames(dji)[dm[2]]
[1] "..11"
> colnames(dji)[dm[2]] <- "Direction"
> colnames(dji)[dm[2]]
[1] "Direction"
```

다우존스 지수(DJI) 데이터를 R 작업공간으로 추출했다. 이제 로지스틱 회귀분석을 위해 데이터를 두 부분으로 나눠야 한다. 첫 번째 부분은 표본내in-sample 데이터고 두 번째 부분은 표본외out-of-sample 데이터다.

표본내 데이터는 모델 구축 프로세스에 사용하며, 표본외 데이터는 평가 목적으로 사용한다. 이러한 프로세스는 모델의 분산과 편향bias을 제어하는 데도 도움이 된다. 다음 네 줄은 표본내 시작일, 표본내 종료일, 표본외 시작일, 표본외 종료일을 지정한다.

```
> issd <- "2010-01-01"
> ised <- "2014-12-31"
> ossd <- "2015-01-01"
> osed <- "2015-12-31"
```

다음 두 명령은 날짜에 대한 행 번호를 얻는다. 즉, isrow 변수는 표본내 날짜 범위에 대한 행 번호를 추출하고, osrow 변수는 표본외 날짜 범위에 대한 행 번호를 추출한다.

```
> isrow <- which(index(dji) >= issd & index(dji) <= ised)
> osrow <- which(index(dji) >= ossd & index(dji) <= osed)
```

isdji 변수와 osdji 변수는 각각 표본내와 표본외 데이터 집합이다.

```
> isdji <- dji[isrow,]
> osdji <- dji[osrow,]
```

표본내 데이터인 isdji를 보면 각 열의 척도scale가 다르다. 각 열의 척도는 1, 100, 10,000
과 같이 각기 다르다. 척도가 다르면 더 높은 가중치가 더 높은 척도의 변수에 할당되므
로 결과에 문제가 발생할 수 있다. 따라서 진행하기 앞서 데이터 표준화를 고려해야 한다.
공식은 다음과 같다.

$$\text{표준화된 데이터} = \frac{X - \text{Mean}(X)}{\text{Std}(X)} \tag{6.1}$$

apply( ) 함수를 사용해 각 열의 평균과 표준편차를 확인한다.

```
> isme <- apply(isdji, 2, mean)
> isstd <- apply(isdji, 2, sd)
```

표본내 데이터와 동일한 차원의 단위행렬identity matrix은 다음 명령으로 생성하며, 정규화
에 사용된다.

```
> isidn <- matrix(1, dim(isdji)[1], dim(isdji)[2])
```

6.1 공식에 따라 데이터를 표준화한다.

```
> norm_isdji <- (isdji - t(isme * t(isidn))) / t(isstd * t(isidn))
```

위 명령은 마지막 열인 Direction 열까지 표준화한다. 하지만 Direction 열은 표준화할
필요가 없으므로 표본내 데이터 범위에서 마지막 열은 direction 변수로 다시 교체한다.

```
> dm <- dim(isdji)
> norm_isdji[,dm[2]] <- direction[isrow]
```

이제 모델 구축에 필요한 모든 데이터를 생성했다. 지금부터는 로지스틱 회귀모델을 작성해야 하며 이는 표본내 데이터를 기반으로 시장 방향성을 예측하는 데 도움이 된다. 먼저 이 단계에서는 direction을 종속변수로, 다른 모든 열을 독립변수로 갖는 공식을 만든다. 그런 다음 일반화 선형모델generalized linear model인 glm( ) 함수에 수식formula, 족family, 데이터 data를 입력해 모델을 적합한다.[1]

```
> formula <- paste("Direction ~ .", sep="")
> model <- glm(formula, family = "binomial", norm_isdji)
```

다음 명령을 사용해 model의 요약정보를 볼 수 있다.

```
> summary(model)
```

predict( ) 함수를 사용해 동일한 데이터 집합에 값을 적합해 최상의 적합값fitted value을 추정한다.

```
> pred <- predict(model, norm_isdji)
```

적합값을 구했다면 다음 명령을 사용해 값을 확률로 변환해야 한다. 그러면 출력결과가 확률적 형태로 변환되고 결과는 [0,1] 범위에 있게 된다.

```
> prob <- 1 / (1 + exp(-(pred)))
```

그림 6.1의 그래프는 다음 명령을 사용해 그린다. 코드의 첫 번째 줄은 그림을 2행 1열의 형태로 나눈다. 이때 첫 번째 그림은 모델의 예측에 대한 그래프이고 두 번째 그림은 확률에 대한 그래프다.

---

[1] glm( ) 함수의 사용방법은 lm( ) 함수와 유사하나 추가로 족(family)이라는 인수를 지정해준다. 족은 종속변수의 분포가 정규분포인 경우 gaussian, 이항분포인 경우 binomial, 포아송분포인 경우 poisson, 역정규분포인 경우 inverse.gaussian, 감마분포인 경우 gamma, 그리고 응답분포가 확실하지 않은 때를 위한 유사가능도 모형인 경우 quasi를 사용할 수 있다.

```
> par(mfrow = c(2, 1))
> plot(pred,type = "l")
> plot(prob,type = "l")
```

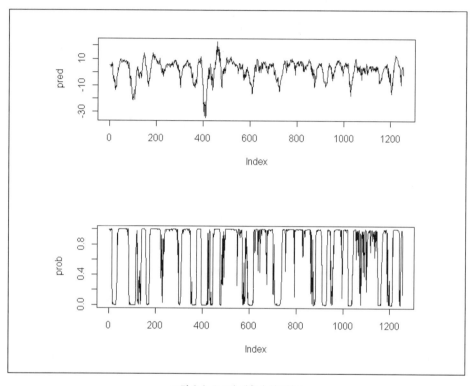

그림 6.1 DJI의 예측과 확률분포

head( )를 사용해 prob 변수의 상위 몇 개의 값을 확인한다.

```
> head(prob)

2010-01-04 2010-01-05 2010-01-06 2010-01-07 2010-01-08 2010-01-11
 0.9941953  0.9931727  0.9897745  0.9948224  0.9721207  0.9885321
```

그림 6.1은 앞서 정의한 pred 변수를 보여준다. pred 변수는 실수이며, 앞서 살펴본 변환식을 이용해 pred 변수를 0과 1 사이로 변환한 확률이 prob다.

확률이 (0,1)의 범위에 있으므로 prob는 벡터다.[2] 이제 두 클래스class 중 하나로 분류하기 위해 prob가 0.5보다 큰 경우는 Up 방향(1)으로, prob가 0.5보다 작은 경우에는 Down 방향(0)으로 간주한다. 이 할당작업은 다음 명령을 사용해 수행할 수 있다. prob > 0.5는 0.5보다 큰 지점에 true를 생성하고 pred_direction [prob > 0.5]는 0.5보다 큰 모든 지점에 1을 할당한다. 마찬가지로 다음 문장은 확률이 0.5보다 작거나 같을 때 0을 할당한다.

```
> pred_direction <- NULL
> pred_direction[prob > 0.5] <- 1
> pred_direction[prob <= 0.5] <- 0
```

예측 방향성을 알아냈다면 모델의 정확도를 확인해야 한다. 즉 모델이 얼마나 정확하게 Up을 Up으로, Down을 Down으로 예측했는지 확인해야 한다. 하지만 실제로는 Up이지만 Down으로, 또는 그 역의 경우와 같이 반대로 예측하는 상황이 있을 수 있다. 이를 위해 caret 패키지에서 행렬을 반환하는 confusionMatrix( ) 함수를 사용한다. 모든 대각선 요소diagonal elements는 정확히 예측되며, 비대각선 요소off-diagonal elements는 오류이거나 잘못 예측된다. 혼동 행렬(confusion matrix, 오차 행렬)에서 비대각선 요소를 줄이는 것이 목표다.

```
> install.packages("caret")
> library(caret)
> matrix <- confusionMatrix(pred_direction, norm_isdji$Direction)
> matrix
Confusion Matrix and Statistics

          Reference
Prediction   0   1
         0 362  35
         1  42 819
```

---

[2] 확률 벡터란 원소가 모두 확률변수인 벡터다.

```
              Accuracy : 0.9388
                95% CI : (0.9241, 0.9514)
    No Information Rate : 0.6789
    P-Value [Acc > NIR] : <2e-16

                 Kappa : 0.859
 Mcnemar's Test P-Value : 0.4941

           Sensitivity : 0.8960
           Specificity : 0.9590
        Pos Pred Value : 0.9118
        Neg Pred Value : 0.9512
            Prevalence : 0.3211
        Detection Rate : 0.2878
  Detection Prevalence : 0.3156
     Balanced Accuracy : 0.9275

      'Positive' Class : 0
```

위 표는 1258(= 362 + 35 + 42 + 819, 4가지 모든 값들의 합)의 예측 중에서 362 + 819 = 1181
이 올바른 예측이므로 예측 정확도는 약 94%라고 할 수 있다. 표본내 데이터에서 예측 정
확도가 80% 이상이면 일반적으로 좋은 예측이라 간주한다. 하지만 80%라는 기준은 고정
된 값이 아니므로 데이터 집합과 산업에 따라 이 값을 유연하게 적용한다. 이제 예측 정
확도가 94%인 로지스틱 회귀모델을 구현했으니 일반화 능력을 검정해야 한다. 표본외 데
이터를 사용해 이 모델을 검정하고 정확도도 살펴본다. 첫 번째 단계는 공식 (6.1)을 사용
해 표본외 데이터를 표준화하는 것이다. 이때 평균과 표준편차는 표본내 정규화에 사용
한 값과 동일해야 한다.

```
> osidn <- matrix(1, dim(osdji)[1], dim(osdji)[2])
> norm_osdji <- (osdji - t(isme*t(osidn))) / t(isstd*t(osidn))
> dm <- dim(osdji)
> norm_osdji[,dm[2]] <- direction[osrow]
```

다음으로 표본외 데이터에 대해 predict( ) 함수를 사용해 값을 구하고 그 값을 활용해 확률을 계산한다.

```
> ospred <- predict(model, norm_osdji)
> osprob <- 1 / (1 + exp(-(ospred)))
```

표본외 데이터에 대한 확률이 결정됐다면, 다음 명령을 사용해 Up이나 Down 클래스에 할당해야 한다. 여기서는 confusionMatrix( ) 함수가 표본외 데이터에 대한 행렬을 생성한다.

```
> ospred_direction <- NULL
> ospred_direction[osprob > 0.5] <- 1
> ospred_direction[osprob <= 0.5] <- 0
> osmatrix <- confusionMatrix(ospred_direction, norm_osdji$Direction)
> osmatrix
Confusion Matrix and Statistics

          Reference
Prediction   0    1
         0 115   26
         1  12   99

               Accuracy : 0.8492
                 95% CI : (0.7989, 0.891)
    No Information Rate : 0.504
    P-Value [Acc > NIR] : < 2e-16

                  Kappa : 0.6981
 Mcnemar's  Test P-Value : 0.03496

            Sensitivity : 0.9055
            Specificity : 0.7920
         Pos Pred Value : 0.8156
         Neg Pred Value : 0.8919
             Prevalence : 0.5040
         Detection Rate : 0.4563
```

```
    Detection Prevalence : 0.5595
       Balanced Accuracy : 0.8488

          'Positive' Class : 0
```

위 결과에 따르면 표본외 데이터에 대한 정확도는 약 85%다. 정확도의 품질quality은 이 책의 범위를 벗어나므로 정확도가 좋은지 나쁜지 그리고 이러한 성능을 향상시키는 기법에 무엇이 있는지는 다루지 않겠다. 실제 트레이딩 모델은 적중률을 현저하게 떨어뜨리는 트레이딩 비용trading cost과 시장 슬리피지market slippage도 고려한다. 다음으로 해야 할 작업은 예측된 방향성을 기반으로 트레이딩 전략trading strategy을 고안하는 일이다. 다음 절에서는 예측된 신호를 사용해 자동화된 트레이딩 전략을 구현하는 방법을 살펴보겠다.

▌ 신경망

앞 절에서는 두 클래스(Up, Down)를 사용해 모델을 구현했다. 하지만 실제로 시장이 박스권장세range-bound일 때 트레이더는 거래를 원하지 않을 수도 있다. 즉 기존 클래스에 Nowhere라는 클래스를 하나 더 추가해야 한다. 이제 Up, Down, Nowhere라는 3개의 클래스가 생겼다. 지금부터 Up, Down, Nowhere 방향을 예측하기 위해 인공신경망artificial neural network을 사용하겠다. 트레이더는 상승세bullish라고 예측할 때 매수buy하고, 하락세bearish라고 예측할 때 매도sell한다. 그리고 Nowhere로 이동할 때는 투자하지 않는다.

이 절에서는 전방향 역전파feedforward backpropagation3를 사용한 인공신경망을 구현하겠다. 신경망은 신경망에 대한 입력과 출력 데이터를 필요로 한다. 종가에서 파생된 종가들과 지표들이 입력층input layer 노드node이며, 세 클래스, 즉 Up, Down, Nowhere는 출력층output layer 노드다. 하지만 입력층 노드의 수에 제한이 있는 것은 아니다.

---

3 역전파 알고리즘에서 '역전파'는 역방향의 오차 전파라는 뜻으로, 경사하강법과 같은 최적화 방법과 함께 인공신경망을 학습시킬 때 많이 사용한다. 역전파 알고리즘은 학습 벡터로부터 실제 출력값을 출력하고 목적값(target value)과 실제 출력값 차이인 오차를 계산하여 각 층에 전달하는 전파단계와 전파된 오차를 이용하여 가중치를 수정하는 가중치 수정단계로 구성된다.

로지스틱 회귀분석에서 사용한 가격과 지표로 구성된 데이터 집합을 동일하게 사용하겠다. 하지만 반드시 동일한 데이터 집합을 사용해야 하는 것은 아니다. 다른 지표를 사용하거나 데이터 집합의 지표 수를 늘리거나 줄일 수도 있다. 원한다면 다른 데이터 집합을 사용할 수도 있다.

이 절에서는 방향direction을 제외하고 로지스틱 회귀분석에서 사용한 데이터 집합과 동일한 데이터 집합을 사용하겠다. 이 절에서는 방향의 세 번째 차원으로 Nowhere가 있으므로 방향을 다시 계산하여 신경망을 훈련시킨다.

```
> library(quantmod)
> getSymbols("^DJI", src = "yahoo")
> dji <- DJI[,"DJI.Close"]
> ret <- Delt(dji)
> avg10 <- rollapply(dji, 10, mean)
> avg20 <- rollapply(dji, 20, mean)
> std10 <- rollapply(dji, 10, sd)
> std20 <- rollapply(dji, 20, sd)
> rsi5 <- RSI(dji, 5, "SMA")
> rsi14 <- RSI(dji, 14, "SMA")
> macd12269 <- MACD(dji, 12, 26, 9, "SMA")
> macd7205 <- MACD(dji, 7, 20, 5, "SMA")
> bbands <- BBands(dji, 20, "SMA", 2)
```

지난 20일 동안의 수익률이 2%보다 크면 Up 방향을 생성하고, −2%보다 작으면 Down 방향을 생성한다. 그리고 지난 20일 동안의 수익률이 −2%와 2% 사이면 Nowhere를 생성한다.

아래 첫 번째 명령은 NA 및 dji의 행 수와 같은 수의 행과 하나의 열로 구성된 direction이라는 데이터프레임을 생성한다. 두 번째 명령은 지난 20일 동안의 수익률이다. 파라미터 값 20은 고정값이다. 그러나 원하는 값을 선택할 수도 있다. 세 번째, 네 번째, 다섯 번째 명령은 기본적으로 조건에 따라 Up, Down, Nowhere 방향을 지정한다.

```
> direction <- data.frame(matrix(NA, dim(dji)[1], 1))
> lagret <- (dji - Lag(dji, 20)) / Lag(dji, 20)
> direction[lagret > 0.02] <- "Up"
> direction[lagret < -0.02] <- "Down"
> direction[lagret < 0.02 & lagret > -0.02] <- "Nowhere"
```

종가와 지표는 다음과 같은 명령을 사용해 dji라는 하나의 변수로 바인딩한다.

```
> dji <- cbind(dji, avg10, avg20, std10, std20, rsi5, rsi14,
+              macd12269, macd7205, bbands)
```

신경망에 대한 데이터는 훈련용 데이터 집합training dataset, 검증용 데이터 집합validating dataset, 평가용 데이터 집합testing dataset의 세 부분으로 나눈다. 훈련용 데이터는 신경망을 훈련시키는데 사용하고, 검증용 데이터는 추정한 파라미터를 검증하는데 사용하며, 평가용 데이터는 예측의 정확도를 측정하는 데 사용한다.[4] 다음과 같이 날짜 변수를 사용해 날짜 범위를 정의하고 날짜 범위 별로 데이터를 추출한다.

```
> train_sdate <- "2010-01-01"
> train_edate <- "2013-12-31"
> vali_sdate <- "2014-01-01"
> vali_edate <- "2014-12-31"
> test_sdate <- "2015-01-01"
> test_edate <- "2015-12-31"
```

훈련용, 검증용, 평가용 데이터 집합의 날짜 범위는 위 명령을 사용해 구성할 수 있다. 여기서 train_sdate와 train_edate는 각각 훈련용 데이터의 시작일과 종료일이다. 마찬가지 방식으로 검증용과 평가용 데이터의 시작일과 종료일을 설정한다.

which( ) 함수를 사용해 날짜가 시작일보다 크거나 같고 종료일보다 같거나 작은 행 번호

---

[4] 검증용 데이터는 안정성이나 일반화를 위한 분석에 사용하며, 평가용 데이터는 최종 모델의 정확도를 측정하기 위해 사용한다.

를 생성한다. 사용방법은 다음과 같다.[5]

```
> trainrow <- which(index(dji) >= train_sdate & index(dji) <= train_edate)
> valirow <- which(index(dji) >= vali_sdate & index(dji) <= vali_edate)
> testrow <- which(index(dji) >= test_sdate & index(dji) <= test_edate)
```

이제 위 행 번호를 사용해 훈련, 검증, 평가 기간에 대한 데이터를 추출해야 한다.

```
> traindji <- dji[trainrow,]
> validji <- dji[valirow,]
> testdji <- dji[testrow,]
```

다음 명령으로 훈련용 데이터의 평균과 표준편차를 계산한다. apply( ) 함수의 첫 번째 파라미터는 적용대상(데이터), 두 번째 파라미터는 적용방향(1: 가로방향, 2: 세로방향), 세 번째 파라미터는 적용함수다.

```
> trainme <- apply(traindji, 2, mean)
> trainstd <- apply(traindji, 2, sd)
```

세 가지 데이터 집합을 정규화하려면 훈련용, 검증용, 평가용 데이터 차원과 동일한 차원의 세 가지 단위행렬을 생성해야 한다.

수행방법은 다음과 같다.

```
> trainidn <- (matrix(1, dim(traindji)[1], dim(traindji)[2]))
> valiidn <- (matrix(1, dim(validji)[1], dim(validji)[2]))
> testidn <- (matrix(1, dim(testdji)[1], dim(testdji)[2]))
```

다음 명령을 사용해 훈련용, 검증용, 평가용 데이터를 정규화한다. t( ) 함수는 데이터프레임, 행렬, 벡터의 전치transposition를 위해 사용한다.

---

[5] which( ) 함수는 TRUE/FALSE로 이루어진 벡터를 인수로 받아서 TRUE 값을 가지는 인덱스의 위치값을 반환한다._역자주

```
> norm_traindji <- (traindji - t(trainme*t(trainidn))) /
+    t(trainstd*t(trainidn))
> norm_validji <- (validji - t(trainme*t(valiidn))) /
+    t(trainstd*t(valiidn))
> norm_testdji <- (testdji - t(trainme*t(testidn))) /
+    t(trainstd*t(testidn))
```

앞서 정의한 정규화한 데이터는 가격과 지표 값으로 구성된다. 다음 명령을 사용해 훈련, 검증, 평가 기간 방향도 정의해야 한다.

```
> traindir <- direction[trainrow, 1]
> validir <- direction[valirow, 1]
> testdir <- direction[testrow, 1]
```

이 절에서는 nnet 패키지가 컴퓨터에 설치되어 있다고 가정한다. 설치돼 있지 않다면 install.package() 함수로 nnet 패키지를 설치해야 한다. 설치가 끝나면 다음 명령을 사용해 작업공간으로 불러온다.

```
> library(nnet)
```

다음 첫 번째 명령은 신경망의 시드seed[6]를 설정한다. 그렇지 않으면 매번 신경망이 임의의 가중치로 시작하여 출력결과가 달라진다. set.seed() 함수를 사용해 명령을 실행할 때마다 동일한 출력결과를 얻어야 한다.

다음 명령은 신경망을 적합한다. 첫 번째 파라미터는 모든 정규화된 열 집합이고, 두 번

---

[6] 특별한 목적을 위해서 같은 순서의 난수를 만들 때 시드(seed)를 사용한다. 시드값은 컴퓨터 내부에서 돌아가는 특정한 난수 생성 공식에서 처음 시작값을 주어 매번 같은 값이 나오게 만든다. R에서는 set.seed() 함수를 이용한다. set.seed() 함수의 사용 예는 다음과 같다.

```
> set.seed(123)
> runif(3)
[1] 0.2875775 0.7883051 0.4089769
> runif(3)
[1] 0.8830174 0.9404673 0.0455565
> set.seed(123)
> runif(3)
[1] 0.2875775 0.7883051 0.4089769
```

째 파라미터는 방향으로 구성된 훈련기간 날짜에 대한 대상 벡터이고, 세 번째 파라미터는 은닉층hidden layer7의 뉴런neuron 수이며, 네 번째 파라미터는 실행 마지막에 결과를 출력하는 트레이스trace다. 여기서는 은닉층의 뉴런 수를 4로 설정했다. 하지만 이 파라미터를 최적화해야 한다. 그리고 마지막 실행 후 결과를 출력하지 않도록 명시적으로 trace = F로 설정했다.

```
> set.seed(1)
> model <- nnet(norm_traindji, class.ind(traindir), size = 4, trace = F)
```

두 번째 파라미터에 있는 class.ind( ) 함수는 3개의 클래스를 3개의 열로 변환한다. 이때 모든 열은 각 클래스에 해당한다. 그리고 각 열은 동일한 클래스가 있는 곳에 1을 가지며, 그렇지 않으면 0이다.

다음 명령을 실행하면 모델 결과를 확인할 수 있다.

```
> model
a 15-4-3 network with 79 weights
```

nnet( ) 함수에는 사용자의 요구사항에 따라 설정할 수 있는 더 다양한 파라미터가 있다. nnet( ) 함수에 대한 자세한 내용은 다음 명령을 통해 확인해 보기 바란다.

```
> ? nnet
```

위 결과는 15-4-3의 신경망 아키텍처를 나타낸다. 3개의 층layer인 첫 번째 층(입력층), 두 번째 층(은닉층), 세 번째 층(출력층)은 각각 15, 4, 3개의 뉴런이 있으며 79개의 가중 파라미터를 생성한다. 첫 번째 층의 뉴런 수는 norm_traindji의 열 수와 같다.

```
> dim(norm_traindji)
[1] 1006 15
```

---

7 신경망은 크게 입력층(input layer, 자극), 은닉층(hidden layer, 신경계), 출력층(output layer, 반응)으로 구성된다.

결과에 입력 데이터 특성feature의 수와 동일한 15개의 열이 있음을 알 수 있다. 이 열의 수는 입력층의 뉴런 수와 같은 15다. 두 번째 파라미터는 nnet( ) 함수에서 설정한 은닉층의 뉴런 수인 4이며, 마지막 파라미터는 출력층의 뉴런 수인 3이며 이는 방향의 수(Up, Down, Nowhere)와 동일하다. 이제 검증용 데이터 집합을 통해 훈련된 신경망을 활용해 predict( ) 함수를 사용해야 한다.

```
> vali_pred <- predict(model, norm_validji)
> head(vali_pred)
           Down    Nowhere Up
2014-01-02    0 1.342534e-01  1
2014-01-03    0 1.342534e-01  1
2014-01-06    0 1.342534e-01  1
2014-01-07    0 1.342534e-01  1
2014-01-08    0 9.257485e-02  1
2014-01-09    0 3.102504e-07  1
```

이제 위 정보를 이용해 예측 방향을 파악해야 한다. 입계값threshold을 0.5로 정하고 0.5보다 큰 값을 갖는 방향을 선택한다. 첫 번째 명령은 vali_pred 길이와 동일한 길이의 데이터프레임을 생성한다. 다음 명령들을 각 클래스에 대해 하나씩 사용한다. 조건을 검사하고 vali_pred가 0.5보다 큰 곳에 클래스의 이름을 작성한다.

```
> vali_pred_class <- data.frame(matrix(NA,dim(vali_pred)[1], 1))
> vali_pred_class[vali_pred[,"Down"] > 0.5, 1] <- "Down"
> vali_pred_class[vali_pred[,"Nowhere"] > 0.5, 1] <- "Nowhere"
> vali_pred_class[vali_pred[,"Up"] > 0.5, 1] <- "Up"
```

이제 혼동 행렬을 생성해 정확성을 검사하겠다. 먼저, caret 패키지를 작업공간으로 불러와 예측 클래스와 원본 클래스에 confusionMatrix( ) 함수를 사용해 검증용 데이터 집합을 생성한다.

```
> library(caret)
> matrix <- confusionMatrix(vali_pred_class[,1], validir)
```

```
> matrix
Confusion Matrix and Statistics

          Reference
Prediction Down Nowhere  Up
   Down     33       3   0
   Nowhere   6     125   8
   Up        0      14  62

Overall Statistics

               Accuracy : 0.8765
                 95% CI : (0.8293, 0.9145)
    No Information Rate : 0.5657
    P-Value [Acc > NIR] : < 2.2e-16

                  Kappa : 0.787
 Mcnemar's Test P-Value : NA

Statistics by Class:

                     Class: Down Class: Nowhere Class: Up
Sensitivity               0.8462         0.8803    0.8857
Specificity               0.9858         0.8716    0.9227
Pos Pred Value            0.9167         0.8993    0.8158
Neg Pred Value            0.9721         0.8482    0.9543
Prevalence                0.1554         0.5657    0.2789
Detection Rate            0.1315         0.4980    0.2470
Detection Prevalence      0.1434         0.5538    0.3028
Balanced Accuracy         0.9160         0.8759    0.9042
```

결과 출력에서 정확도^{accuracy} 수준을 보면 약 87%로 정확도 수준이 상당히 우수하다. 이러한 모델에 대한 87% 정확도는 훈련용 데이터로 훈련했고 정확도는 검증용 데이터로 평가했다. 이제 평가용 데이터로 정확도뿐만 아니라 일반화 능력도 검사해야 한다. 평가용 데이터 집합의 정규화는 이미 앞서 수행했으므로 predict( ) 함수를 바로 사용하겠다.

```
> test_pred <- predict(model, norm_testdji)
```

238

평가용 데이터의 집합은 검증용 데이터와 동일하게 정의한다.

```
> test_pred_class <- data.frame(matrix(NA,dim(test_pred)[1], 1))
> test_pred_class[test_pred[,"Down"] > 0.5, 1] <- "Down"
> test_pred_class[test_pred[,"Nowhere"] > 0.5, 1] <- "Nowhere"
> test_pred_class[test_pred[,"Up"] > 0.5, 1] <- "Up"
```

confusionMatrix( ) 함수는 다음 명령을 사용해 평가용 데이터를 생성한다. 그리고 평가용 데이터 집합의 정확도는 약 82%이다. 평가용 데이터 집합에 대한 예측 정확도는 검증용 데이터 집합에 대한 예측 정확도와 매우 유사하다. 결과는 검증용 데이터와 비교해도 여전히 우수함을 알 수 있다.

```
> test_matrix <- confusionMatrix(test_pred_class[,1], testdir)
> test_matrix
Confusion Matrix and Statistics

          Reference
Prediction Down Nowhere  Up
   Down     31       4    0
   Nowhere  27     138    8
   Up        0       6   38

Overall Statistics

               Accuracy : 0.8214
                 95% CI : (0.7685, 0.8667)
    No Information Rate : 0.5873
    P-Value [Acc > NIR] : 1.528e-15

                  Kappa : 0.665
 Mcnemar's Test P-Value : NA

Statistics by Class:

                     Class: Down Class: Nowhere Class: Up
Sensitivity              0.5345         0.9324    0.8261
```

Specificity	0.9794	0.6635	0.9709
Pos Pred Value	0.8857	0.7977	0.8636
Neg Pred Value	0.8756	0.8734	0.9615
Prevalence	0.2302	0.5873	0.1825
Detection Rate	0.1230	0.5476	0.1508
Detection Prevalence	0.1389	0.6865	0.1746
Balanced Accuracy	0.7569	0.7979	0.8985

검증용과 평가용 데이터 집합에 걸쳐 확인한 정확도의 일관성은 일반화 능력을 보여주며 이를 통해 모델이 훌륭한 일반화 능력을 갖추고 있음을 알 수 있다. 이제 클래스가 생겼으므로 다음 단계는 이 클래스를 사용해 신호를 생성해야 한다. 일반적으로 Up 방향이 예상될 때는 매수하고, Down 방향이 예상될 때는 매도한다. 따라서 이러한 동일한 인간심리학을 활용해 신호를 생성한다. 수행방법은 다음과 같다.

```
> signal <- ifelse(test_pred_class == "Up", 1,
+                  ifelse(test_pred_class == "Down", -1, 0))
```

dji 종가의 수익률은 아래와 같이 계산한다.

```
> ret <- ret[testrow]
```

거래 수익률은 정의한 대로 계산한다. 전날 장에서 생성된 신호가 거래 수익률에 영향을 미치므로 신호에 대해 Lag( ) 함수를 사용한다. 그리고 비용은 0이라 가정한다.

```
> cost <- 0
> trade_ret <- ret * Lag(signal) - cost
```

전략의 성능을 평가하려면 PerformanceAnalytics 패키지를 불러와 모든 관련 명령을 수행한다.

```
> library(PerformanceAnalytics)
> cumm_ret <- Return.cumulative(trade_ret)
> annual_ret <- Return.annualized(trade_ret)
```

누적수익률cumulative return, 일별수익률daily return, 드로우다운drawdown을 보여주는 그림 6.2는 다음 명령으로 생성한다. 전략의 누적수익률이 음수임을 알 수 있다. 수익성 있는 전략을 수립하는 방법은 이 책의 범위를 벗어나므로 생략하고 R을 이용해 전략을 구현하는 방법만 설명하도록 하겠다.

```
> charts.PerformanceSummary(trade_ret)
```

결과는 다음과 같다.

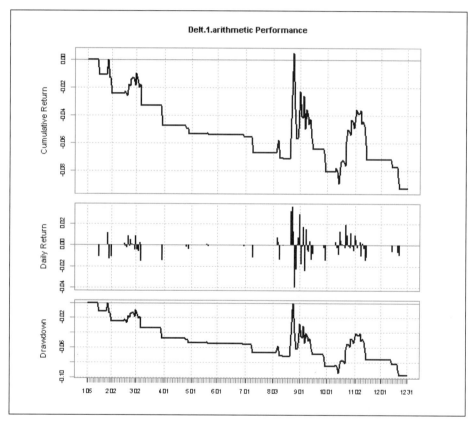

그림 6.2 DJI의 누적수익률, 일별수익률, 드로우다운

▌심층 신경망

심층 신경망^{deep neural network}은 딥러닝^{deep learning}의 광범위한 범주에 속한다. 신경망과 달리, 심층 신경망에는 여러 개의 은닉층이 있다. 은닉층의 수는 문제 사안에 따라 다를 수 있으므로 최적화가 필요하다. R에는 심층 신경망을 생성할 수 있는 darch, deepnet, deeplearning, h2o과 같은 패키지가 많다. 하지만 이 절에서는 deepnet 패키지를 사용해 DJI 데이터에 심층 신경망을 적용한다.[8] 다음 명령을 사용하여 deepnet 패키지를 설치하고 작업공간으로 불러온다.

```
> install.packages("deepnet")
> library(deepnet)
```

set.seed( ) 함수를 사용해 일정한 결과를 생성하며, dbn.dnn.train( ) 함수[9]를 사용해 심층 신경망을 훈련시킨다. hidden 파라미터는 은닉층의 수와 각 층의 뉴런 수를 지정한다.

다음 예제에서는 은닉층이 3개 있으며, 첫 번째, 두 번째, 세 번째 은닉층의 뉴런 수는 각각 3개, 4개, 6개다. 다시 한 번 class.ind( ) 함수를 사용해 세 방향을 열 벡터로 변환한다. 이때 각 열은 한 방향을 나타낸다.

```
> set.seed(1)
> model <- dbn.dnn.train(norm_traindji,
+                        class.ind(traindir),
+                        hidden = c(3, 4, 6))
```

다음 명령은 정규화한 검증용 데이터 집합을 사용해 세 클래스의 결과를 생성한다.

```
> nn.predict(model, norm_validji)
```

---

[8] 심층 신경망 절의 실습은 앞 절인 신경망의 데이터 집합을 사용한다.

[9] dbn: deep belief networks, dnn: deep neural networks

검증용 데이터 집합에 대한 모델의 정확도를 구하려면 다음 명령을 사용한다. 여기서는 단지 결과 표시를 위해 t = 0.4로 설정했다. 요구사항에 맞게 값을 변경한다. 값이 0.4보다 크면 출력의 각 열을 특정 방향으로 생성한다.

```
> nn.test(model,norm_validji, class.ind(validir), t = 0.4)
[1] 0.7222222
```

h2o는 심층 신경망 학습에 사용할 수 있는 또 다른 패키지다. 자바^{Java}로 구현했으며 CPU의 멀티스레드^{multithreads}와 멀티노드^{multinodes}를 사용할 수 있다. 반면에 deepnet은 R로 구현했으며 싱글스레드^{single thread}만 사용하고 CPU의 멀티스레드와 멀티노드를 사용하지 못한다. 다음 명령으로 h2o 패키지를 설치하고 작업공간으로 불러온다.

```
> install.packages("h2o")
> library(h2o)
```

다음으로 정규화된 훈련용 데이터와 방향을 하나의 변수로 묶는다. 정규화된 데이터를 xts, zoo 형식의 원본 데이터처럼 데이터프레임으로 변환한다. 정규화된 훈련용 데이터는 숫자이므로 데이터프레임으로 변환하지 않고 문자인 traindir을 추가하면 traindir은 NA로 변환된다. 이를 피하기 위해 다음 명령에서 데이터프레임을 사용했으며, 입력 변수의 클래스는 class( ) 함수를 사용해 확인할 수 있다.

```
> data <- cbind(as.data.frame(norm_traindji), traindir)
> class(norm_traindji)
[1] "xts" "zoo"
> class(traindir)
[1] "character"
```

변수를 생성했다면 변수를 h2o 객체로 변환해야 한다. 모델을 적합하려면 입력 데이터가 h2o 형식이어야 하기 때문이다. 아래 as.h2o( ) 함수에서 첫 번째 파라미터는 변환하려는 변수이고, 두 번째 파라미터는 첫 번째 파라미터를 변환하려는 클래스의 이름이다. 다음과 같이 데이터를 h2o 유형으로 변환하고 class( ) 함수를 사용해 확인해 본다.

```
> h2o.init( )¹⁰
> datah2o <- as.h2o(data, "h2o")
> class(datah2o)
[1] "H2OFrame"
```

방금 생성한 h2o 클래스 객체의 차원을 살펴보면 마지막 열은 방향 벡터이고 나머지 열은 정규화된 데이터 열이다.

```
> dim(datah2o)
[1] 1006 16
```

아래에 있는 h2o.deeplearning( ) 함수는 4개의 은닉층으로 구성된 아키텍처이고 각 은닉층의 뉴런 수가 각각 4개, 5개, 2개, 7개인 심층 신경망을 훈련시킨다. 첫 번째 파라미터는 입력 데이터로 열 번호가 1에서 15까지인 벡터이며, 두 번째 파라미터 16은 훈련을 위해 심층 신경망에 제공된 출력으로 16번째 열을 의미한다. 세 번째 파라미터는 datah2o로, 심층 신경망 적합[fit]을 위해 제공되며, 네 번째 파라미터는 hidden이다. 은닉층의 총수를 나타내는 hidden 파라미터는 중요한 의미를 지닌다. 다음 예제에는 4개의 은닉층이 있다. 첫 번째 은닉층에는 4개의 뉴런이 있고, 두 번째 은닉층에는 5개의 뉴런이 있으며, 세 번째와 네 번째 은닉층에는 각각 2개와 7개의 뉴런이 있다.

```
> model <- h2o.deeplearning(1:15,
+                           16,
+                           training_frame = datah2o,
+                           hidden = c(4, 5, 2, 7))
> vali_pred <- predict(model, as.h2o(norm_validji, "h2o"))
> vali_pred
```

---

¹⁰ h2o.init( ) 명령을 실행하기 위해선 자바가 설치돼 있어야 한다.

```
  predict            Down        Nowhere             Up
1      Up    3.349320e-04     0.09085878      0.9088063
2      Up    1.971055e-04     0.06642889      0.9333740
3      Up    2.595365e-04     0.07818613      0.9215543
4      Up    9.773966e-05     0.08264235      0.9172599
5      Up    1.989792e-04     0.06680308      0.9329979
6      Up    1.003689e-04     0.08145845      0.9184412
```

vali_pred는 H2OFrame이므로 다음 작업들을 적용하려면 먼저 데이터프레임으로 변환해야 한다.

```
> vali_pred <- as.data.frame(vali_pred)
> vali_pred_class <- data.frame(matrix(NA,dim(vali_pred)[1], 1))
> vali_pred_class[vali_pred[,"Down"] > 0.5, 1] <- "Down"
> vali_pred_class[vali_pred[,"Nowhere"] > 0.5, 1] <- "Nowhere"
> vali_pred_class[vali_pred[,"Up"] > 0.5, 1] <- "Up"
```

caret 패키지와 confusionMatrix( ) 함수를 사용해 오분류 행렬misclassification matrix을 만든다.

```
> library(caret)
> vali_matrix <- confusionMatrix(vali_pred_class[,1], validir)
```

정확도 백분율이 원하는 한도 내에 있으면 검증용 데이터 집합에 대해 작업을 수행했듯이 평가용 데이터를 사용해 방향을 예측하고 예측한 방향을 사용해 신경망 절에서 만든 거래 신호를 생성해야 한다. 전략의 신호를 생성하고 성능을 내려면 신경망 절에서 언급한 명령들을 사용해야 한다.

▌ K 평균 알고리즘

K 평균 알고리즘^{K means algorithm}은 자율^{unsupervised} 머신 러닝 알고리즘이다. 자율 학습은 데이터의 레이블^{label}을 요구하지 않고 데이터를 분류하는 또 다른 방법이다.[11] 실제로는 데이터의 레이블을 달기 불가능한 경우가 많으므로 자율 학습을 기반으로 데이터를 분류해야 한다. 자율 학습은 데이터 요소간의 유사성을 사용하고 각 데이터 요소를 관련된 클러스터^{cluster}에 할당한다. 각 클러스터에는 본질적으로 유사한 데이터 요소의 집합이 있다. K 평균 알고리즘은 주어진 데이터를 K개의 클러스터로 묶는 알고리즘으로, 각 클러스터와 거리 차이의 분산을 최소화하는 방식으로 동작한다. 이 알고리즘은 자율 학습의 일종으로 레이블이 달려 있지 않은 입력 데이터에 레이블을 달아주는 역할을 수행한다. 정규화된 데이터를 군집의 수와 함께 사용한다. 로지스틱 회귀분석에서 사용했던 표본내 데이터를 세 개의 군집으로 나눈다.

set.seed( ) 함수는 반복수행 시 동일한 값을 보유하는 데 사용한다. set.seed( ) 함수를 사용하지 않으면 결과는 매번 바뀐다.

```
> clusters <- 3
> set.seed(1)
```

정규화된 표본내와 표본외 데이터에는 자율 학습에 필요치 않은 방향(레이블)이 마지막 열에 있다. 따라서 로지스틱 회귀분석 절에서 생성한 표본내/외 데이터와 정규화한 표본내/외 데이터를 사용하되 이들 데이터에서 마지막 열은 제거한다.

```
> dm <- dim(isdji)
> isdji <- isdji[,-dm[2]]
> norm_isdji <- norm_isdji[,-dm[2]]
> dm <- dim(osdji)
> osdji <- osdji[,-dm[2]]
> norm_osdji <- norm_osdji[,-dm[2]]
```

---

[11] 머신 러닝의 알고리즘을 학습 데이터에 대한 기대값의 유무에 따라 지도(supervised) 학습과 자율(unsupervised) 학습으로 분류한다.

이제 이 데이터에 대한 레이블은 없으며 kmeans( ) 함수를 실행한다.

```
> model <- kmeans(norm_isdji, clusters)
```

model$cluster는 각 데이터 요소에 해당하는 관련 클러스터 번호를 반환한다. head( ) 함수를 사용하면 상위 몇 줄의 결과를 확인할 수 있다.

```
> head(model$cluster)
2010-01-04 2010-01-05 2010-01-06 2010-01-07 2010-01-08 2010-01-11
         2          2          2          2          2          2
```

위 명령은 클러스터 번호 2에 속하는 상위 몇 개의 데이터 요소를 보여준다. 마찬가지로 마지막 클러스터의 중심은 다음 명령을 사용해 추출할 수 있다.

```
> model$center
```

각 클러스터의 데이터 요소 수는 다음 명령을 사용해 구할 수 있다.

```
> model$size
[1] 434 568 256
```

자율 학습은 k 평균을 클러스터에 사용하므로 성능이나 정확도는 총제곱합total sum of squares에 대한 제곱합의 비율을 사용해 계산할 수 있다. 클러스터 간의 제곱합과 총제곱합은 다음 명령을 사용해 구할 수 있다.

```
> model$tot.withinss
[1] 9557.555
> model$totss
[1] 18855
```

이들 값의 비율은 총제곱합에 대한 클러스터 내의 제곱합을 나타낸다. 이번 예제의 경우는 아래와 같이 약 50.7%다. 이는 클러스터 내의 제곱합이 총제곱합의 거의 절반임을 보여준다. 이 비율을 최소화하는 모델이 다양한 모델에서 선택된다. 이는 최소화 문제^{minimization} ^{problem}다.

```
> model$tot.withinss / model$totss
[1] 0.5068976
```

알고리즘의 정확성에 만족한다면 이 적합된 모델을 사용해 표본외 데이터 집합의 클러스터를 예측한다. 이 작업은 cl_predict() 함수를 사용해 수행할 수 있다.

```
> install.packages("clue")
> library(clue)
> ospredict <- cl_predict(model, norm_osdji)
```

head() 함수를 사용해 표본외 데이터에 대한 상위 몇 개의 예측 클러스터 번호를 확인할 수 있다.

```
> head(ospredict)
[1] 1 2 2 2 1 1
```

이 알고리즘은 표본외 데이터 집합의 각 데이터 요소를 클러스터 중 하나에 할당한다. 이 때 각 클러스터는 시장 방향, 즉 Up, Down, Nowhere 중 하나에 속한다. 어떤 클러스터가 Up을 나타내고, 어떤 클러스터가 Down을 나타내며, 어떤 클러스터가 Nowhere를 나타내는지 알아내는 것은 매우 중요하다. 각 클러스터를 Up, Down, Nowhere 중 하나로 인식했다면 데이터 요소가 관련 클러스터에 속할 때 해당하는 트레이딩을 시작할 수 있다. 예컨대 위 예제의 경우 첫 6개 데이터 요소의 클러스터는 1과 2다. 하지만 Up 클러스터인지, Down 클러스터인지, Nowhere 클러스터인지는 모른다. 이는 한 클러스터의 데이터 요소의 평균 가격을 이용해 파악할 수 있다. 만일 평균가격이 첫 번째 데이터 요소의 특정 임계값보다 크면 Up 클러스터라 간주하고, 첫 번째 데이터 요소의 특정 임계값보다 작으면 Down 클러스터라 간주하며, 첫 번째 데이터 요소의 위나 아래의 특정 임계값 이내면 Nowhere 클러스터라 간주한다.

다른 기법으로도 클러스터의 클래스를 파악할 수 있다. 원한다면 다른 기법을 사용해도 무방하다. 데이터 요소가 Up 클러스터에 속하면 매수를 시작한다. 다른 두 클러스터에서도 마찬가지다. 각 클러스터를 조사하면서 트레이딩 전략을 설계해야 한다. 행동 인식 behavior recognition은 트레이딩 전략에 도움이 되므로 중요하다. 어떤 클러스터가 Up 방향인지, Down 방향인지, Nowhere 방향인지 알아야 한다. 이제 신경망 절에서 언급한 예제를 사용해 거래 신호를 생성하고 확인해 보자.

▌ K 최근접 이웃 알고리즘

K 최근접 이웃 알고리즘K-NN: K nearest neighborhood algorithm은 k개의 클래스들 가운데 표본외 데이터의 클래스를 파악하는 데 도움이 되는 또 다른 지도 학습 알고리즘으로 알맞은 k 선택이 관건이다.[12] 그렇지 않으면 분산variance이나 편향bias이 증가할 수 있어 알고리즘의 일반화 능력을 감소시킨다. 본 예제에서는 표본외 데이터를 Up, Down, Nowhere의 3가지 중 하나의 클래스로 분류해야 한다. 이 작업은 유클리드 거리Euclidian distance를 기반으로 한다. 즉 표본외 데이터의 각 데이터 요소와 표본내 데이터의 모든 데이터 요소 간의 거리를 계산한다. 각 데이터 요소는 거리 벡터를 가지며 근접한 거리 k를 선택한다. 데이터 요소를 어떤 클래스로 분류할지에 대한 최종 결정은 모든 k 이웃의 가중치 조합weighted combination을 기반으로 내린다.

```
> library(class)
```

R에서 K 최근접 이웃 함수는 훈련용 데이터에서 레이블 값을 필요로 하지 않는다. 따라서 로지스틱 회귀분석 절에서 생성한 표본내/외 데이터와 정규화한 표본내/외 데이터를 사용하되 이들 데이터에서 마지막 열은 제거한다.

---

[12] K-NN 방식은 분류되어있지 않은 데이터 요소를 분류된 클래스 중 가장 비슷한 속성을 가진 클래스로 할당하는 방식이다. 이때 k는 몇 번째로 가까운 클래스까지 살펴볼 것인가를 나타낸다. 즉 k개의 가장 가까운 이웃에서 가장 많은 클래스에 할당된다.

```
> dm <- dim(isdji)
> isdji <- isdji[,-dm[2]]
> norm_isdji <- norm_isdji[,-dm[2]]
> dm <- dim(osdji)
> osdji <- osdji[,-dm[2]]
> norm_osdji <- norm_osdji[,-dm[2]]
```

훈련용 데이터의 레이블은 Up, Down, Nowhere의 세 가지 방향의 벡터이며 다음 명령을 사용해 구성한다.[13]

```
> dji <- dji[,"DJI.Close"]
> lagret <- (dji - Lag(dji, 20)) / Lag(dji, 20)
```

lagret은 지난 20개 데이터 요소에 대한 수익률이며 신경망 절에서처럼 세 방향을 생성하는 데 사용한다.

```
> direction[lagret > 0.02] <- "Up"
> direction[lagret < -0.02] <- "Down"
> direction[lagret < 0.02 & lagret > -0.02] <- "Nowhere"
> isdir <- direction[isrow]
> osdir <- direction[osrow]
```

세 개의 이웃을 선택하고 set.seed( ) 값을 설정하여 매번 동일한 결과를 생성한다.

```
> neighborhood <- 3
> set.seed(1)
> library(FNN)
> model <- knn(norm_isdji, norm_osdji, isdir, neighborhood)
```

---

[13] 로지스틱 회귀에서 실습한 dji는 앞서 cbind( ) 함수로 다른 열들과 결합하였다. 때문에 종가의 수익률을 기반으로 레이블을 생성하기 위한 위 코드를 실행하면 차원의 차이에 따른 오류가 발생한다. 따라서 위 코드 실행 전 dji <- dji[,"DJI.Close"]로 종가만을 추출한 후 실습을 진행하도록 한다.

knn( ) 함수에서 처음 세 개의 파라미터는 필수 파라미터로 본 예제에서는 각각 정규화한 표본내 데이터, 정규화한 표본외 데이터, 훈련용 레이블이 지정된 데이터에 해당한다. 그리고 네 번째 파라미터는 선택 파라미터로 3으로 설정했다. 이 값을 명시적으로 지정하지 않으면 R은 기본값인 1을 설정한다. 이처럼 3은 고정값이 아니다. 여러 가지 neighborhood 값을 사용해 최적화해야 한다. knn( ) 함수는 다음 명령을 사용해 확인할 수 있는 표본외 데이터에 대한 클래스를 반환한다.

```
> head(model)
[1] Nowhere Nowhere Nowhere Nowhere Nowhere Nowhere
Levels: Down Nowhere Up
```

모델에 대한 summary( ) 함수는 다음 명령에서 보듯이 각 클래스의 총 데이터 수를 생성한다. Down, Nowhere, Up 클래스에 각각 44개, 172개, 36개 데이터 요소가 존재한다.

```
> summary(model)
   Down Nowhere      Up
     44     172      36
```

이제 다음 명령을 사용해 정확성을 확인한다. confusionMatrix( ) 함수는 올바른 예측과 잘못된 예측에 대한 개수count 행렬을 생성한다.

```
> library(caret)
> matrix <- confusionMatrix(model, osdir)
> matrix
Confusion Matrix and Statistics

          Reference
Prediction Down Nowhere  Up
   Down      32      12   0
   Nowhere   26     133  13
   Up         0       3  33

Overall Statistics
```

```
        Accuracy : 0.7857
          95% CI : (0.7298, 0.8347)
 No Information Rate : 0.5873
 P-Value [Acc > NIR] : 2.173e-11
```

또한 오분류되는 클래스도 있으므로 비대각선 요소를 최소화해야 한다. 대각선 요소는 다음 명령을 사용해 추출한다.

```
> diag(matrix$table)
  Down Nowhere      Up
    32     133      33
```

1에서 30까지 변하는 이웃에 대해 for 구문을 사용할 수 있으며 각 값의 정확도를 찾을 수 있다. 이웃에서 가장 높고 일관된 정확도를 나타내는 k의 최적값optimal value을 선택한다.

이를 코드로 설명하면 다음과 같다. for 구문을 사용해 1에서 30까지 반복한다. for 구문 내에서 모든 값에 모델을 적합한다. confusionMatrix( ) 함수는 모든 i에 대해 행렬을 계산한다. 그런 다음 표본외 데이터의 총 대각선 요소와 총 데이터 요소 수를 계산한다. matrix$table의 모든 요소의 합은 표본외 데이터에서의 총 대각선 요소 수와 같다. 오분류된 수는 총 데이터 요소 수total에서 총 대각선 요소 수diag를 빼서 계산하며, 정확도는 이 값을 총 데이터 요소 수로 나눠 계산한다.

```
> accuracy <- NULL
> for(i in c(1:30)){
+    model <- knn(isdji, osdji, isdir, i)
+    matrix <- confusionMatrix(model, osdir)
+    diag <- sum(diag(matrix$table))
+    total <- sum(matrix$table)
+    accuracy[i] <- (total - diag) / total
```

head( ) 함수를 사용하면 accuracy 변수 결과를 확인할 수 있다.

```
> head(accuracy)
[1] 0.4404762 0.3253968 0.3492063 0.3373016 0.4761905 0.3849206
```

다음과 같은 plot( ) 함수로 생성한 그래프는 그림 6.3과 같으며, 이웃 값에 대한 정확도 편차accuracy variation를 보여준다. 그림 6.3에서 보듯이 k = 11일 때 가장 높은 정확도를 보인다. 하지만 k = 12일 때 정확도가 급격하게 감소한다. 따라서 k = 11이 그 이웃에서는 안정적이지 않음을 의미한다. 이러한 방식을 통해 최적의 k 값을 선택할 수 있다.

```
> plot(accuracy, type = "l")
```

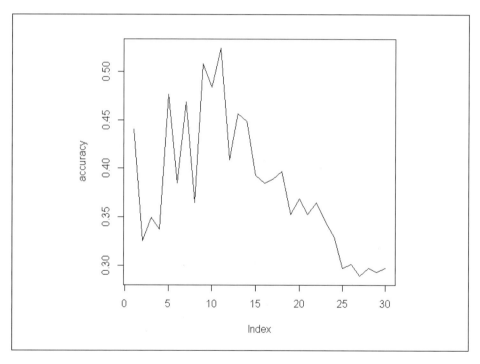

그림 6.3 K-NN 분류기(classifier)의 정확도 수준

서포트 벡터 머신

서포트 벡터 머신[SVM: support vector machine]은 또 다른 지도 학습 알고리즘으로 분류와 회귀분석을 위해 사용한다. SVM은 커널 기법[kernel method14]을 사용해 데이터를 선형 또는 비선형으로 분류할 수 있다. 훈련용 데이터 집합의 각 데이터 요소는 SVM이 지도 학습이므로 레이블을 지정하고 입력 특징 공간[input feature space]에 매핑한다. 그리고 목표는 모든 새로운 데이터 요소를 클래스 중 하나로 분류하는 것이다. N은 특징의 수이므로 데이터 요소는 N차원 숫자이며, 문제는 $N-1$차원의 초평면[hyperplane15]을 사용해 데이터를 분리하는 것이며 이는 선형 분류기[linear classifier]라고 간주한다.

데이터를 분리하는 많은 분류기들이 있을 수 있다. 하지만 최적의 분류기[optimal classifier]는 클래스들 간에 최대 마진을 갖는 분류기다. 즉 클래스들 간에 경계를 구분 짓는 직선은 하나만 존재하는 것이 아니라 다양한 경우의 수가 존재할 수 있다. 그 중에서 둘을 가장 적절하게 구분할 수 있는 직선을 최대 마진 분류기[maximum margin classifier]라고 한다. 다시 말해 학습 데이터 중에서 분류 경계에 가장 가까운 데이터로부터 분류 경계인 초평면까지의 거리를 마진[margin]이라고 하며 이 마진을 최대로 만드는 것이 분류의 성능을 가장 높이는 것이다. 그리고 이처럼 초평면까지의 거리가 가장 짧은 데이터 벡터를 서포트 벡터라 한다.

SVM과 관련된 함수를 사용하기 위해선 다음 명령과 같이 e1071 패키지를 먼저 설치해야 한다.

```
> install.packages("e1071", dependencies = TRUE)
```

설치 후 다음 명령을 사용해 작업공간으로 불러온다.

---

14 커널은 선형 분류가 불가능한 저차원의 데이터를 고차원 공간의 값으로 매핑시켜 선형평면으로 분류 가능한 선형문제로 변형시켜 분류를 가능하게 할 수 있지만 여기서 차원을 높임으로 인해 계산비용이 높아지는 문제가 발생한다. 이러한 문제의 해결방법이 커널 기법이다.

15 초평면은 기하학 용어로 평면의 개념을 다른 차원으로 확장시킨 것이다. 즉 P 차원에서 클래스들을 분류하는 P-1 차원의 부분공간(subspace)이다.

```
> library(e1071)
```

앞서 사용했던 정규화한 표본내 데이터와 표본외 데이터를 동일하게 사용한다. svm( ) 함수는 SVM 유형, 커널 유형 등과 같이 몇 가지 파라미터를 받는다. type 파라미터에는 분류classification나 회귀regression 문제와 관련해 SVM을 학습하는 옵션이 있다. 기본적으로는 분류 문제라 간주한다. kernel 유형에는 linear(선형), polynomial(다항식), radial(방사형), sigmoid(시그모이드)와 같은 다양한 옵션이 있으며, linear가 kernel 유형의 기본 파라미터로 설정된다. 처음 두 파라미터만 설정하고 나머지는 기본 파라미터를 유지하여 SVM을 사용하는 방법은 다음과 같다.

```
> model <- svm(norm_isdji, as.factor(isdir))
```

svm( ) 함수의 출력은 model 변수에 저장되며, 명령 프롬프트에서 변수 이름인 model을 입력하면 내용을 확인할 수 있다.

```
> model

Call:
svm.default(x = norm_isdji, y = as.factor(isdir))


Parameters:
   SVM-Type:  C-classification
 SVM-Kernel:  radial
       cost:  1
      gamma:  0.06666667

Number of Support Vectors:  505
```

위 결과는 적합한 SVM 유형과 모델에 적합한 커널 유형을 보여준다. 그럼 predict( ) 함수를 사용해 표본외 데이터에 대한 방향을 예측해 보자.

```
> pred <- predict(model, norm_osdji)
```

상위 몇 개의 예측 방향은 다음 명령을 사용해 확인할 수 있다.

```
> head(pred)
      1        2        3        4        5        6
Nowhere  Nowhere  Nowhere  Nowhere  Nowhere  Nowhere
Levels: Down Nowhere Up
```

table( ) 함수는 오분류 행렬을 생성하며 총 45개의 오분류된 데이터 요소가 있음을 확인할 수 있다.

```
> table(pred, osdir)
         osdir
pred      Down Nowhere  Up
  Down      32       6   0
  Nowhere   26     139  10
  Up         0       3  36
```

SVM이 생성한 벡터를 확인하려면 다음 명령을 사용한다.

```
> model$SV
```

다음 명령을 사용하면 해당하는 색인값도 볼 수 있다.

```
> model$index
```

상위 몇 개의 색인값은 다음 명령을 사용할 수 있다.

```
> head(model$index)
[1] 1 4 5 11 12 34
```

해당 계수는 다음 명령을 사용해 접근할 수 있다.

```
> model$coefs
```

의사결정나무

나무tree 기반 학습 알고리즘은 최상의 지도 학습 방법 중 하나로, 일반적으로 결과가 안정적이며 표본외 데이터 집합에 대한 정확성과 일반화 능력도 뛰어나다. 또한 선형관계와 비선형관계를 훌륭하게 매핑할 수 있다. 이 알고리즘은 변수들과 그 결과를 나무 형태로 표현한다. 나무의 노드는 변수이고 마지막 값이 결정 규칙decision rule이다. 의사결정나무를 구현하려면 party 패키지가 필요하므로 먼저 다음 명령을 사용해 설치하고 작업공간으로 불러온다.

```
> install.packages("party")
> library(party)
```

ctree( ) 함수는 의사결정나무용 함수로, 수식formula과 데이터data를 필수 파라미터로 지정하며 몇 가지 변수를 선택적으로 지정할 수도 있다. 정규화한 표본내 데이터와 정규화한 표본외 데이터에는 레이블이 없으므로 데이터에 레이블을 추가해야 한다.

다음 명령은 정규화한 표본내 데이터와 정규화한 표본외 데이터에 레이블을 바인딩하고 두 데이터 집합의 마지막 열에 열 이름을 추가한다.

```
> norm_isdji <- cbind(norm_isdji, isdir)
> norm_osdji <- cbind(norm_osdji, osdir)
> colnames(norm_isdji)[dim(norm_isdji)[2]] <- "Direction"
> colnames(norm_osdji)[dim(norm_osdji)[2]] <- "Direction"
```

이제 두 데이터 집합에 레이블 데이터가 존재하므로 ctree( ) 함수를 이용해 의사결정나무를 만들어 보자.

첫 번째 파라미터는 Direction이 있는 수식이다. 즉, 종속변수(결과)로 레이블을 지정하고 독립변수(원인)로 점(.)을 지정한다. 이때 점은 다른 모든 변수를 독립변수로 간주한다는 의미다.

두 번째 파라미터는 정규화한 표본내 데이터다.

```
> model <- ctree(Direction ~ ., norm_isdji)
```

print( ) 함수를 사용하면 적합된 모델 결과를 볼 수 있다. 따라서 model 변수가 모델의 결과이므로 다음 명령과 같이 print( ) 함수에 model 변수를 입력하면 된다.

```
> print(model)
```

plot( ) 함수를 사용하면 model을 그래프로 나타낼 수 있다.

```
> plot(model)
```

summary( ) 함수를 사용하면 결과를 요약된 형식으로 확인할 수 있다.

```
> summary(model)
```

predict( ) 함수는 적합된 모델과 표본외 데이터를 사용해 레이블을 추정하는 데 사용한다. 정규화한 표본외 데이터의 차원을 계산하고 마지막 열을 제외한 데이터를 predict( ) 함수에 입력한다.

```
> dm <- dim(norm_osdji)
> pred <- predict(model,norm_osdji[,1:(dm[2]-1)])
```

pred의 상위 몇 개의 값은 다음과 같이 head( ) 함수를 사용해 확인할 수 있다.

```
> head(pred)
      Direction
[1,]  2.040816
[2,]  2.040816
[3,]  2.040816
[4,]  2.040816
[5,]  2.232558
[6,]  2.040816
```

plot( ) 함수를 이용하면 그림 6.4와 같이 예측변수 pred에 대한 그래프를 생성할 수 있다.

```
> plot(pred)
```

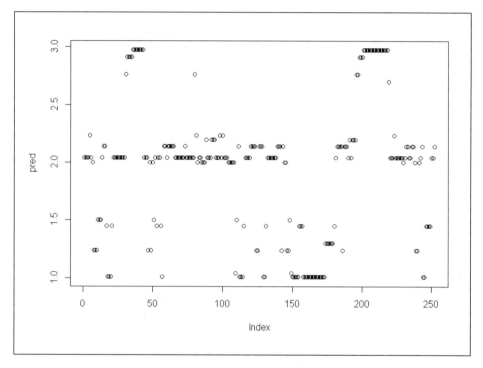

그림 6.4 정규화한 표본외에 대한 추정값

그림 6.4를 통해 3개의 클래스를 명확히 확인할 수 있다. 첫 번째 클래스는 1.0과 1.5 사이, 두 번째 클래스는 2.0 근방, 세 번째 클래스는 3.0 근방에 있다. 데이터 요소는 클러스터cluster와 분리기준separation criteria에 따라 명확하게 구별된다.

▌ 랜덤 포레스트

랜덤 포레스트random forest는 최고의 나무tree 기반 방법 중 하나다. 랜덤 포레스트는 의사결정나무의 앙상블ensemble16이며 각 의사결정나무에는 이와 관련된 특정한 가중치가 있다. 랜덤 포레스트의 의사결정은 투표vote처럼 결정된다. 다수의 의사결정나무 결과가 랜덤 포레스트의 결과로 결정되기 때문이다. 즉 랜덤 포레스트란 여러 개의 의사결정나무를 만들고, 투표를 시켜 다수결로 결과를 결정하는 방법이다.

랜덤 포레스트를 구현하려면 randomForest 패키지가 필요하므로 먼저 다음 명령을 사용해 설치하고 작업공간으로 불러온다.

```
> install.packages("randomForest")
> library(randomForest)
```

또한 다음 명령을 사용하면 randomForest 패키지에 대한 버전, 출시일, URL 패키지에 구현된 함수와 같은 더 많은 내용을 확인할 수 있다.

```
> library(help = randomForest)
```

랜덤 포레스트는 유형과 관련된 문제에 가장 적합하며 특히 분류classification, 회귀regression, 자율unsupervised 문제에 적합하다. 레이블이 지정된 변수의 유형에 따라 관련 의사결정나무를 구현한다.

예컨대 요인 목표 변수에 대해서는 분류 의사결정나무를, 숫자나 정수형 목표 변수에 대해서는 회귀 의사결정나무를, 목표 벡터가 정의되지 않았거나 전혀 알지 못할 때에는 자율 의사결정나무를 사용한다. 앞 절에서 사용한 레이블이 없는 데이터, 즉 모델 구축을 위해 정규화한 표본내 데이터와 모델 검증을 위해 정규화한 표본외 데이터를 사용한다. 다음 명령을 사용하면 입력 데이터의 열 이름을 확인할 수 있다.

---

16 앙상블 학습법(ensemble learning method)은 학습 알고리즘(learning algorithm)들을 따로 쓰는 경우에 비해 더 좋은 예측 성능을 얻기 위해 다수의 학습 알고리즘을 사용하는 방법이다.

```
> names(norm_isdji)
 [1] "DJI.Close"   "DJI.Close.1" "DJI.Close.2" "DJI.Close.3" "DJI.Close.4"
 [6] "SMA"         "SMA.1"       "macd"        "signal"      "macd.1"
[11] "signal.1"    "dn"          "mavg"        "up"          "pctB"
```

다음 명령으로 입력 데이터의 독립변수 개수를 알 수 있다. 앞서 확인했듯이 입력 데이터 집합의 독립변수가 15개임을 알 수 있다.

```
> length(names(norm_isdji))
[1] 15
```

레이블이 지정된 데이터에는 3가지 클래스, 즉 Up, Down, Nowhere가 있으므로 분류 랜덤 포레스트classification random forest를 만들어야 한다. 분류를 위해 randomForest( ) 함수는 레이블 데이터를 요인형factor으로 받으므로 가장 먼저 레이블 데이터 유형을 확인해야 한다. 이 작업은 다음 명령을 사용해 수행할 수 있으며 수행결과 레이블 데이터가 문자형임을 알 수 있다.

```
> class(isdir)
[1] "character"
```

따라서 레이블 데이터를 randomForest( ) 함수에 입력하기 위해서는 다음 명령을 사용해 문자형인 레이블 데이터를 요인형으로 변환해야만 한다.

```
> isdir <- as.factor(isdir)
> osdir <- as.factor(osdir)
```

다시 한번 위해 class( ) 함수를 사용해 레이블 데이터의 클래스를 확인해 본다. 다음과 같이 문자형 데이터가 요인형으로 변환됐음을 알 수 있다.

```
> class(as.factor(isdir))
[1] "factor"
```

이제 표본내 데이터 집합과 표본외 데이터 집합을 설정하고 다음 명령을 사용해 이러한 데이터 집합을 randomForest( ) 함수에 입력한다. 함수의 첫 번째 파라미터는 정규화한 표본내 독립변수 데이터프레임이고, 두 번째 파라미터는 표본내 레이블이며, 세 번째 파라미터는 정규화한 표본외 독립변수 데이터프레임이고, 네 번째 파라미터는 표본외 레이블이며, 다섯 번째 파라미터는 랜덤 포레스트 모델 구축에 사용할 나무^{tree}의 수로 여기서는 500으로 설정했다.

```
> model<- randomForest(norm_isdji,
+                      y = as.factor(isdir),
+                      xtest = norm_osdji,
+                      ytest = as.factor(osdir),
+                      ntree = 500)
```

필요하다면 더 많은 파라미터를 사용할 수 있다. randomForest( ) 함수에서의 입력변수, 입력변수 유형, 출력변수를 비롯해 예제 등은 다음 명령을 통해 확인해 보기 바란다.

```
> help(randomForest)
```

다음 명령을 사용해 모델 결과를 확인할 수 있다. 가장 먼저 모델을 적합하는 데 사용한 명령을 보여준다. 그 다음은 랜덤 포레스트의 유형이 분류^{classification}임을 나타낸다. 이는 요인형으로 변환한 레이블 데이터의 3개 클래스에 대한 분류임을 알 수 있다. 그리고 나무의 수는 앞서 지정했듯이 500개임을 알 수 있다. 또한 표본내 데이터와 표본외 데이터에 대한 혼동 행렬을 계산한다. 표본내 데이터에 대한 오류율은 11.92%이고, 표본외 데이터에 대한 오류율은 21.03%다. 이는 매우 양호하다고 볼 수 있다. 표본내 데이터와 표본외 데이터의 혼동 행렬을 자세히 보면 네 번째 열(class.error)에 각 클래스의 오류율이 계산돼 있음을 알 수 있다. 표본내 데이터의 경우 Down, Nowhere, Up 오류율이 각각 11.34%, 15.02%, 9.36%임을 알 수 있다. 마찬가지로 표본외 데이터에 대한 혼동 행렬에서도 각각의 오류율을 확인할 수 있다.

```
> print(model)

Call:
 randomForest(x = norm_isdji, y = as.factor(isdir), xtest = norm_osdji,
  ytest = as.factor(osdir), ntree = 500)
               Type of random forest: classification
                     Number of trees: 500
No. of variables tried at each split: 3

        OOB estimate of  error rate: 11.92%
Confusion matrix:
        Down Nowhere  Up class.error
Down     211      27   0  0.11344538
Nowhere   25     413  48  0.15020576
Up         0      50 484  0.09363296
                Test set error rate: 21.03%
Confusion matrix:
        Down Nowhere Up class.error
Down      26      32  0  0.55172414
Nowhere    5     138  5  0.06756757
Up         0      11 35  0.23913043
```

적합된 모델은 행렬 형태로 오류를 생성하며 head( ) 함수를 사용하면 오류 행렬의 자세한
내용을 확인할 수 있다. 즉 다음 행렬과 같이 500개 의사결정나무에서의 각각의 오류율을
확인할 수 있다. 이때 첫 번째 행은 모델 훈련에 사용되지 않은 데이터를 사용한 오류율인
OOB^{out of bag}이며, 나머지 3개의 행은 각 클래스에 대한 오류율이다.

```
> head(model$err.rate)
          OOB      Down    Nowhere        Up
[1,] 0.2325581 0.2278481 0.2789474 0.1911765
[2,] 0.1896552 0.1615385 0.2410423 0.1514196
[3,] 0.2032086 0.1791908 0.2822581 0.1384615
[4,] 0.1895735 0.1909548 0.2700730 0.1146067
[5,] 0.2015915 0.2238095 0.2805430 0.1189979
[6,] 0.1860663 0.2171946 0.2483516 0.1157685
```

다음 명령을 사용하면 모든 500개 의사결정나무에 대해 OOB와 3개 클래스 오류율 그래프를 함께 그릴 수 있다. 그림 6.5에서는 50번째 내외 의사결정나무 이후로는 오류율이 크게 감소하지 않음을 볼 수 있다.

```
> plot(model$err.rate[,1],type = "l", ylim=c(0.05, 0.3), ylab = "Error")
> lines(model$err.rate[,2],col = "red")
> lines(model$err.rate[,3],col = "green")
> lines(model$err.rate[,4],col = "blue")
```

그래프는 다음과 같다.

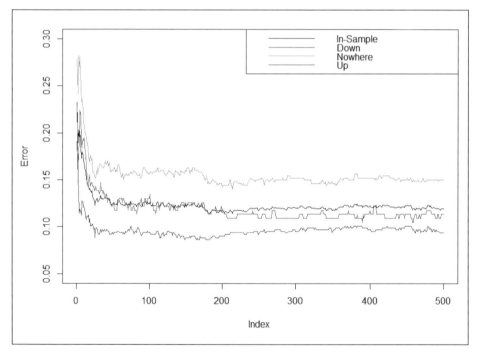

그림 6.5 500개 의사결정나무의 오류율

오류율을 제어하는 데 도움이 되는 변수를 추출하려면 MeanDecreaseGinni에 따라 해당 변수를 선택할 수 있다. MeanDecreaseGinni는 다음 코드를 사용해 접근할 수 있다.

```
> value <- importance(model, type = 2)
> head(value)
          MeanDecreaseGini
DJI.Close          22.37605
DJI.Close.1         18.35247
DJI.Close.2         17.36779
DJI.Close.3         26.37629
DJI.Close.4         42.09038
SMA                40.83810
```

▋ 질문

1. 머신 러닝이란 무엇이며 어떻게 자본시장에서 사용되는가? 간단히 설명하시오.

2. 로지스틱 회귀분석이란 무엇이며 어떤 형태의 결과를 생성하는가?

3. 특정 주식 시계열에 대해 신경망을 사용하는 간단한 코드를 작성하시오.

4. 혼동 행렬은 모델의 정확성을 어떻게 설명하는가?

5. 데이터를 표준화하는 방법은 무엇이며 이것이 모델 구축 프로세스에서 중요한 이유는 무엇인가?

6. SVM과 로지스틱 회귀분석과의 차이점은 무엇인가?

7. 지도학습과 자율학습에 대해 설명하고 알고리즘 트레이딩에서 이러한 기술을 사용하는 방법은 무엇인가?

8. 하나의 주식 종가를 사용해 k 평균 알고리즘에 대한 간단한 코드를 작성하시오.

9. confusionMatrix( ) 함수 외에 분류와 오분류 행렬을 계산하는 다른 함수는 무엇인가?

10. 의사결정나무와 랜덤 포레스트의 차이점은 무엇이며 랜덤 포레스트에서 특징을 선택하는 방법은 무엇인가?

▌ 요약

6장에서는 자본시장에서 사용할 수 있는 고급 기술에 대해 살펴봤다. 또한 다양한 지도학습과 자율학습을 예제와 함께 자세히 알아봤다. 6장에서는 데이터 집합으로 다우존스 지수 종가를 사용했는데 이때 데이터 집합을 데이터 표본내 데이터와 표본외 데이터로 나눴다. 표본내 데이터는 모델 구축에 사용됐으며, 표본외 데이터는 모델 검증에 사용됐다. 일반적으로 혼동 행렬을 사용해 이해할 수 있는 모델의 일반화 능력에 대해서 과잉적합 overfitting과 과소적합underfitting이 발생할 수 있다.[17] 모델의 정확도는 confusionMatrix( ) 함수나 table( ) 함수를 사용해 정의할 수 있다.

시장에는 다양한 유형의 리스크risk가 존재하므로 7장에서는 시장 리스크, 포트폴리오 리스크 등과 같은 다양한 투자와 관련된 리스크를 계산하는 방법을 살펴보겠다. 또한 바젤 Basel 규제와 함께 리스크, 헤징hedging 기법, 신용credit 리스크에 대한 몬테카를로 시뮬레이션Monte Carlo simulation도 살펴보겠다.

---

[17] 과잉적합은 학습 데이터에 대해서 지나치게 잘 학습된 상태다. 데이터는 오류나 잡음을 포함할 개연성이 크기 때문에 학습 데이터에 대해 매우 높은 성능을 보이더라도 학습되지 않은 데이터에 대해 좋지 않은 성능을 보일 수 있다. 반면에 과소적합은 학습 데이터를 충분히 학습하지 않은 상태다.

07

리스크 관리

7장에서는 은행과 금융 산업과 관련된 다양한 유형의 리스크에 대해 논의한다. 은행을 비롯한 금융기관은 모두 리스크에 노출돼 있으며, 경쟁우위와 수익을 유지하기 위해서는 법규 규제를 이행하면서 리스크 식별과 리스크 완화 메커니즘을 개발해야만 한다. 7장에서는 R을 사용하여 여러 유형의 리스크를 측정하는 다양한 기법에 대해 논의 할 예정이며, 신용 리스크, 사기 탐지와 바젤 규제와 같은 은행업무와 관련된 리스크도 살펴보겠다.

7장에서 다룰 주제는 다음과 같다.

- 시장 리스크market risk
- 포트폴리오 리스크portfolio risk
- VaRValue at Risk
- 몬테카를로 시뮬레이션Monte Carlo simulations

- 헤징hedging
- 바젤 규제Basel regulation
- 신용 리스크credit risk
- 사기 탐지fraud detection

▌시장 리스크

시장 리스크market risk는 투자자가 투자한 시장의 전반적인 성과변화에 따라 손실이 발생하는 투자자의 리스크다. 시장 리스크는 분산투자diversification를 통해 회피할 수 없는 체계적 리스크systematic risk[1]의 일종이다. 하지만 헤지hedge할 수는 있다. 불황, 정치적 불안정, 금리 변동, 자연재해, 테러 등으로 발생하는 리스크가 시장 리스크의 한 예다. 시장 리스크는 은행, 개인 주식, 포트폴리오 등에 대해 다르게 측정된다.

개별 주식에 대해 시장 리스크가 어떻게 측정되는지 생각해 보자. 포트폴리오의 일부인 주식의 시장 리스크는 포트폴리오의 전체 리스크에 대한 주식의 영향으로 측정한다. 개별 주식 리스크는 베타 계수beta coefficient로 측정한다. 베타 계수란 증권 시장 전체의 가격변동에 대한 개별 종목, 혹은 개별 종목들의 조합으로 이루어진 특정 포트폴리오의 가격변동 민감도를 의미한다. 좀 더 쉽게 설명하면 어떤 주식의 주가 상승률이 종합주가지수의 등락에 얼마나 영향을 받는가를 나타내는 지표다.

IBM 주식을 종속변수로, S&P 500 지수GSPC를 독립변수로 회귀분석을 실행하고 베타를 추정해 보자. 2010년에서 2016년 사이 S&P 500과 IBM의 월간 데이터를 사용하는 다음 코드를 실행한다.

```
> library(quantmod)
> getSymbols("^GSPC", src = "yahoo")
```

---

[1] 체계적 리스크는 금리, 유가, 환율 등 시장 자체가 갖는, 즉 시장 전체의 리스크를 말하며, 구조적 리스크(structural risk)라고도 한다. 반면에 비체계적 리스크(unsystematic risk)는 개별기업이나 산업에서 일어나는 특수한 리스크를 말한다.

```
> getSymbols("IBM", src = "yahoo")
> snp_monthly <- to.monthly(GSPC)[,"GSPC.Close"]
> ibm_monthly <- to.monthly(IBM)[,"IBM.Close"]
> snp_return <- Delt(snp_monthly)
> ibm_return <- Delt(ibm_monthly)
> snp_return <- snp_return[(index(snp_return) >= "2010-01" &
+                          index(snp_return) <= "2016-12"),]
> ibm_return <- ibm_return[(index(ibm_return) >= "2010-01" &
+                          index(ibm_return) <= "2016-12"),]
> betafit <- lm(ibm_return ~ snp_return)
> result <- summary(betafit)
> beta <- result$coefficients[2, 1]
> print(beta)
```

베타의 추정치는 다음과 같다.

```
[1] 0.7388666
```

투자자와 분석가가 사용하는 또 다른 기술로 VaR^{Value at Risk}가 있다. VaR는 금융시장에서 리스크를 측정하는 매우 일반적인 방법으로 정상적인 시장 여건 하에서 주어진 신뢰수준으로 목표기간 동안에 발생할 수 있는 최대손실금액^{maximum loss}을 추정한 수치다. 하지만 정확한 예측을 위해선 몇 가지 가정이 필요하다. 그 중 하나는 측정하는 포트폴리오^{portfolio}의 내용이 목표기간 동안 변경되지 않아야 한다는 것이다. 따라서 단기적인 투자예측 결과의 정확도는 높겠지만 장기적인 투자예측 결과는 금리와 통화정책 변화 등에 영향을 받으므로 정확도가 높지 않다. VaR와 CVaR/ES 계산에 대해선 추후 자세히 살펴보겠다.

▌ 포트폴리오 리스크

R을 사용해 리스크는 완화하고 포트폴리오를 최적화하여 포트폴리오를 보다 잘 관리할 수 있다. 포트폴리오 분석과 관련된 리스크를 피하려면 포트폴리오의 구성요소에 대한 최적

가중치^{optimal weight}를 선택하여 포트폴리오의 분산을 이뤄야 한다.

IBM, Facebook(FB), VISA(V) 주식으로 구성된 포트폴리오에 대한 최적 가중치를 찾아보고 CAPM을 사용해 보자. 먼저 다음 코드를 실행하여 관련 데이터를 얻는다. S&P 500과 IBM 데이터를 가져오는 방법은 앞 절과 동일하다.

```
> library(quantmod)
> getSymbols("^GSPC", src = "yahoo")
> getSymbols("IBM", src = "yahoo")
> getSymbols("FB", src = "yahoo")
> getSymbols("V", src = "yahoo")
> snp_monthly <- to.monthly(GSPC)[,"GSPC.Close"]
> ibm_monthly <- to.monthly(IBM)[,"IBM.Close"]
> fb_monthly <- to.monthly(FB)[,"FB.Close"]
> v_monthly <- to.monthly(V)[,"V.Close"]
```

이제 다음 코드를 실행하여 위 데이터에 대해 종가의 수익률을 찾아보자. 이를 위해 2015년에서 2016년 사이의 월간 데이터를 사용한다.

```
> snp_return <- Delt(snp_monthly)
> ibm_return <- Delt(ibm_monthly)
> fb_return <- Delt(fb_monthly)
> v_return <- Delt(v_monthly)
> snp_return <- snp_return[(index(snp_return) >= "2015-01" &
+                           index(snp_return) <= "2016-12"),]
> ibm_return <- ibm_return[(index(ibm_return) >= "2015-01" &
+                           index(ibm_return) <= "2016-12"),]
> fb_return <- fb_return[(index(fb_return) >= "2015-01" &
+                         index(fb_return) <= "2016-12"),]
> v_return <- v_return[(index(v_return) >= "2015-01" &
+                       index(v_return) <= "2016-12"),]
```

위 코드는 모든 계열의 수익률을 생성한다.

이제 모든 계열에 대해서 초과수익률을 찾아보자. 초과수익률은 월별 수익률에서 월별

T-Bill 이자율(0.0015라 하자)[2]을 빼면 구할 수 있다. 다음 코드를 실행하여 작업을 수행해 보자.

```
> esnp_return <- snp_return - .0015
> eibm_return <- ibm_return - .0015
> efb_return <- fb_return - .0015
> ev_return <- v_return - .0015
```

다음으로 아래 코드를 실행하여 모든 계열의 초과수익률에 대한 평균과 표준편차를 구한다.

```
> MeanSD <- rbind(cbind("GSPC", mean(esnp_return), sd(esnp_return)),
+                 cbind("IBM", mean(eibm_return), sd(eibm_return)),
+                 cbind("FB", mean(efb_return), sd(efb_return)),
+                 cbind("V", mean(ev_return), sd(ev_return)))
> MeanSD
```

출력 결과는 다음과 같다.

```
     [,1]    [,2]                    [,3]
[1,] "GSPC"  "0.00255418234342901"   "0.0342907129129496"
[2,] "IBM"   "0.00131512315116885"   "0.0546362278915401"
[3,] "FB"    "0.0162072764128251"    "0.0543856154030791"
[4,] "V"     "0.00693784276593138"   "0.0497499965392527"
```

이제 모든 주식에 대해 각각 S&P 500 지수와의 회귀분석을 실시하여 초과수익률의 베타를 구한다.

먼저 다음 코드를 실행하여 IBM에 대한 베타를 구해 보자.

```
> lmIBM <- lm(IBMReturns ~ EGPSCReturns)
> summary(lmIBM)
```

---

[2] T-Bill 이자율이란 미 국채 중 1년 이하의 가장 짧은 만기를 가진 국채 이자율을 말한다.

출력 결과는 다음과 같다.

```
Call:
lm(formula = eibm_return ~ esnp_return)

Residuals:
     Min       1Q    Median       3Q      Max
-0.122805 -0.016726 -0.002866  0.013743  0.085338

Coefficients:
             Estimate Std. Error t value Pr(>|t|)
(Intercept) -0.001476   0.008322  -0.177 0.860823
esnp_return  1.092869   0.247195   4.421 0.000216 ***
---
Signif. codes:  0 '***' 0.001 '**' 0.01 '*' 0.05 '.' 0.1 ' ' 1

Residual standard error: 0.04065 on 22 degrees of freedom
Multiple R-squared:  0.4705,    Adjusted R-squared:  0.4464
F-statistic: 19.55 on 1 and 22 DF,  p-value: 0.0002157
```

IBM에 대한 베타는 1.092869임을 알 수 있다.

마찬가지로 FB와 V에 대한 베타를 구할 수 있다.

따라서 CAPM을 사용하면 IBM에 대한 예상초과수익률은 다음과 같이 계산할 수 있다.

IBM의 베타 * **GSPC**의 예상초과수익률 = 1.092869 * .002554182 = 0.002791386

단일요인모델single-factor model3에 따르면, IBM의 분산은 다음 수식으로 구할 수 있다.

$$\sigma_{IBM}^2 = \beta_{IBM}^2 * \sigma_{GSPC}^2 + \sigma^2(e)$$

---

3 샤프(Sharp)에 의해 처음 제시된 단일요인모델의 기본 개념은 모든 증권은 시장 전반적인 변화에 의해 크든 작든 영향을 받게 된다는 것이다. 즉 시장지수가 상승하게 되면 일반적으로 개별주식들도 이러한 시장변동에 반응하여 같이 상승하는 경향이 있고 반대로 시장지수가 하락할 때는 주식들도 그에 따라 같이 하락하게 된다고 가정한다. 여기서 더 나아가 이 모델은 이러한 일반시장 변동 혹은 시장요인이 모든 주식에 영향을 주는 유일한 체계적 요인이라 보고 나머지 요인들은 개별주식에만 영향을 주는 요인들이라고 가정한다.

여기서 e는 회귀분석에서 발생한 잔차 오류다.

따라서 모든 독립변수에 대해 회귀분석을 실행하고 초과수익률과 분산을 계산하면 다음과 같다.

	IBM	FB	V
분산	0.003056817	0.003077457	0.002533416
베타	1.092869	0.53196	1.009784
예상 초과수익률	0.002791386	0.001358723	0.002579172

공분산 행렬은 다음 수식을 이용해 구할 수 있다.

$$\sigma_{IBM} = \beta_{IBM} * \beta_{FB} * \sigma_{GSPC}^2$$

IBM과 동일한 방식으로 수식을 적용하여 FB와 V에 대한 공분산을 계산하면 다음 행렬과 같다.

	IBM	FB	V
IBM	0.001404395	0.000683597	0.001297626
FB	0.000683597	0.000332745	0.000631627
V	0.001297626	0.000631627	0.001198975

이제 다음 코드를 실행하여 포트폴리오에 대한 최적 가중치를 구한다.

```
> returns_avg <- matrix(c(-0.00131512315116885,
+                         -0.0162072764128251,
+                         0.00693784276593138),
+                       nrow = 1)
> covariance <- matrix(c(0.001404395, 0.000683597, 0.001297626,
+                        0.000683597, 0.000332745, 0.000631627,
+                        0.001297626, 0.000631627, 0.001198975),
+                      nrow = 3)
> library(tseries)
```

```
> sol <- portfolio.optim(x = returns_avg,
+                         covmat = covariance,
+                         shorts = F) > sol$pw
```

출력된 최적 가중치를 정리하면 다음과 같다.

IBM	FB	V
0.0000000	0.4521916	0.5478084

▌ VaR

VaR$^{\text{Value at Risk}}$는 리스크 관리에서 투자자의 포트폴리오에 발생할 수 있는 잠재적인 리스크를 측정하는 척도로 주어진 신뢰수준에서 목표 보유기간 동안 예상되는 최대 손실금액을 말한다. 예컨대 VaR는 95% 신뢰도로 계산했다면 손실은 예상값보다 클 확률은 5%라는 의미다. 즉 목표기간 1년, 신뢰수준 95%로 산출된 VaR가 10억원이면 1년간 생길 수 있는 최대 손실금액이 10억원보다 클 확률이 5%라는 의미다.

VaR를 계산하는 3가지 일반적인 방법 다음과 같다.

- 파라미터적 VaR$^{\text{parametric VaR}}$
- 역사적 VaR$^{\text{historical VaR}}$
- 몬테카를로 VaR$^{\text{Monte Carlo VaR}}$

이 절에서는 파라미터적 VaR, 역사적 VaR에 대해 살펴보고 몬테카를로 VaR은 다음 절인 몬테카를로 시뮬레이션에서 다루겠다.

파라미터적 VaR

파라미터적 VaR^parametric VaR는 분산—공분산^variance-covariance 방법이라고도 하며 파라미터로 평균과 표준편차를 사용해 VaR를 찾는 데 사용한다.

qnorm( ) 함수는 파라미터적 방식으로 VaR를 계산하는 데 사용한다. 즉 qnorm( ) 함수는 파라미터 평균과 표준편차를 사용한다. 일반적인 구문은 다음과 같다.

```
> qnorm(p, mean, sd)
```

여기서 p는 원하는 백분위수, mean은 표본의 평균, sd는 표본의 표준편차다.

주식의 평균 수익률이 2%이고 표준편차가 4%라고 가정하면, 파라미터적 접근 방식을 사용해 95% 신뢰수준에서 하루 동안의 VaR는 다음과 같은 방법으로 구할 수 있다.

```
> mean = 2
> sigma = 4
> alpha = .05
> Var_parametric = qnorm(alpha, mean, sigma)
> Var_parametric
```

실행 결과는 다음과 같다.

```
[1] -4.579415
```

또는 다음과 같은 파라미터적 방법으로 VaR를 구할 수 있다.

```
> Var_parametric = mean + sigma * qnorm(alpha, 0, 1)
> Var_parametric
```

실행 결과는 다음과 같다.

```
[1] -4.579415
```

하루 동안daily의 VaR를 안다고 가정했을 때, 월month과 같이 다른 기준으로 VaR를 변환하려면 다음과 같은 수식으로 계산할 수 있다.

$$VaR_{montly} = VaR_{daily} * T^{0.5}$$

여기서, T는 한 달의 일 수다.

ESexpected shortfall는 조건부 VaRCVaR: Conditional VaR라고도 하며, 일정한 임계치를 초과하는 조건에서 예상되는 평균손실금액을 의미한다. ES는 VaR와 VaR보다 큰 손실금액 사이의 가중평균이다. ES를 사용해 VaR를 정량화한다.

위 예제의 ES/CVaR는 다음 코드를 사용해 계산할 수 있다.

```
> alpha_z = qnorm(alpha)
> ES_parametric = mean + sigma * (dnorm(alpha_z)/(1 - alpha))
> ES_parametric
```

실행 결과는 다음과 같다.

```
[1] 2.434255
```

역사적 VaR

역사적 VaRhistorical VaR의 주요 가정은 과거가 반복된다는 것이다. 특정 유형의 분포를 가정하지 않고 시간 경과에 따른 자산 수익률의 누적분포함수CDF: cumulative distribution function를 시뮬레이션하거나 구성하여 추정한다. 일반적으로 정기적인 시간 간격으로 수익률을 찾아서 정렬한 다음 관련 백분위수를 찾는다.

이제 데이터 집합에서 포트폴리오뿐만 아니라 개별 VaR를 찾아보자. 데이터 집합은 다음 코드를 실행하여 생성한다.

```
> library(quantmod)
> library(PerformanceAnalytics)
> symbollist = c("FB", "V", "JNJ")
> getSymbols(symbollist, from = "2016-01-01", to = "2017-01-01")
> FB = FB[, "FB.Adjusted", drop = F]
> V = V[, "V.Adjusted", drop = F]
> JNJ = JNJ[, "JNJ.Adjusted", drop = F]
> FB_return = CalculateReturns(FB, method = "log")
> V_return = CalculateReturns(V, method = "log")
> JNJ_return = CalculateReturns(JNJ, method = "log")
> FB_return = FB_return[-1,]
> V_return = V_return[-1,]
> JNJ_return = JNJ_return[-1,]
> FB_V_JNJ_return <- cbind(FB_return, V_return, JNJ_return)
> head(FB_V_JNJ_return)
```

실행하면 다음과 같이 역사적 VaR에 필요한 데이터 집합이 생성된다. 데이터 중 일부는
아래와 같다.

```
            FB.Adjusted    V.Adjusted JNJ.Adjusted
2016-01-05   0.004976853   0.007501636   0.004171237
2016-01-06   0.002333477  -0.013197919  -0.005067441
2016-01-07  -0.050286895  -0.019858518  -0.011722939
2016-01-08  -0.006043511  -0.012408922  -0.010740795
2016-01-11   0.001847670   0.014169003  -0.006028780
2016-01-12   0.018895330   0.011299811   0.006843375
```

이제 다음 코드를 실행하여 주식의 개별 역사적 VaR를 추정해 보자.

```
> HVAR <- VaR(FB_V_JNJ_return, p = 0.95, method = "historical")
> HVAR
```

실행 결과는 다음과 같다.

```
     FB.Adjusted   V.Adjusted JNJ.Adjusted
VaR -0.02606519 -0.02248386  -0.01210965
```

마찬가지로 다음 코드를 사용하여 ES/CVaR를 추정해 보자.

```
> HCVAR <- ES(FB_V_JNJ_return, p = 0.95, method = "historical")
> HCVAR
```

실행 결과는 다음과 같다.

```
   FB.Adjusted   V.Adjusted JNJ.Adjusted
ES -0.03772721 -0.03055938  -0.01830366
```

VaR( ) 함수에는 다양한 옵션이 있다. 가장 중요한 옵션은 다음과 같다.

- R: 행렬, xts 벡터, 데이터프레임
- p: 신뢰수준
- method: modified, gaussian, historical, kernel
- portfolio_method: single, component, marginal – 일변량univariate, 컴포넌트component, 한계marginal 계산 수행 여부를 정의한다.

이제 portfolio_method 옵션을 component로 지정한다. 가중치를 지정하지 않으면 동일한 가중치가 적용된다. 다음 코드를 실행하여 결과를 확인해 보자.

```
> VaR(FB_V_JNJ_return, p = 0.95, portfolio_method = "component")
```

실행 결과는 다음과 같다.

```
$MVaR
           [,1]
[1,] 0.01609896

$contribution
 FB.Adjusted    V.Adjusted JNJ.Adjusted
 0.006438090  0.006799308  0.002861558
```

```
$pct_contrib_MVaR
  FB.Adjusted   V.Adjusted JNJ.Adjusted
    0.3999073    0.4223446    0.1777481
```

유사한 방법으로 다음 코드와 같이 portfolio_method 옵션을 marginal로 지정하여 VaR를 구할 수 있다.

```
> VaR(FB_V_JNJ_return, p = 0.95, portfolio_method = "marginal")
```

실행 결과는 다음과 같다.

```
  PortfolioVaR FB.Adjusted  V.Adjusted JNJ.Adjusted
1  -0.01606307 0.002393347 0.003053112 -0.004627034
```

▍ 몬테카를로 시뮬레이션

몬테카를로 시뮬레이션Monte Carlo simulation은 리스크 관리에서 매우 중요한 역할을 수행한다. 회사와 연관된 리스크 관련 정보에 접근할 수 있다 하더라도 관련된 리스크를 예측하고 계량화하기는 쉽지 않다. 하지만 몬테카를로 시뮬레이션을 통해 가능한 모든 리스크 시나리오를 생성하고 이를 사용하여 리스크 영향을 평가하고 보다 효과적인 리스크 완화 전략을 수립할 수 있다.

몬테카를로 시뮬레이션은 무작위 값을 활용해 함수의 값을 확률적으로 계산하는 알고리즘을 말한다. 이처럼 확률적으로 계산하면 원하는 수치의 확률적 분포를 구할 수 있다. 이를 위해 많은 수의 실험을 바탕으로 한 통계를 이용해 확률적 분포를 알게 된다. 몬테카를로는 통계자료가 많고 입력값의 분포가 고를수록 정밀한 시뮬레이션이 가능하다. 그래서 주로 컴퓨터를 이용해 시뮬레이션 한다. 또한 이론적 배경이나 복잡한 수식으로 계산해야 하는 경우나 근사치를 계산하는 경우에 몬테카를로를 많이 사용한다. 모나코의 유명한 도박도시의 이름을 따서 만들었으며 초기 도박사들이 여러 번 임의 추출을 바탕으로 특정한

카드 조합이 나올 때까지 계산하는 데서 유래됐다.

이제 몬테카를로 시뮬레이션을 사용하여 주어진 분포로 표본sample을 만드는 방법을 살펴보고 VaR를 추정해 보자.

한 달 동안 mean = 0.20, sigma = 0.25, deltat = 0.08333인 정규분포를 사용해 2,000개월 동안의 주식 수익률의 표본을 생성해야 한다고 가정해 보자. 이 작업은 다음 코드를 사용해 수행한다.

```
> Sample_Size <- 2000
> set.seed(2345)
> Z<-rnorm(Sample_Size)
> mean <- .20
> sigma <- .25
> deltat <- .08333
> returns <- mean*deltat + sigma*Z*sqrt(deltat)
> hist(returns, breaks = 50)
```

실행하면 히스토그램이 나타난다.

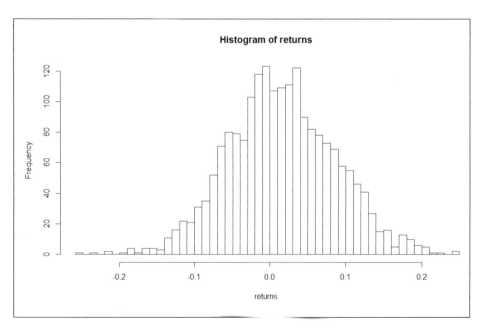

그림 7.1 몬테카를로 시뮬레이션으로 생성한 수익률의 히스토그램

이제 다음 코드를 실행하여 새로 생성된 표본의 평균과 표준편차를 구한다.

```
> Mean_new <- mean(returns)*12
> Mean_new
[1] 0.1821485
> std_new <- sd(returns)*(12)^(.5)
> std_new
[1] 0.2439247
```

실행하면 평균은 0.1821485, 표준편차는 0.2439247이 출력된다. 이는 표본을 구성하기 위해 선택한 평균과 표준편차에 가깝다. 따라서 분명히 새로운 표본은 정규분포다.

위의 계열의 VaR 값은 다음 코드를 사용하여 계산할 수 있다.

```
> VaR(returns, p = 0.95, method = "historical")
```

실행 결과는 다음과 같다.

```
           [,1]
VaR -0.09665132
```

헤징

헤징hedging은 기본적으로 리스크를 줄이기 위한 포지션position을 취한다. 콜/풋 옵션call/put options, 선물 단기 매도futures short selling를 사용하여 투자 리스크를 줄이기 위해 구축된 전략이다. 헤징의 사상은 잠재적 손실 리스크를 줄임으로써 포트폴리오의 변동성을 줄인다. 특히 헤징은 리스크 발생 당시의 비용을 보호함으로써 재앙이나 극심한 리스크로부터 비즈니스를 보호한다. 헤징을 할 경우 세법에서도 유리하다. 헤징을 수행하는 회사의 경우 보험회사 같은 역할을 수행하므로 재무적인 결정을 내릴 때 리스크에 대한 부담이 적어 보다 자유로운 의사결정이 가능하다.

예컨대 현물가격 변동에 따라 발생할 수 있는 손해를 최대한 줄이기 위해, 선물시장에서 현물과 반대되는 선물포지션을 설정하는 것이다. 헤징을 하면 상품(주가, 환율, 금리, 금) 가격이 오르거나 내리더라도 현물, 선물 동시 거래를 통해 정반대의 손익이 나타나므로 어느 한 쪽의 손익이 다른 쪽의 이익으로 서로 상쇄된다. 따라서 가격 변동에 대한 위험을 최소화할 수 있다. 헤징은 매입헤지long hedge와 매도헤지short hedge로 구분된다. 매입헤지는 가격 상승 위험을 없애기 위해 선물을 매입하는 것이며, 반대로 매도헤지는 가격 하락 위험을 피하기 위해 선물을 매도하는 것이다. 참고로 헤징이라는 용어는 '울타리를 쳐서 안전하게 투자관리를 한다'는 뜻이다. 농부들이 경작시점에 미리 수확시점의 가격을 정함으로써, 재배기간 동안의 농산물가격 변동을 회피하는 데서 유래됐다.

이제 몇 가지 헤징 시나리오를 살펴보자.

- **통화 리스크**currency risk : 환율 리스크exchange-rate risk라고도 한다. 한 통화의 가격은 다른 통화의 가격변동으로 인해 발생한다. 이처럼 글로벌 투자자나 투자사는 환율 리스크에 노출돼 있어 수익과 손실을 초래할 수 있다. 이 리스크는 헤징으로 감소시킬 수 있어 가격변동으로 인한 손실을 방지할 수 있다.

- **매도헤지**short hedge : 농부가 20만 부셸bushel[4]의 옥수수를 심을 계획이며, 다음 두 달 동안 수확하고 다음 달에 바로 인도한다. 농부는 경험에 비추어 수확 비용이 부셸 당 $5.30임을 알고 있다. 인도 월 옥수수 선물은 부셸 당 $5.70로 거래된다. 농부는 판매가를 고정하길 원하기 때문에 옥수수 선물을 팔아 매도헤지한다. 옥수수 선물계약은 5,000부셸로 구성되어 40건의 선물계약을 판매해야 한다. 인도 월 옥수수 현물가격이 내려 부셸 당 $5.20가 되었으며 인도 월의 선물의 가격도 부셸 당 $5.40로 줄었다.

---

[4] 부셸은 과일 또는 곡물의 무게를 표현할 때 쓰이는 단위로 미국에서는 1부셸이 27.216kg, 영국에서는 28.123kg 정도가 된다. 그러나 부셸은 원래 미국 관례 도량형과 영국 법정 표준도량형에 따르는 '부피'를 재는 단위다. 한국에서도 쌀, 콩과 같은 곡식을 '되'나 '말'로 재는 것과 비슷하다. 미국에서는 부셸을 건량의 단위로 사용하는데 미국의 표준 부셸, 혹은 정량 1부셸은 35,245.38cm^{3}로 4펙(pecks), 8갤런(gallons)정도가 된다. 이에 반해 영국에서는 액량과 건량의 단위가 동일하며 1824년 이후 1부셸은 영국단위로 8갤런, 즉 36,375.31cm^{3}로 정해졌다. 이는 36리터에 해당한다.

현금시장에서 옥수수를 팔면 $5.20 * 200,000 = **$1,040,000**이다.

발생한 총 가격은 $5.30 * 200,000 = **$1,060,000**이므로 **$20,000**의 손실을 입을 수 있다.

그러나 농부는 재배하는 동안 옥수수 선물을 팔아 옥수수 선물 값 $5.70 * 200,000 = **$1,140,000**을 헤지했다.

인도 월의 옥수수 선물 가치는 $5.40 * 200,000 = **$1,080,000**로 줄었다.

따라서 선물시장에서의 이득은 $1,140,000 − $1,080,000 = **$60,000**다.

따라서 전체 이익은 $60,000 − $20,000 = **$ 40,000**다.

마찬가지로, 필요에 따라 투자자는 매입헤지long hedge도 할 수 있다.

헤지 목적으로 사용되는 가장 일반적인 수단은 선도계약forward contracts, 선물계약future contracts, 옵션계약option contracts이다.

▌ 바젤 규제

바젤은행감독위원회BCBS: Basel Committee on Banking Supervision의 주요목표는 전세계의 건전한 은행 감독을 위해 주요 감독 문제에 대한 이해를 높이는 것이다. 주요 목적은 은행 시스템을 개선하기 위한 규제 프레임워크를 개발하는 것으로 현재 바젤 Ⅲ는 2007-8년 금융위기 동안 드러난 금융규제의 결함을 해결하기 위해 개발됐다. 바젤 Ⅲ는 은행자본 적정성, 스트레스 테스트(stress test, 위기상황 분석), 시장 유동성 리스크에 대한 자기자본규제 프레임워크다. 바젤 Ⅲ 규제는 은행 레버리지(leverage, 차입 투자)를 줄이고 은행 유동성을 늘리는 것을 골자로 하는 은행자본 건전화 방안이다.[5] 바젤 Ⅲ를 시행하는 목적은 금융부문을 보다 견고하게 만들어 금융과 경제적 위기상황에서 비롯되는 충격을 흡수하고 리스크 관리

---

[5] 글로벌 금융위기를 계기로 등장한 바젤 Ⅲ는 이후 은행의 자본규제를 강화하는 수단이 됐다. 보통주 자본이란 개념을 신설하고, 자본비율 체계를 보통주 자본비율(최소 4.5%), 기본자본비율(6%), 총자본비율(8%)을 준수하도록 규정하고 있다.

와 거버넌스를 개선하며 은행의 투명성과 공개성을 강화하는 데 있다.

R 커뮤니티는 Basel Ⅲ 규제를 염두 해 두고 SACCR 라이브러리를 개발했다. 이 라이브러리에는 Basel Ⅲ의 표준화된 규범에 기반을 둔 많은 방법이 존재한다. 또한 규제 프레임워크에 있는 모든 예를 구현했다. 예컨대 바젤 규범에 따라 부도시 익스포져^{EAD: Exposure-At-Default}를 계산할 수 있다.[6]

`CalcEAD(RC, PFE)` 함수를 사용하면 부도시 익스포져를 계산할 수 있다.

여기서, RC는 대체 비용^{replacement cost}이며 PFE는 예상 미래 익스포져^{projected future exposure}다.

따라서 RC 부분이 50이고 PFE가 400일 경우 다음 코드를 실행하면 부도시 익스포져를 구할 수 있다.

```
> install.packages("SACCR")
> library(SACCR)
> CalcEAD(50, 400)
```

실행 결과는 630이다.

마찬가지로 Basel Ⅲ의 구현에 기초한 SACCR 라이브러리에는 다양한 함수들이 존재한다.

---

6 • 익스포져란 위험에 노출되어 있는 정도를 말한다. 즉 익스포져가 0이면 위험에 노출되어 있지 않다는 의미다. 이는 자산에서 부채를 뺀 포지션(순자산)이란 개념을 통해 설명할 수 있다. 만약 포지션이 0. 즉 자산과 부채가 같다면 금융시장의 가격지표가 변하더라도 순자산가치는 변동하지 않아 위험에 노출되지 않지만 자산과 부채가 같지 않다면 가격지표의 방향에 따라 순자산의 가치가 변하게 되어 위험에 노출되게 된다. 따라서 자산과 부채가 같지 않다면 어떤 식으로든 익스포져가 있다고 말할 수 있다.

• 부도시 익스포져란 경제적 자본 또는 규제자본 산출 시 이용하는 신용 리스크 측정모델의 주요 요소 중 하나로, 부도사건 발생 시 금융회사가 부도주체에 노출된 금액을 의미한다 부도시 익스포져는 단순히 여신잔액뿐만 아니라 차입자의 부도 발생시 미사용 한도에 대해 예상되는 추가 인출액까지 포함하는 최적 추정치를 말한다.

▌ 신용 리스크

신용 리스크credit risk는 차입자borrower가 금액을 대출자lender에게 상환할 수 없는 경우에 발생하는 투자와 관련된 리스크다. 신용 리스크는 차입자의 재정상태가 좋지 않아 발생할 수 있으며, 이는 결국 대출자의 리스크가 된다. 대출자에게 리스크인 이유는 차입자의 미납으로 인해 손실이 발생하고 이로 인해 현금흐름이 붕괴되고 회수비용이 증가하기 때문이다. 손실은 완전하거나 부분적일 수 있다. 대출자가 손실을 입을 수 있는 여러 가지 시나리오가 있다. 일부 시나리오는 다음과 같다.

- 고객이 모기지론mortgage loan, 신용카드, 신용한도 또는 다양한 유형의 대출에 대해 미지불한 경우
- 소비자나 기업이 지불 청구서에 대해 미지불한 경우
- 기업이 근로자의 임금을 미지불한 경우
- 기업이나 국채 발행기관이 만기 쿠폰coupon[7]이나 원금을 미지불한 경우
- 보험회사가 만기된 보험의무를 이행하지 않은 경우
- 은행이 예금자의 자금을 반환하지 않는 경우

해당 기간에 대한 은행의 자본과 대손충당금loan loss reserves의 적정성을 이해하면 신용 리스크를 줄여 손실을 완화할 수 있다. 신용 리스크를 줄이려면 대출자는 미래의 잠재적 차입자에 대한 신용 리스크 조사를 수행할 수 있는 메커니즘을 개발해야 한다. 일반적으로 은행은 예상손실EL: expected loss과 경제적 자본EC: economic capital의 두 가지 척도를 사용해 신용 리스크를 정량화한다. 이때 경제적 자본이란 사업을 영위하면서 직면하게 되는 각종 리스크들을 감당하는 데 필요한 여유자금을 말한다. 그리고 예상손실은 부도시 익스포져EAD: exposure at default, 부도율PD: probability of default, 부도시 손실율LGD: loss given default의 곱으로 산출할

---

[7] 금융에서 쿠폰이란 채권의 이자를 의미한다. 지금은 주로 전자거래를 통해 투자하고 보유하지만 과거에는 채권이 모두 실물 종이로 존재했다. 또한 약정된 이자를 받을 때에는 채권을 들고 있는 사람이 이자를 청구해야 했다. 그때 사용되던 것이 바로 쿠폰이었다. 채권에 쿠폰이 붙어있고 이를 한 장씩 가져가면 이자를 주는 방식이었던 것이다. 이러한 역사 때문에 채권의 이자를 쿠폰이라고 한다.

수 있다. 여기서는 이 중에서 가장 중요한 부도율 계산에 대해서 논의하겠다.

R에서 독일 신용 데이터$^{German\ Credit\ Data}$를 사용해 부도율 모델을 구축하겠다. 다음 코드를 실행하여 분석에 사용할 데이터를 가져온다.

```
> library(caret)
> data(GermanCredit)
> LRData <- GermanCredit[,1:10]
```

모델링을 시작하기 전에 다음 코드를 실행하여 데이터를 이해해야 한다.

```
> str(LRData)
```

다음과 같이 열 유형과 값의 종류를 확인할 수 있다.

```
'data.frame':   1000 obs. of  10 variables:
 $ Duration                : int  6 48 12 42 24 36 24 36 12 30 ...
 $ Amount                  : int  1169 5951 2096 7882 4870 9055 2835 6948 3059 5234 ...
 $ InstallmentRatePercentage: int  4 2 2 2 3 2 3 2 2 4 ...
 $ ResidenceDuration       : int  4 2 3 4 4 4 4 2 4 2 ...
 $ Age                     : int  67 22 49 45 53 35 53 35 61 28 ...
 $ NumberExistingCredits   : int  2 1 1 1 2 1 1 1 1 2 ...
 $ NumberPeopleMaintenance : int  1 1 2 2 2 2 1 1 1 1 ...
 $ Telephone               : num  0 1 1 1 1 0 1 0 1 1 ...
 $ ForeignWorker           : num  1 1 1 1 1 1 1 1 1 1 ...
 $ Class                   : Factor w/ 2 levels "Bad","Good": 2 1 2 2 1 2 2 2 2 1 ...
```

이 예제에서의 대상 변수$^{target\ variable}$는 Class이다. Class = Good은 납세자$^{non-defaulter}$를 의미하며 Class = Bad는 체납자^{defaulter}를 의미한다. 이제 모든 숫자 변수의 분포를 이해하기 위해 숫자 속성과 관련된 모든 기본 통계를 계산한다. 이 작업은 다음 코드를 실행하여 수행한다.

```
> summary(LRData)
```

실행 결과 중 일부는 다음과 같다.

```
   Duration          Amount       InstallmentRatePercentage  ResidenceDuration
Min.   : 4.0    Min.   :  250    Min.   :1.000              Min.   :1.000
1st Qu.:12.0    1st Qu.: 1366    1st Qu.:2.000              1st Qu.:2.000
Median :18.0    Median : 2320    Median :3.000              Median :3.000
Mean   :20.9    Mean   : 3271    Mean   :2.973              Mean   :2.845
3rd Qu.:24.0    3rd Qu.: 3972    3rd Qu.:4.000              3rd Qu.:4.000
Max.   :72.0    Max.   :18424    Max.   :4.000
```

이제 다음 코드를 실행하여 모델링을 위한 데이터를 준비해 보자.

```
> set.seed(100)
> library(caTools)
> res = sample.split(LRData$Class, 0.6)
> Train_data = subset(LRData, res == TRUE)
> Test_data = subset(LRData, res == FALSE)
```

위 코드에서는 모델링을 위해 훈련용 데이터Train_Data와 평가용 데이터Test_Data를 생성했다. 훈련용 데이터와 평가용 데이터의 선택 비율은 매우 주관적이다. 이제 관계를 이해하기 위해 종속변수에 대한 독립변수의 결측값/이상값의 대체와 정보값 분석과 상관 행렬 같은 탐색 분석을 위한 기본적인 통계작업을 수행할 수 있다.

그럼 훈련용 데이터로 모델을 적합해 보자. 수행 방법은 다음과 같다.

```
> lgfit = glm(Class ~ ., data = Train_data, family = "binomial")
> summary(lgfit)
```

실행 결과는 다음과 같다.

```
Call:
glm(formula = Class ~ ., family = "binomial", data = Train_data)

Deviance Residuals:
    Min       1Q   Median       3Q      Max
-2.3025  -1.0960   0.6506   0.8328   1.7222

Coefficients:
                          Estimate Std. Error z value Pr(>|z|)
(Intercept)              3.042e+00  8.786e-01   3.463 0.000535 ***
Duration                -3.410e-02  9.915e-03  -3.439 0.000583 ***
Amount                  -8.255e-05  4.577e-05  -1.804 0.071298 .
InstallmentRatePercentage -2.490e-01  9.809e-02  -2.538 0.011136 *
ResidenceDuration       -1.364e-01  9.083e-02  -1.502 0.133028
Age                      2.685e-02  9.608e-03   2.795 0.005191 **
NumberExistingCredits    1.913e-01  1.702e-01   1.124 0.260932
NumberPeopleMaintenance -2.301e-01  2.564e-01  -0.897 0.369503
Telephone               -2.969e-01  2.060e-01  -1.441 0.149548
ForeignWorker           -7.856e-01  6.525e-01  -1.204 0.228597
---
Signif. codes:  0 '***' 0.001 '**' 0.01 '*' 0.05 '.' 0.1 ' ' 1

(Dispersion parameter for binomial family taken to be 1)

    Null deviance: 733.04  on 599  degrees of freedom
Residual deviance: 672.02  on 590  degrees of freedom
AIC: 692.02

Number of Fisher Scoring iterations: 4
```

실행 결과에서 보듯이 p값을 보면 모델에 유의한 속성뿐만 아니라 유의하지 않은 속성도 있다. 속성의 유의성과 다중공선성multicollinearity을 유념하여 모델을 반복 실행하여 최상의 모델을 찾는다. 이번 경우에는 유의한 속성들만으로 모델을 재실행해 보자.

실행 방법은 다음과 같다.

288

```
> lgfit = glm(Class ~ Duration + InstallmentRatePercentage + Age,
+             data = Train_data,
+             family = "binomial")
> summary(lgfit)
```

실행 결과는 다음과 같다.

```
Call:
glm(formula = Class ~ Duration + InstallmentRatePercentage +
    Age, family = "binomial", data = Train_data)

Deviance Residuals:
    Min      1Q   Median       3Q      Max
-2.3549  -1.1168   0.6604   0.8425   1.6494

Coefficients:
                            Estimate Std. Error z value Pr(>|z|)
(Intercept)                 1.595869   0.433957   3.677 0.000236 ***
Duration                   -0.045607   0.007451  -6.121 9.29e-10 ***
InstallmentRatePercentage  -0.176052   0.085959  -2.048 0.040550 *
Age                         0.022973   0.009031   2.544 0.010964 *
---
Signif. codes:  0 '***' 0.001 '**' 0.01 '*' 0.05 '.' 0.1 ' ' 1

(Dispersion parameter for binomial family taken to be 1)

    Null deviance: 733.04  on 599  degrees of freedom
Residual deviance: 682.06  on 596  degrees of freedom
AIC: 690.06

Number of Fisher Scoring iterations: 4
```

실행 결과는 모델에서 고려한 모든 속성이 중요함을 보여준다.

로지스틱 회귀분석에는 모델 정확도를 확인할 수 있는 통계량이 많이 존재한다. 여기서는 ROC^{Receiver Operating Characteristic} 곡선[8]과 혼동 행렬^{confusion matrix}을 사용해 모델 정확도를 확인해 보겠다.

KS^{Kolmogorov-Smirnov} 통계량으로 분류를 위한 임계값을 계산할 수 있지만 여기에서는 임계값이 0.5라 가정하고 다음 코드를 실행하여 훈련용 데이터 표본에 점수를 매긴다.

```
> Train_data$predicted.risk = predict(lgfit,
+                                     newdata = Train_data,
+                                     type = "response")
> table(Train_data$Class, as.numeric(Train_data$predicted.risk >= 0.5))
```

생성된 혼동 행렬은 다음과 같다.

```
       0   1
Bad   36 144
Good  24 396
```

이제 다음 코드를 실행하여 AUC를 계산해 보자.

```
> library(ROCR)
> pred = prediction(Train_data$predicted.risk, Train_data$Class)
> as.numeric(performance(pred, "auc")@y.values)
```

생성된 AUC 값은 다음과 같다.

```
0.67925265
```

이제 다음 코드를 실행하여 ROC 곡선의 그래프를 그려 보자.

---

[8] ROC 곡선은 FPR(False Positive Rate(1−특이도(specificity), false accept rate)과 TPR(True Positive Rate(민감도(sensitivity), true accept rate))을 각각 x, y축으로 놓은 그래프다. AUC(Area Under a ROC Curve)는 ROC 곡선 아래의 영역을 말하며 1에 가까울수록 모델의 예측 정확도가 높다. FPR은 0인 경우를 1로 잘못 예측한 비율이며, TPR은 1인 경우를 1로 예측한 비율이다.

```
> predict_Train = predict(lgfit, type = "response")
> ROCpred = prediction(predict_Train, Train_data$Class)
> ROCperf = performance(ROCpred, "tpr", "fpr")
> plot(ROCperf)
```

출력된 ROC 곡선은 다음과 같다.

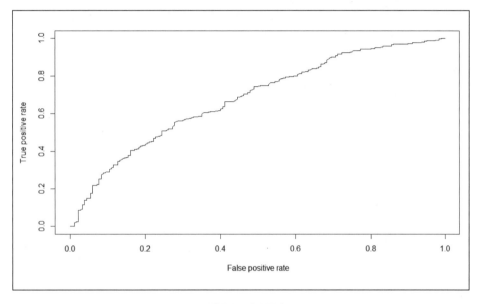

그림 7.2 ROC 곡선

Train_data에 대해서 생성한 동일한 모델 적합성을 사용하고 Test_data로 점수를 매겨서 정확도 척도가 동일한 범위에 있는지 여부를 확인하여 모델을 검증할 수 있다.

▌ 사기 탐지

사기 거래fraudulent transaction를 식별하는 것은 리스크 관리의 가장 중요한 구성요소 중 하나다. R에는 로지스틱 회귀분석, 의사결정나무, 랜덤 포레스트 등과 같은 이진 분류 기법을 포함하여 사기 거래를 발견하는 데 사용할 수 있는 함수와 패키지가 많다. 이 절에서는 앞서 살펴본 독일 신용 데이터를 다시 사용하고 사기 탐지를 위해 랜덤 포레스트를 사용한다. 로지스틱 회귀분석과 마찬가지로 기본적인 탐색적 분석exploratory analysis을 수행하여 속성을 이해할 수 있다. 여기에서는 기본적인 탐색적 분석을 수행하지 않겠지만 랜덤 포레스트를 사용해 데이터에 레이블을 매기는 방식으로 모델을 훈련한 다음 검증 데이터로 사기 예측을 시도한다.

먼저 다음 코드를 이용해 이전 절과 같이 분석에 사용할 데이터 집합을 생성한다.

```
> data(GermanCredit)
> FraudData <- GermanCredit[,1:10]
> head(FraudData)
```

실행하면 다음과 같이 표본 데이터의 일부를 확인할 수 있다.

```
  Duration Amount InstallmentRatePercentage ResidenceDuration
1        6   1169                         4                 4
2       48   5951                         2                 2
3       12   2096                         2                 3
4       42   7882                         2                 4
5       24   4870                         3                 4
6       36   9055                         2                 4

  Age NumberExistingCredits NumberPeopleMaintenance Telephone
1  67                     2                       1         0
2  22                     1                       1         1
3  49                     1                       2         1
4  45                     1                       2         1
5  53                     2                       2         1
6  35                     1                       2         0

  ForeignWorker Class
1             1  Good
2             1   Bad
3             1  Good
```

```
4          1  Good
5          1  Bad
6          1  Good
```

데이터 집합에서 대상 변수는 Class이며, Class가 Bad이면 고객이 사기를 저지른 것을 의미한다. 이제 다음 코드를 실행하여 위 데이터를 훈련용 데이터^{TrainData}와 평가용 데이터 ^{TestData}로 나눈다.

```
> len <- dim(FraudData)[1]
> train <- sample(1:len, 0.8*len)
> TrainData <- FraudData[train,]
> TestData <- FraudData[-train,]
```

위 코드를 실행하면 훈련용 데이터와 평가용 데이터가 생성된다.

이제 랜덤 포레스트 기법으로 훈련용 데이터 표본에 대한 분류 모델을 만든다. 수행 방법은 다음 코드와 같다.

```
> library(randomForest)
> fraud_model <- randomForest(Class ~ .,
+                             data = TrainData,
+                             ntree = 50,
+                             proximity = TRUE)
> print(fraud_model)
```

실행 결과는 다음과 같다.

```
Call:
 randomForest(formula = Class ~ ., data = TrainData, ntree = 50,    proximity = TRUE)
               Type of random forest: classification
                     Number of trees: 50
No. of variables tried at each split: 3

     OOB estimate of  error rate: 30.75%
Confusion matrix:
```

```
        Bad Good class.error
Bad    72  165   0.6962025
Good   81  482   0.1438721
```

다음 코드를 실행하여 랜덤 포레스트의 나무에 대한 오류를 그린다.

```
> plot(fraud_model)
```

출력된 그래프는 다음과 같다.

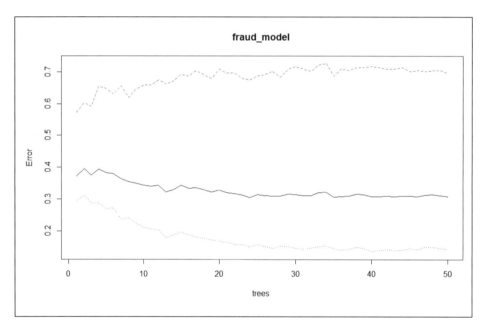

그림 7.3 랜덤 포레스트의 나무에 대한 오류

다음 코드를 실행하면 속성의 상대적 중요성을 알 수 있다.

```
> importance(fraud_model)
```

실행 결과는 다음과 같다.

```
                              MeanDecreaseGini
Duration                         53.711855
Amount                           99.547382
InstallmentRatePercentage        24.441130
ResidenceDuration                22.828061
Age                              68.051464
NumberExistingCredits            15.214136
NumberPeopleMaintenance           9.310682
Telephone                        12.525522
ForeignWorker                     2.580586
```

이제 다음 코드를 실행하여 평가용 데이터에 대한 분류를 수행해 보자.

```
> TestPred <- predict(fraud_model, newdata = TestData)
> table(TestPred, TestData$Class)
```

위 코드를 실행하면 다음과 같은 분류표가 생성된다.

```
TestPred Bad Good
    Bad   15   13
    Good  48  124
```

▎ 부채 관리

부채 관리liability management의 목표는 금융 기관이 부채를 충족하는 동시에 순자산을 증가시켜 최상의 성과를 얻기 위하여 예금, CD 등과 같은 미상환부채outstanding liabilities를 조절해 적절한 유동성 준비금을 유지하고 자산을 할당하는 프로세스다. 은행은 자산 운용 리스크, 금리 리스크, 환율 리스크 등 여러 가지 리스크를 갖고 있으며, 부채 관리를 통해 은행과 금융 기관은 리스크를 최소화하려고 노력한다.

7장에서는 시장 리스크, 포트폴리오 리스크, 신용 리스크, 사기 탐지, 포트폴리오 다각화, 포트폴리오 최적화, 포트폴리오 조정, 그리고 부채 관리 상황에서 재무적인 도움이 될 수 있는 포트폴리오 재조정과 같은 다양한 주제를 살펴봤다.

▎질문

1. 시장 리스크는 무엇이며 R에서 시장 리스크를 측정하는 방법은 무엇인가? 예를 들어 설명하시오.

2. 포트폴리오와 관련된 리스크를 측정하는 방법은 무엇인가?

3. VaR를 측정하는 가장 일반적인 방법은 무엇인가? 포트폴리오를 구성하고 모든 방법을 사용해 VaR를 찾아보시오.

4. R에서 ES/CVaR를 계산하는 방법은 무엇인가?

5. 몬테카를로 방법을 사용해 정규분포와 로그 정규분포를 이용하여 표본을 생성하고 각각에 대한 역사적 VaR를 찾아보시오.

6. R에서 포트폴리오의 컴포넌트와 한계^{marginal} VaR를 찾는 방법은 무엇인가?

7. 신용 점수란 무엇이며, R에서 실행하는 방법은 무엇인가? 예제를 만들고 검증과 함께 점수를 매기는 예제를 작성하시오.

8. 사기를 식별하는 방법은 무엇이며, R에서는 실행하는 방법은 무엇인가?

▎요약

7장에서는 시장 리스크, 포트폴리오 리스크, VaR, 몬테카를로 시뮬레이션, 헤징, 바젤 규제, 신용 리스크, 사기 탐지와 같은 금융 기관과 관련된 리스크 유형을 다뤘다. 또한 다양한 리스크 유형을 측정하기 위해 R의 장점을 어떻게 활용할 수 있는지에 대해 논의했다.

또한 R을 사용하여 시장, 포트폴리오, 신용과 같은 리스크를 측정하는 예제와 사기 탐지를 위해 랜덤 포레스트 분류와 같은 기술을 사용하는 방법에 대해 설명했다.

8장에서는 트레이딩 알고리즘과 파라미터 추정에 사용되는 다양한 최적화 기법에 대해 살펴본다. 동적 재조정dynamic rebalancing, 전진분석walk forward testing, 그리드 평가grid testing, 유전자 알고리즘genetic algorithm과 같은 최적화 기법을 다룬다.

08

최적화

최적화optimization는 가능한 대안들 중 최상의 솔루션solution을 선택하는 방법이다. 따라서 최적화의 시작은 주어진 제약사항에 따라 문제를 도출하고 고급 분석 기법들을 적용하여 최상의 솔루션으로 더 나은 의사결정에 도움이 되는 것이다.

최적화 모델은 복잡한 문제를 보다 효율적이고 정확하게 해결함으로써 퀀트quant와 금융공학financial engineering에서 중추적 역할을 한다. 자산 배분, 리스크 관리, 옵션 가격결정, 변동성 예측, 포트폴리오 최적화, 인덱스 펀드 구성과 관련된 문제들은 비선형 최적화 모델, 2차계획법quadratic programming formulations, 정수계획모델integer programming model과 같은 최적화 기법들을 통해 해결할 수 있다. 이러한 문제를 해결하기 위해 분석 작업에서 사용 가능한 다양한 상용 및 오픈 소스 소프트웨어가 있는데 그 중에서 R은 오픈 소스이면서 효율적이므로 선호하는 선택방법 중 하나다.

8장에서는 다양한 최적화 기법과 R을 이용해 최적화 문제를 해결하는 방법에 대해 알아본다.

8장에서 다룰 주제는 다음과 같다.

- 동적 재조정^{dynamic rebalancing}
- 전진분석^{walk forward testing}
- 그리드 평가^{grid testing}
- 유전자 알고리즘^{genetic algorithm}

▌동적 재조정

동적 재조정^{dynamic rebalancing}은 포트폴리오에 자연스런 현금 유입과 유출을 통해 책정한 목표에 근접하게 포트폴리오를 유지하는 프로세스다. 재조정은 자산 포트폴리오의 가중치를 재조정하고 자산 배분의 원시 목표 수준을 유지하기 위해 포트폴리오에서 자산을 주기적으로 매매한다.

예컨대 포트폴리오에서 40%의 주식과 60%의 채권이 목표 자산 배분이었다고 가정해 보자. 만약 채권 운영 성과가 좋아 해당 기간 동안 포트폴리오 내 채권의 가중치가 70%로 상승했다면 투자자는 포트폴리오가 40% 주식과 60% 채권의 원시 목표 배분으로 복귀하도록 일부 채권을 매도하고 일부 주식을 매수할 것이다.

이제 R에서 포트폴리오 재조정을 수행하는 방법을 살펴보자.

주기적 재조정

R에서 제공하는 데이터를 살펴보자.

```
> library(PerformanceAnalytics)
> data(edhec)
```

```
> data <- edhec["1999", 3:5]
> colnames(data) = c("DS", "EM", "EMN")
> data
```

위 코드를 실행하면 다음과 같은 데이터 집합을 확인할 수 있다.

```
                DS       EM    EMN
1999-01-31   0.0181  -0.0120  0.0101
1999-02-28  -0.0021   0.0102  0.0023
1999-03-31   0.0159   0.0585  0.0033
1999-04-30   0.0418   0.0630  0.0107
1999-05-31   0.0207   0.0061  0.0089
1999-06-30   0.0273   0.0654  0.0168
1999-07-31   0.0084  -0.0061  0.0135
1999-08-31   0.0020  -0.0147  0.0095
1999-09-30  -0.0041  -0.0069  0.0095
1999-10-31   0.0027   0.0288  0.0066
1999-11-30   0.0220   0.0692  0.0133
1999-12-31   0.0300   0.1230  0.0198
```

이제 1998년 12월 31일에 위의 상품으로 구성된 포트폴리오의 가중치를 다음과 같이 설정한다고 가정해 보자.

```
> wts <- xts(matrix(c(.3, .3, .4), nrow = 1, ncol = 3),
+             as.Date("1998-12-31"))
> colnames(wts) <- colnames(data)
> wts
```

1998년 말일자의 가중치는 다음과 같다.

```
            DS  EM EMN
1998-12-31 0.3 0.3 0.4
```

만약 월 단위로 가중치를 조정하기 원한다면 다음 코드를 실행한다.

```
> Return.portfolio(data,
+                  weights = wts,
+                  rebalance_on = "months",
+                  verbose = TRUE)
```

여기에서 data는 입력 데이터이다. weights는 포트폴리오의 구성요소에 대해 정의한 가중치다. rebalance_on = "months"는 포트폴리오 수익률에 대해 월별로 가중치를 재조정한다는 의미다. verbose = TRUE는 추가 정보를 반환한다.

위 코드를 실행하면 각 기간interval에 대한 조정 후의 포트폴리오 수익률, 각 자산의 월별 기여도, 각 기간 이후 자산의 전/후 가중치, 각 기간에 대한 전/후 포트폴리오 값과 같은 목록이 출력된다. 따라서 이는 주어진 기간 동안 재조정이 어떻게 발생했는지에 대한 완벽한 상황을 제공한다.

월별로 재조정된 포트폴리오 수익률은 다음과 같다.

```
$returns
           portfolio.returns
1999-01-31     0.0058700000
1999-02-28     0.0032918459
1999-03-31     0.0234831960
1999-04-30     0.0360713685
1999-05-31     0.0115754278
1999-06-30     0.0352113332
1999-07-31     0.0056445111
1999-08-31    -0.0004773711
1999-09-30     0.0002247585
1999-10-31     0.0123420354
1999-11-30     0.0336116926
1999-12-31     0.0566359838
```

각 자산의 월별 기여도는 다음과 같다.

$contribution

	DS	EM	EMN
1999-01-31	0.0054300000	-0.003600000	0.0040400000
1999-02-28	-0.0006376599	0.003005637	0.0009238689
1999-03-31	0.0048020503	0.017356905	0.0013242406
1999-04-30	0.0125307222	0.019331570	0.0042090766
1999-05-31	0.0062397163	0.001920437	0.0034152748
1999-06-30	0.0083034197	0.020478153	0.0064297602
1999-07-31	0.0025353732	-0.001965742	0.0050748801
1999-08-31	0.0006053143	-0.004681793	0.0035991080
1999-09-30	-0.0012439700	-0.002166306	0.0036350348
1999-10-31	0.0008156577	0.008977567	0.0025488110
1999-11-30	0.0065827993	0.021921786	0.0051071074
1999-12-31	0.0088757011	0.040306630	0.0074536530

기초BOP: beginning-of-period 가중치는 다음과 같다.

$BOP.Weight

	DS	EM	EMN
1999-01-31	0.3000000	0.3000000	0.4000000
1999-02-28	0.3036476	0.2946703	0.4016821
1999-03-31	0.3020157	0.2966992	0.4012850
1999-04-30	0.2997780	0.3068503	0.3933716
1999-05-31	0.3014356	0.3148257	0.3837387
1999-06-30	0.3041546	0.3131216	0.3827238
1999-07-31	0.3018301	0.3222528	0.3759170
1999-08-31	0.3026572	0.3184894	0.3788535
1999-09-30	0.3034073	0.3139574	0.3826352
1999-10-31	0.3020955	0.3117211	0.3861835
1999-11-30	0.2992181	0.3167888	0.3839930
1999-12-31	0.2958567	0.3276962	0.3764471

기말EOP: end-of-period 가중치는 다음과 같다.

```
$EOP.Weight
                 DS        EM       EMN
1999-01-31 0.3036476 0.2946703 0.4016821
1999-02-28 0.3020157 0.2966992 0.4012850
1999-03-31 0.2997780 0.3068503 0.3933716
1999-04-30 0.3014356 0.3148257 0.3837387
1999-05-31 0.3041546 0.3131216 0.3827238
1999-06-30 0.3018301 0.3222528 0.3759170
1999-07-31 0.3026572 0.3184894 0.3788535
1999-08-31 0.3034073 0.3139574 0.3826352
1999-09-30 0.3020955 0.3117211 0.3861835
1999-10-31 0.2992181 0.3167888 0.3839930
1999-11-30 0.2958567 0.3276962 0.3764471
1999-12-31 0.2883987 0.3482778 0.3633236
```

기초 포트폴리오 값은 다음과 같다.

```
$BOP.Value
                 DS        EM       EMN
1999-01-31 0.3000000 0.3000000 0.4000000
1999-02-28 0.3054300 0.2964000 0.4040400
1999-03-31 0.3047886 0.2994233 0.4049693
1999-04-30 0.3096347 0.3169395 0.4063057
1999-05-31 0.3225775 0.3369067 0.4106532
1999-06-30 0.3292548 0.3389619 0.4143080
1999-07-31 0.3382435 0.3611300 0.4212683
1999-08-31 0.3410847 0.3589271 0.4269555
1999-09-30 0.3417669 0.3536508 0.4310115
1999-10-31 0.3403656 0.3512107 0.4351062
1999-11-30 0.3412846 0.3613255 0.4379779
1999-12-31 0.3487929 0.3863293 0.4438030
```

기말 포트폴리오 값은 다음과 같다.

```
$EOP.Value
                 DS        EM       EMN
1999-01-31 0.3054300 0.2964000 0.4040400
1999-02-28 0.3047886 0.2994233 0.4049693
1999-03-31 0.3096347 0.3169395 0.4063057
1999-04-30 0.3225775 0.3369067 0.4106532
1999-05-31 0.3292548 0.3389619 0.4143080
1999-06-30 0.3382435 0.3611300 0.4212683
1999-07-31 0.3410847 0.3589271 0.4269555
1999-08-31 0.3417669 0.3536508 0.4310115
1999-09-30 0.3403656 0.3512107 0.4351062
1999-10-31 0.3412846 0.3613255 0.4379779
1999-11-30 0.3487929 0.3863293 0.4438030
1999-12-31 0.3592567 0.4338477 0.4525903
```

▌ 전진분석

전진분석^{walk forward testing}은 트레이딩 전략에서 사용할 최상의 파라미터를 식별하기 위해 금융 분석에서 사용한다. 트레이딩 전략은 특정 시간대의 표본 데이터 부분집합에 대해 최적화된다. 나머지 미사용 데이터는 평가 목적으로 분리되어 보관된다. 평가는 기록된 결과로 미사용 데이터의 작은 시간대에 대해 수행된다. 이제 훈련용 구간이 평가용 구간을 포함하도록 전진 이동하며 프로세스는 평가용 구간이 없을 때까지 계속 반복된다.

전진 최적화는 트레이딩 전략에서 사용할 최적의 파라미터를 결정을 위해 금융 산업에서 사용하는 방법이다. 트레이딩 전략은 데이터 계열에서 시간 단위의 구간에 대해 표본내 ^{in-sample} 데이터를 통해 최적화된다. 나머지 데이터는 표본외^{out-of-sample} 평가를 위해 준비해 둔다. 표본내 데이터 이후의 준비한 데이터의 일부는 기록된 결과를 이용해 평가된다. 표본내 데이터 시간대는 표본외 평가에서 다루는 기간만큼 전진 이동하며 프로세스는 반복된다. 결국 기록된 모든 결과가 트레이딩 전략을 평가하는 데 사용된다.

요약하면, 전진분석은 미래 시장이 과거와 똑같이 움직인다는 보장이 없으므로 과거의 일정 구간에서 시스템을 최적화한 다음 그 변수를 그대로 미래의 기간에 적용해 봄으로써 미래에도 여전히 신뢰할만한 성과를 낼 수 있는 시스템인지 검증하는 과정이다.

전진분석 방법은 한 구간의 평가가 끝나면 바로 다음 구간의 평가를 분석하는 회전방식 rolling type과 평가기간을 고정시켜 놓은 채 일정한 구간으로 전체구간을 늘려가면서 반복하여 구간이 늘어날수록 전체 평가기간이 늘어나도록 하는 고정방식anchored type이 있다.

▌ 그리드 평가

전형적인 분류 문제를 생각해 보자. 데이터 집합을 훈련용(T)과 검증용(V) 데이터 집합으로 나눈다고 가정해 보자. 이때 정규화 항regularization term 외에도 훈련 오류도 줄이는 최적화 문제(P라고 하자)를 해결하려고 한다. 여기서 최적화 문제는 모델 파라미터 m, 훈련용 표본 T, 몇 개의 하이퍼파라미터hyperparameter α와 β의 함수다. 주어진 α와 β를 풀면 파라미터 m의 값을 얻을 수 있다. 이제 검증 표본에 추정한 파라미터를 적용하여 검증오류 함수를 얻고 오류 함수를 최소화하는 α와 β 집합을 찾기 위해 이를 최적화한다. 그러나 이 최적화 문제는 α와 β 각 집합에 대해 볼록convex, 오목concave 또는 매끈한smooth 함수가 아닌 목적objective 함수를 최적화해야 하므로 고비용의 작업이다.

따라서 α와 β 집합의 하위집합과 선택한 α와 β의 각 쌍에 대하여 최적화 문제를 해결한다. 이는 공간에서 그리드처럼 보이므로 그리드 검색grid search라고 부른다. 그리드 검색은 주로 모델을 튜닝하는 데 사용된다.

랜덤 포레스트 기법을 사용하는 분류 예제를 생각해 보자. 먼저 다음 코드를 실행하여 기본 모델을 구성한다.

```
> library(randomForest)
> library(mlbench)
> library(caret)
```

```
> data(Shuttle)
> Analysis_Data <- head(Shuttle, 10000)
> X <- Analysis_Data[,1:9]
> Y <- Analysis_Data[,10]
> control <- trainControl(method = "repeatedcv",
+                         number = 5,
+                         repeats = 3)
> seed <- 4
> metric <- "Accuracy"
> set.seed(seed)
> Count_var <- sqrt(ncol(X))
> tunegrid <- expand.grid(.mtry = Count_var)
> rf_baseline <- train(Class ~ .,
+                      data = Analysis_Data,
+                      method = "rf",
+                      metric = metric,
+                      tuneGrid = tunegrid,
+                      trControl = control)
> print(rf_baseline)
```

구성한 랜덤 포레스트 모델의 개요는 다음과 같다.

```
Random Forest

10000 samples
    9 predictor
    7 classes: 'Rad.Flow', 'Fpv.Close', 'Fpv.Open', 'High', 'Bypass',
'Bpv.Close', 'Bpv.Open'

No pre-processing
Resampling: Cross-Validated (5 fold, repeated 3 times)
Summary of sample sizes: 8000, 8000, 7999, 7999, 8002, 8000, ...
Resampling results:

  Accuracy   Kappa
  0.9987001  0.9963687


Tuning p arameter 'mtry' was held constant at a value of 3
```

그리드 검색은 그리드에 있는 파라미터 값이 서로 다른 모델의 풀pool을 제공함을 의미한다. 각 모델을 훈련하고 교차 검증cross-validation을 이용해 각 모델을 평가하여 최상의 모델을 선택한다.

이제 그리드 검색 방법을 적용하고 정확도를 확인해 보자. 수행 방법은 다음 코드와 같다.

```
> control <- trainControl(method = "repeatedcv",
+                         number = 5,
+                         repeats = 3,
+                         search = "grid")
> set.seed(seed)
> tunegrid <- expand.grid(.mtry = c(1:8))
> rf_gridsearch_method <- train(Class ~ .,
+                               data = Analysis_Data,
+                               method = "rf",
+                               metric = metric,
+                               tuneGrid = tunegrid,
+                               trControl = control)
> print(rf_gridsearch_method)
```

다음과 같이 더 나은 추정 결과를 확인할 수 있다.

```
Random Forest

10000 samples
    9 predictor
    7 classes: 'Rad.Flow', 'Fpv.Close', 'Fpv.Open', 'High', 'Bypass',
'Bpv.Close', 'Bpv.Open'

No pre-processing
Resampling: Cross-Validated (5 fold, repeated 3 times)
Summary of sample sizes: 8000, 8000, 7999, 7999, 8002, 8000, ...
Resampling results across tuning parameters:

  mtry  Accuracy   Kappa
  1     0.9977667  0.9937458
  2     0.9985334  0.9959014
```

```
3     0.9988001   0.9966495
4     0.9988668   0.9968358
5     0.9988336   0.9967469
6     0.9988002   0.9966546
7     0.9988668   0.9968405
8     0.9988668   0.9968397
```

```
Accuracy was used to select the optimal model using  the largest value.
The final value used for the model was mtry = 4.
```

이제 다음 코드를 실행하여 다른 속성 집합으로 다른 랜덤 포레스트 모델에 대한 정확도를 그래프로 확인해 보자. 실행 방법은 다음과 같다.

```
> plot(rf_gridsearch_method)
```

그리드 검색을 사용하여 R에서 튜닝된 랜덤 포레스트 파라미터를 확인할 수 있다.

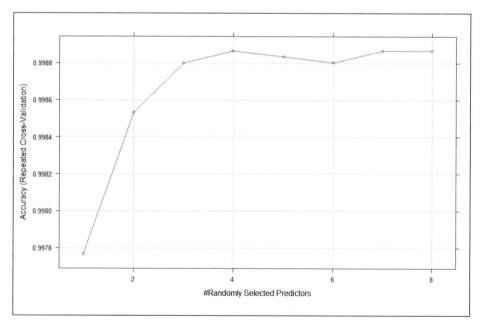

그림 8.1 다른 랜덤 포레스트 모델에 대한 정확도 그래프

이 그래프는 정확도 측면에서 모델의 풀pool을 비교한다.

▌ 유전자 알고리즘

유전자 알고리즘GA: genetic algorithm은 유전학과 자연 선택 이론에 기초한 검색 기반 최적화 기법으로, 연구와 머신 러닝 영역에서 최적화 문제를 해결하는 데 사용한다. 이는 대안적alternative 방식으로 인해 매우 어렵고 시간이 소요되는 솔루션이다.

최적화는 다른 모든 대안적 솔루션을 비교해 더 나은 솔루션을 찾는 프로세스다. 가능한 모든 솔루션을 검색 영역으로 택한 다음 문제에 가장 적합한 솔루션을 찾는다.

유전자 알고리즘에서는 가능한 후보candidate 솔루션이 개체군population을 구성하고 재결합 하여 새로운 자손children을 생산하기 위해 돌연변이mutate를 일으킨다. 이 과정은 여러 세대 에 걸쳐 반복된다. 각각의 가능한 후보 솔루션은 목적 함수objective function[1]를 기반으로 적합 도 값fitness value이 매겨진다. 가능성 있는 대안들은 재조합과 돌연변이를 수행하며 적합한 후보 솔루션을 찾는다.

생물학과 유전자 알고리즘에서 사용하는 주요 용어를 비교하면 다음과 같다.

생물학	유전자 알고리즘(GA)
개체individual	염색체에 의해 특징지어지는 자율적인 하나의 작은 집단
개체군population	집단 내의 개체의 수
유전자gene	개체의 형질을 규정하는 기본 구성요소 즉, 특성feature, 형질character 등
염색체chromosome	복수의 유전자 모임. 문자열string로 표현
대립 유전자allele	유전자가 갖는 특성 값feature value

---

[1] 목적 함수는 최적화 하고자 하는 함수로 각 개체의 적합도를 평가하는 기반이 된다. 목적함수의 값의 범위는 문제마다 다르기 때 문에 보통 정해진 구간 사이의 양수값을 갖도록 표준화된 값을 사용한다. 즉, 표준화하기 이전의 적합도의 값을 원시 적합도(raw fitness)라고 하며 표준화되어서 실제로 개체 선택의 기준이 되는 함수를 적합도 함수(fitness function)라 한다.

유전자 자리locus	염색체상의 유전자의 위치 즉, 문자열의 위치string position
적합도/적응도fitness	유전자 각 개체의 환경에 대한 적합 비율을 평가하는 값 즉, 평가치로 최적화 문제를 대상으로 하는 경우 목적 함수 값이나 제약조건을 고려하여 페널티 함수 값의 적합도로 설정된다.
코딩coding	표현 디코딩에서 유전자형으로 매핑하는 것
디코딩decoding	유전자 형에서 표현형으로 역매핑하는 것
유전자형genotype	형질의 염색체에 의한 내부적으로 표현하는 방법으로 구조체structure로 표현
표현형phenotype	염색체에 의해 규정된 형질을 외부적으로 표현하는 방법으로 파라미터 집합parameter set, 대체 솔루션alternative solution, 디코드화를 위한 구조체decoded structure로 표현

예컨대 다음과 같은 주식으로 구성된 작년 포트폴리오는 여기서 언급한 것과 동일한 비율로 투자했을 경우 아래와 같은 수익률을 보인다고 가정해 보자. 따라서 가중치의 합을 1로 제한하여 포트폴리오의 실적을 극대화해야 한다.

Stocks	Returns	Weights
Stock1	10	.1
Stock2	11	.2
Stock3	15	.1
Stock4	20	.2
Stock5	12	.2
Stock6	13	.3

R에서 유전자 알고리즘을 사용해 이를 해결해 보자.

먼저 다음 코드를 실행하여 입력 데이터 요구사항을 정의한다.

```
> library(genalg)
> library(ggplot2)
```

```
> InputDataset <- data.frame(
+   Stocks = c("Stock1", "Stock2",
+              "Stock3", "Stock4",
+              "Stock5", "Stock6"),
+   returns = c(10, 11, 15, 20, 12, 13),
+   weight = c(.1, .2, .1, .2, .2, .3)
+ )
> WTlimit <- 1
> InputDataset
```

실행 결과는 다음과 같다.

```
  Stocks returns weight
1 Stock1      10    0.1
2 Stock2      11    0.2
3 Stock3      15    0.1
4 Stock4      20    0.2
5 Stock5      12    0.2
6 Stock6      13    0.3
```

이제 다음 코드와 같이 평가 함수를 설정해 보자.

```
> evaluationFunc <- function(x) {
+   current_solution_returns <- x %*% InputDataset$returns
+   current_solution_weight <- x %*% InputDataset$weight
+
+   if (current_solution_weight > WTlimit)
+     return(0) else return(-current_solution_returns)
+ }
```

그런 다음 모델을 설계하고 실행해 보자. 수행 방법은 다음 코드와 같다.

```
> GAmodel <- rbga.bin(size = 6,
+                     popSize = 100,
+                     iters = 50,
+                     mutationChance = 0.01,
```

```
+                       elitism = T,
+                       evalFunc = evaluationFunc)
> cat(summary(GAmodel))
```

여기서 파라미터의 의미는 다음과 같다.

- size: 염색체 내 유전자의 수

- popSize: 개체군의 크기

- iters: 반복 횟수

- mutationChance: 염색체 돌연변이 확률

- elitism: 다음 세대를 위해 유지되는 염색체 수. 기본값은 20%

- evalFunc: 주어진 염색체에 대한 사용자 제공 평가 함수

실행 결과는 다음과 같다.

```
GA Settings
  Type                  = binary chromosome
  Population size       = 100
  Number of Generations = 50
  Elitism               = TRUE
  Mutation Chance       = 0.01

Search Domain
  Var 1 = [,]
  Var 0 = [,]

GA Results
  Best Solution : 0 1 1 1 1 1
```

위 결과는 최적의 포트폴리오 구성을 위해 모든 주식에서 Stock1을 제외해야 한다는 사실을 보여준다.

또 다른 유전자 알고리즘 예를 생각해 보자. 여기서는 유전 알고리즘과 전통적인 최소제

곱법OLS: Ordinary Least Square으로 계수를 추정하고자 한다.

먼저 다음 코드를 사용하여 데이터 집합을 살펴보자.

```
> install.packages("GA")
> library(GA)
> data(economics)
> Data_Analysis <- data.frame(economics[,2:4])
> head(Data_Analysis)
```

다음과 같이 일부 데이터 집합을 확인할 수 있다.

```
    pce    pop psavert
1 507.4 198712    12.5
2 510.5 198911    12.5
3 516.3 199113    11.7
4 512.9 199311    12.5
5 518.1 199498    12.5
6 525.8 199657    12.1
```

유전자 알고리즘으로 pop과 psavert의 관점에서 pce를 추정해 보자. 다음과 같은 선형 회귀 계산 함수를 작성한다.

```
> OLS_GA <- function(Data_Analysis, a0, a1, a2){
+    attach(Data_Analysis, warn.conflicts = F)
+    Y_hat <- a0 + a1*pop + a2*psavert
+    SSE = t(pce-Y_hat) %*% (pce-Y_hat)
+    detach(Data_Analysis)
+    return(SSE)
+ }
```

다음 코드를 실행하여 유전자 알고리즘으로 계수를 추정한다.

```
> ga.OLS_GA <- ga(type = 'real-valued',
+                 min = c(-100, -100, -100),
```

```
+                   max = c(100, 100, 100),
+                   popSize = 500,
+                   maxiter = 500,
+                   names = c('intercept', 'pop', 'psavert'),
+                   keepBest = T,
+                   fitness = function(a) - OLS_GA(Data_Analysis,
+                                                  a[1],
+                                                  a[2],
+                                                  a[3]))
> summary(ga.OLS_GA)
```

실행 결과는 다음과 같다.

```
+-----------------------------------+
|           Genetic Algorithm       |
+-----------------------------------+

GA settings:
Type                 =   real-valued
Population size      =   500
Number of generations =  500
Elitism              =   25
Crossover probability =  0.8
Mutation probability  =  0.1
Search domain =
      intercept  pop psavert
Min      -100 -100    -100
Max       100  100     100

GA results:
Iterations            = 500
Fitness function value = -3589695650
Solution =
      intercept        pop    psavert
[1,] -95.84016 0.02335127 -99.36045
```

1. 금융 분석에서 최적화의 의미는 무엇인가?

2. 동적 재조정 최적화 방법은 무엇인가? R에서의 실행 방법에 대한 예를 들어 설명하시오.

3. 분류 모델의 미세 조정을 위해 그리드 검색을 어떻게 사용할 수 있는가? R에서 예를 들어 설명하시오.

4. 트레이딩 알고리즘 최적화를 위해 R에서 유전자 알고리즘을 어떻게 사용할 수 있는가?

5. R에서 모델 계수 추정을 위해 유전자 알고리즘을 어떻게 사용할 수 있는가? 예를 들어 설명하시오.

요약

8장에서는 트레이딩 알고리즘과 파라미터 추정에 사용되는 다양한 최적화 기법에 대해 논의했다. 동적 재조정, 전진분석, 그리드 평가, 유전자 알고리즘을 다뤘다.

9장에서는 foptions, termstrc, CreditMetrics, credule, GUIDE, fExoticOptions를 사용하여 옵션, 채권, 신용 스프레드, 신용 파산 스왑, 금리 파생상품, 다양한 유형의 이색 옵션의 가격결정에 대해 알아본다.

09

파생상품 가격결정

알고리즘 트레이딩과 금융공학은 금융분야에서 가장 집중적인 계산 작업이 필요한 분야다. 이 분야의 사람들은 금융, 수학, 통계 분야의 전문가일 뿐 아니라 계산에 특화된 소프트웨어 사용에 능통하다. 이전 장들에서 알고리즘 트레이딩을 배웠다. 9장에서는 금융공학에서 가장 중요한 부분인 파생상품의 가격결정을 R을 기반으로 구현하는 방법을 살펴보겠다.

파생상품 가격은 기초자산underlying asset의 가치에 따라 결정된다. 몇 가지 기본 옵션 가격결정 모델부터 시작하여 다양한 자산들에 대해 살펴보자.

- 옵션 가격결정option pricing
- 내재 변동성implied volatility
- 채권 가격결정bond pricing

- 신용 스프레드credit spread
- 신용파산스왑credit default swaps
- 금리 파생상품interest rate derivatives
- 이색옵션exotic options

옵션 가격결정

옵션[1] 가격은 주가stock price, 권리행사가격strike price, 이자율interest rates, 변동성volatility, 만기까지의 잔존기간time to expiry 등에 따라 결정된다. 이항 모델binomial model은 옵션 가격을 결정하는 기초자산인 주가가 상승 또는 하락하는 2가지 경우, 즉 이항분포에 따른다고 가정하여 다음 절에 설명할 블랙-숄즈Black-Scholes 모델보다 더 쉽고 직관적으로 옵션 가격결정 요인들의 역학관계를 설명한다. 블랙-숄즈 모델은 수학적으로 매우 어려웠다. 이에 샤프Sharpe는 간단한 수학을 이용하여 동일한 결과를 유도할 수 있는 방법을 제시했고, 1979년 콕스Cox, 로스Ross, 루빈스타인Rubinstein은 보다 간단한 방법을 개발했는데 이것이 이항 옵션 가격결정 모델binomial option pricing model이다. 이처럼 블랙-숄즈는 연속시간모델로, 콕스-로스-루빈스타인은 이항 나무 분석binomial tree analysis을 통해 이산시간모델로 옵션 가격을 결정한다.

9장에서는 블랙-숄즈 모델을 위해 fOption 패키지를 사용한다. fOption 패키지를 설치하고 작업공간으로 불러오는 명령은 다음과 같다.

```
> install.packages("fOptions")
> library(fOptions)
```

---

[1] 옵션은 장래 특정시점 혹은 특정기간 동안에 지정된 자산을 미리 정한 조건으로 매매할 수 있는 권리를 사고 파는 계약을 말한다. 기초자산의 종류에 따라 통화옵션, 금리옵션, 주가지수옵션, 상품옵션 등으로 구분한다.

블랙-숄즈 모델

2015년 6월에 2015년 9월이 만기인, 즉 만기^maturity까지 3개월이 남은 가상 데이터를 사용하여 옵션 만기일에 특정 상품을 정해진 가격대로 구매^buy할 수 있는 권리인 콜^call 옵션과 옵션 만기일에 특정 상품을 정해진 가격대로 판매^sell할 수 있는 권리인 풋^put 옵션의 예를 생각해 보자. 기초 주식^underlying stock의 현재 가격이 \$900이고, 권리행사가격이 \$950, 변동성이 22%, 무위험 이자율^risk-free rate이 2%라고 가정해 보자. 또한 보유비용^cost of carry을 설정해야 한다. 원시 블랙-숄즈 모델에서(기초자산인 주식은 배당금이 없다고 할 때), 보유비용은 무위험 이자율과 같다.[2]

GBSOption( ) 함수는 파라미터들을 사용해 콜옵션 가격을 계산한다. 첫 번째 파라미터는 옵션의 유형, 즉 콜(c) 또는 풋(p)이며, 두 번째는 현재 주가, 세 번째는 권리행사가격, 네 번째, 다섯 번째, 여섯 번째, 그리고 일곱 번째는 각각 만기까지의 잔존기간, 무위험 이자율, 변동성, 보유비용이다.

```
> model <- GBSOption(TypeFlag = "c",
+                    S = 900,
+                    X = 950,
+                    Time = 1/4,
+                    r = 0.02,
+                    sigma = 0.22,
+                    b = 0.02)
```

R 콘솔에 model을 입력하면 model의 내용을 볼 수 있다. model은 제목인 블랙-숄즈 옵션과 방법론, 함수 구문, 사용한 파라미터, 그리고 마지막에 옵션 가격으로 구성돼 있다.

```
> model

Title:
 Black Scholes Option Valuation
```

---

[2] 보유비용이란 옵션 등의 금융상품에 투자함으로써 얻게 되는 즉, 무위험 수익(예, 미국 채권 수익)을 포기하는 기회비용이다. 금융자산을 현재 가치를 평가할 때 최소한 무위험 이자수익은 할인해야 한다.

```
Call:
 GBSOption(TypeFlag = "c", S = 900, X = 950, Time = 1/4, r = 0.02,
     b = 0.02, sigma = 0.22)

Parameters:
          Value:
 TypeFlag c
 S        900
 X        950
 Time     0.25
 r        0.02
 b        0.02
 sigma    0.22

Option Price:
 21.79275

Description:
 Mon Sep 11 18:06:36 2017
```

옵션 가격은 다음 명령을 사용해 확인할 수 있다.

```
> model@price
[1] 21.79275
```

풋옵션 가격을 계산하려면 첫 번째 파라미터를 p로 변경하면 된다.

풋옵션 가격을 계산하고 가격만을 추출하는 방법은 다음과 같다. @price를 사용하면 결과 출력할 때 다른 항목들은 표시되지 않는다.

```
> GBSOption(TypeFlag = "p",
+          S = 900,
+          X = 950,
+          Time = 1/4,
+          r = 0.02,
+          sigma = 0.22,
```

```
+              b = 0.02)@price
[1] 67.05461
```

콕스-로스-루빈스타인 모델

콕스-로스-루빈스타인CRR: Cox-Ross-Rubinstein 모델은 기초자산 가격이 이산 이항 프로세스 discrete binomial process를 따른다고 가정한다. 가격은 매 기간마다 오르거나 내려간다. CRR 모델의 중요한 특징은 상승 규모가 하락 규모에 반비례한다. 즉 $u = 1/d$이다. 그림 9.1에서 보듯이 첫 번째 기간에 상승하고 다음 기간에 하락한다면 그리고 반대 경우도 마찬가지로 두 기간 이후의 가격은 같아진다.

다음 두 명령은 이항 모델을 이용해 콜옵션과 풋옵션 가격을 계산하며 마지막 파라미터를 제외하고 다른 모든 파라미터는 연속적인 경우와 동일하게 유지한다. 마지막 파라미터는 옵션을 모델링하기 위해 나누는 단계 시간의 수다. 여기서는 n = 3을 사용했는데 이는 3단계만을 사용해 옵션 가격을 결정한다는 의미다.

```
> CRRBinomialTreeOption(TypeFlag = "ce",
+                      S = 900,
+                      X = 950,
+                      Time = 1/4,
+                      r = 0.02,
+                      b = 0.02,
+                      sigma = 0.22,
+                      n = 3)@price
[1] 20.33618
> CRRBinomialTreeOption(TypeFlag = "pe",
+                      S = 900,
+                      X = 950,
+                      Time = 1/4,
+                      r = 0.02,
+                      b = 0.02,
+                      sigma = 0.22,
+                      n = 3)@price
[1] 65.59803
```

블랙–숄즈와 이항 모델에 설정한 모든 값은 같지만 결과가 정확히 같지는 않다. 콜옵션과 풋옵션 모두에서 약간 다르다. 가격 움직임의 경로나 궤도에 관심이 있다면 다음의 첫 번째 명령을 사용해 콜옵션 가격의 이항 나무를 계산하고 model 변수에 결과를 저장한다.

두 번째 명령은 model 변수와 BonomialTreePlot( ) 함수를 사용해 이항 나무의 그래프를 그린다. 이는 옵션 값을 나무에 배치하는 데 도움이 된다. 함수의 세 번째와 네 번째 파라미터는 각각 x축과 y축의 레이블이고 다섯 번째와 여섯 번째 파라미터는 각각 x축과 y축의 범위다.

세 번째 명령은 그림의 제목을 추가하기 위해 사용한다.

```
> model <- BinomialTreeOption(TypeFlag = "ce",
+                             S = 900,
+                             X = 950,
+                             Time = 1/4,
+                             r = 0.02,
+                             b = 0.02,
+                             sigma = 0.22,
+                             n = 3)
> BinomialTreePlot(model,
+                  dy = 1,
+                  xlab = "Time steps",
+                  ylab = "Options Value",
+                  xlim = c(0, 4),
+                  ylim = c(-3, 4))
> title(main = "Call Option Tree")
```

이제 풋옵션 값을 계산하는데 관심이 있다면 BinomialTreeOption( ) 함수의 첫 번째 파라미터를 TypeFlag = "pe"로 설정한다. 단계 수가 증가하면 이항 나무 결과는 연속적인 경우로 수렴한다.[3] 이는 for 구문을 사용해 100번 반복 수행하면 검증해 볼 수 있다. 이를 위해 하나의 파라미터를 갖는 func( ) 함수를 정의해 보자.

---

[3] 파생상품에서 단계는 시간을 의미한다. 즉 이산 상품을 오랜 기간 보유하면 연속 상품과 같게 된다.

정의한 함수는 다음과 같다.

```
> func <- function(n) {
+    pr <- CRRBinomialTreeOption(TypeFlag = "ce",
+                                S = 900,
+                                X = 950,
+                                Time = 1/4,
+                                r = 0.02,
+                                b = 0.02,
+                                sigma = 0.22,
+                                n = n)@price
+    return(pr)
+ }
```

다음 그림을 통해 각 노드에서의 옵션 가격을 볼 수 있다.

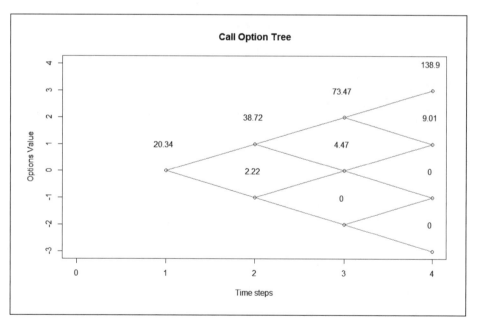

그림 9.1 각 노드에서의 콜옵션 가격

가장 오른쪽 층layer에는 네 개의 노드가 있으며 가격은 아래로부터 0, 0, 9.01, 138.9이다. 세 번째 층에는 세 개의 노드가 있으며 가격은 0, 4.47, 73.47이다.

그림 9.1에서의 기간은 3단계다. 하지만 필요에 따라 단계 수를 늘릴 수 있으며 단계 수를 늘리면 옵션 가격은 적정 가격fair price으로 수렴하기 시작한다. func( ) 함수를 1에서 100까지의 반복구문에 넣어야 한다. 그런 다음 1에서 100까지의 반복과 func를 sapply( ) 함수에 변수 값으로 입력하면 결과로 단계의 증가와 함께 일련의 100개 옵션 가격을 볼 수 있다.

sapply( ) 함수의 사용법은 다음 코드와 같다. 그림 9.2는 100단계로 이항 가격과 CRR 가격을 보여준다.

```
> price <- sapply(1:100, func)
```

그림 9.2에서 보듯이 단계 수가 증가하면 CRR 가격이 블랙-숄즈 가격에 수렴한다는 사실을 알 수 있다. 다음 코드를 사용하여 그래프를 그려 보자.

```
> plot(price, type = "l",
+       xlab = "Number of steps",
+       ylab = "Option Value")
> bs_price <- GBSOption(TypeFlag = "c",
+                       S = 900,
+                       X = 950,
+                       Time = 1/4,
+                       r = 0.02,
+                       sigma = 0.22,
+                       b = 0.02)@price
> abline(h = bs_price, col = 'red')
> legend("topright",
+        legend = c('CRR-price', 'BS-price'),
+        col = c('black', 'red'),
+        pch = 19)
```

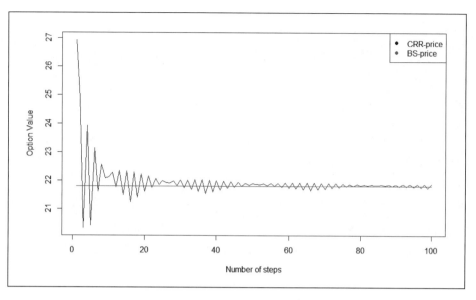

그림 9.2 블랙-숄즈와 CRR 가격

그릭스

그릭스Greeks[4]는 옵션 가격결정에서 매우 중요하다. 그릭스는 기초 가격, 만기일까지의 잔존기간, 무위험 수익률, 변동성 등과 같은 다양한 요소에 대한 옵션 가격의 움직임을 이해하는 데 도움이 된다. GBSGreeks() 함수를 사용하면 그릭스를 계산할 수 있다. 이 함수에서 첫 번째 파라미터는 관심 대상의 그릭스, 두 번째는 옵션 유형, 세 번째는 기초자산 가격, 네 번째는 권리행사가격exercise price, 다섯 번째는 잔존만기time to maturity, 여섯 번째는 무위험 이자율, 일곱 번째와 여덟 번째는 연간 보유비용과 연간 변동성이다. 다음 코드를 사용해 콜옵션의 델타를 계산할 수 있다.

---

[4] 옵션 가격의 민감도 지표는 델타, 감마, 쎄타, 베가, 로우와 같이 그리스어로 표시하기 때문에 통칭하여 그릭스(Greeks)라고 한다.

```
> GBSGreeks(Selection = "delta",
+           TypeFlag = "c",
+           S = 900,
+           X = 950,
+           Time = 1/4,
+           r = 0.02,
+           b = 0.02,
+           sigma = 0.22)
[1] 0.3478744
```

마찬가지로 두 번째 파라미터인 TypeFlag를 p로 변경하면 풋옵션의 델타를 구할 수 있다. 시장 파라미터가 변화함에 따라 시장의 리스크(민감도)가 측정되기 때문에 그릭스를 이해하는 것은 중요하다. 이는 포트폴리오를 다양화하고 위험을 통제하는 데 도움이 된다. 감마gamma는 다음 코드를 사용해 계산할 수 있다.

```
> GBSGreeks(Selection = 'gamma',
+           TypeFlag = "c",
+           S = 900,
+           X = 950,
+           Time = 1/4,
+           r = 0.02,
+           b = 0.02,
+           sigma = 0.22)
[1] 0.003733069
```

마찬가지로 첫 번째와 두 번째 파라미터를 제어하여 콜옵션과 풋옵션에 대해 베가vega, 로우rho, 세타theta를 계산할 수 있다.[5] 이제, 스트래들 포트폴리오straddle portfolio[6]의 델타, 즉 동일한 기초 가격, 권리행사가격, 만료일에 대한 콜옵션과 풋옵션의 포트폴리오를 계산하려

---

[5] • 델타(delta): 기초자산 가격의 민감도(옵션가격의 변화/기초자산의 가격 변화)
　　• 감마(gamma): 기초 가격 델타의 민감도(델타의 변화/기초자산의 가격 변화)
　　• 쎄타(theta): 시간의 민감도(옵션가격의 변화/시간의 변화)
　　• 베가(vega): 변동성의 민감도(옵션가격의 변화/기초자산의 변동성의 변화 = 옵션가격의 변화/금리의 변화)
　　• 로우(rho): 무위험 이자율의 민감도(옵션가격의 변화/이자율의 변화)

[6] 스트래들 포트폴리오란 동일한 파라미터들을 갖는 콜과 풋옵션으로 이루어진 포트폴리오를 말한다.

면 콜옵션과 풋옵션에 델타를 별도로 계산해 추가해야 한다.

다음 코드는 500에서 1500까지 1씩 증가시키면서 가격에 대한 콜옵션과 풋옵션의 델타를 계산한다.

```
> portfolio <- sapply(c('c', 'p'),
+                     function(otype){
+                       sapply(500:1500,
+                             function(price){
+                               GBSGreeks(Selection = 'delta',
+                                         TypeFlag = otype,
+                                         S = price,
+                                         X = 950,
+                                         Time = 1/4,
+                                         r = 0.02,
+                                         b = 0.02,
+                                         sigma = 0.22)
+                             })
+                     })
```

다음과 같이 head( ) 함수를 사용해 처음 몇 개의 콜옵션과 풋옵션 델타 값을 각각 확인할 수 있다. 첫 번째 열은 콜옵션 델타이고 두 번째 열은 풋옵션 델타다.

```
> head(portfolio)
              c      p
[1,] 4.902164e-09   -1
[2,] 5.455563e-09   -1
[3,] 6.068198e-09   -1
[4,] 6.746050e-09   -1
[5,] 7.495664e-09   -1
[6,] 8.324203e-09   -1
```

다음 코드를 사용해 스트래들 포트폴리오의 델타 그래프를 그린다.

```
> plot(500:1500,
+       rowSums(portfolio),
+       type = 'l',
+       xlab = 'underlying Price',
+       ylab = 'Straddle Delta')
```

첫 번째 파라미터는 x축으로 기초 가격을 의미하며 범위는 500에서 1500까지다. 두 번째 파라미터는 y축으로 콜과 풋 델타의 합이며 다른 모든 파라미터들은 일정하게 유지된다. 그림 9.3은 −1에서 1 사이의 S자모양의 스트래들 포트폴리오의 델타를 보여준다.

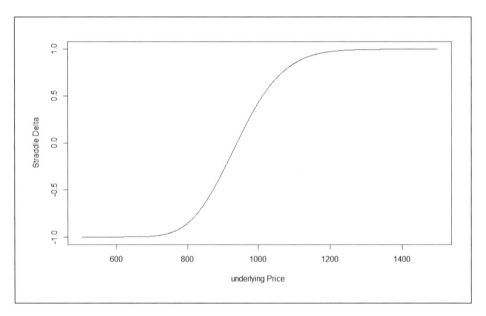

그림 9.3 스트래들 포트폴리오의 델타

▍내재 변동성

옵션 트레이딩에서 변동성은 역사적 변동성historical volatility과 내재 변동성implied volatility으로 추정한다. 역사적 변동성은 지난 1년간의 가격 편차인 반면, 내재 변동성은 옵션 가격을 사용하여 계산하며 미래의 주식 변동성을 의미한다. 즉 역사적 변동성은 과거의 주가 변동성이 미래에도 반복된다는 가정을 바탕으로 변동성을 추정하는 방식이며, 내재 변동성은 옵션 가격을 결정하는 4가지 요인인 기초자산 가격, 권리행사가격, 잔존 기간, 이자율과 실제 시장에서 형성된 옵션 가격을 옵션 가격결정 모델에 대입해 역으로 변동성을 추정하는 방법이다.

내재 변동성은 주식 변동성의 미래 추정치를 제공하므로 옵션 트레이딩에서 중요하다. 유럽식 콜옵션European call option[7] 내재 변동성은 다음 코드와 같이 EuropeanOptionImpliedVolatility( ) 함수를 사용해 계산할 수 있다. 첫 번째 파라미터는 옵션의 유형이고, 두 번째 파라미터는 콜 또는 풋옵션 가격이며, 세 번째와 네 번째 파라미터는 각각 옵션의 기초자산의 현재가격과 옵션의 권리행사가격이며, 다섯 번째 파라미터는 배당 수익률이며, 여섯 번째 파라미터, 일곱 번째 파라미터, 여덟 번째 파라미터는 각각 무위험 수익률, 연단위의 잔존만기, 변동성의 초기 추정치다.

EuropeanOptionImpliedVolatility( ) 함수를 사용하기 위해선 RQuantLib 패키지를 설치하고 작업공간으로 불러와야 한다. 설치 시 오류 메시지가 나올 경우 다음과 같이 type 옵션을 지정한 다음 설치한다.

```
> install.packages("RQuantLib", type = "binary")
> library(RQuantLib)
> iv <- EuropeanOptionImpliedVolatility("call",
+                                        11.10, 100, 100,
+                                        0.01, 0.03, 0.5, 0.4)
> iv
[1] 0.3805953
```

---

[7] 유럽식 옵션은 만기일에만 권리를 행사할 수 있으며, 미국식 옵션은 옵션 구입일로부터 만기일까지 언제든지 권리를 행사할 수 있는 옵션을 말한다.

마찬가지로 미국식 옵션^{American option}의 내재 변동성은 `AmericanOptionImpliedVolatility()` 함수로 계산한다.

█ 채권 가격결정

채권^{bond}은 사전에 결정된 이자율이나 현재 시장 금리로 특정 시점에 현금 흐름을 제공하므로 매우 중요한 금융상품이다. 채권은 투자자들이 잘 분산투자된 포트폴리오^{well-diversified portfolio}를 만드는 데 도움을 준다. 채권 상품을 잘 활용하려면 채권 가격^{bond price}, 수익률^{yield}, 만기^{maturity}를 정확하게 계산해야 한다. 이를 위해 termstrc 패키지를 사용하겠다. 다음 코드를 사용해 설치하고 작업공간으로 불러온다.

```
> install.packages("termstrc")
> library(termstrc)
```

패키지에 있는 govtbonds 데이터를 사용하겠다. govtbonds 데이터는 다음 코드를 사용해 불러올 수 있다.

```
> data(govbonds)
> govbonds
This is a data set of coupon bonds for:
GERMANY AUSTRIA FRANCE ,
observed at 2008-01-30.
```

govbonds 변수에는 독일, 오스트리아, 프랑스 3개국의 채권 데이터가 있다. 채권 가격 계산을 위해 독일 데이터를 사용하겠다. 독일 데이터는 govbonds[1]를 사용해 접근할 수 있다. 다음 두 줄의 코드는 cashflow와 maturity 행렬을 생성한다.

```
> cashflow <- create_cashflows_matrix(govbonds[[1]])
> maturity <- create_maturities_matrix(govbonds[[1]])
```

다음으로 채권 가격을 계산하는 bond_prices( ) 함수의 사용법을 살펴보자. beta는 bond_prices( ) 함수에 제공하는 또 다른 파라미터다. 그럼 beta 변수를 생성하고 bond_ prices( ) 함수를 정의한다. bond_prices( ) 함수의 첫 번째 파라미터는 method로, 다음과 같은 세 가지 값을 설정할 수 있다.

- ns: 넬슨/시겔Nelson/Siegel
- dl: 디볼드/리Diebold/Li
- sv: 스벤손 접근법Svensson approach

다음 코드의 경우 method를 ns로 설정했다.

```
> beta <- c(0.0323, -0.023, -0.0403, 3.234)
> bp <- bond_prices(method = "ns", beta, maturity, cashflow)
```

bp 변수에는 현물 이자율spot rates, 할인 요인discount factors, 채권 가격bond prices이 있다. 모든 정보는 $를 사용해 접근할 수 있다. 예컨대 채권 가격을 확인하는 방법은 다음과 같다.

```
> bp$bond_prices
```

채권 수익률은 채권 투자에 대해 실현되는 투자 수익이며, bond_yields( ) 함수를 사용해 계산한다. 다음 두 줄의 코드는 더티가격dirty price[8]을 포함하는 cashflow와 maturity 행렬을 생성한다.

```
> cashflow <- create_cashflows_matrix(govbonds[[1]], include_price = T)
> maturity <- create_maturities_matrix(govbonds[[1]], include_price = T)
```

다음 코드는 채권 수익률과 만기를 행렬 형식으로 계산한다.

```
> by <- bond_yields(cashflow, maturity)
```

---

[8] • 클린가격(clean price): 경과이자를 제외한 채권가격(공시가격)
  • 더티가격(dirty price): 경과이자를 포함한 채권가격(거래가격) = 클린가격 + 경과이자

head( ) 함수를 실행하면 위 코드의 결과에 두 개의 열이 존재함을 알 수 있다. 첫 번째 열은 연간 만기이고 두 번째 열은 해당 채권의 수익률이다. 그리고 채권 이름이 결과의 색인으로 제공된다.

```
> head(by)
              Maturity      Yield
DE0001141414 0.04383562 0.03525805
DE0001137131 0.12054795 0.03424302
DE0001141422 0.19726027 0.03798065
DE0001137149 0.36986301 0.03773425
DE0001135093 0.42739726 0.03784595
DE0001135077 0.42739726 0.03813817
```

그림 9.4는 다음과 같은 명령으로 수행할 수 있다. 그림 9.4는 다양한 만기에 대한 수익률 곡선 또는 기간 구조term structure를 보여준다. 수익률은 처음 만기 기간이 짧을 때에는 변동이 심하지만(등락이 거듭되지만) 만기가 길어질수록 지속적으로 증가한다.

```
> plot(by, type = "l")
```

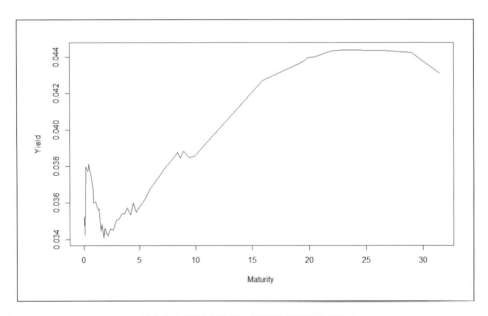

그림 9.4 수익률 곡선(서로 다른 만기에 대한 기간 구조)

지속기간duration은 내부 cashflow를 통해 채권가격이 상환되는 데 걸리는 시간의 길이를 측정한다. 투자 지속기간이 긴 채권은 낮은 채권보다 위험이 높고 가격 변동성이 심하기 때문에 투자자가 고려해야 할 중요한 요소이다. 지속기간은 다음 코드를 사용하여 측정할 수 있다.

```
> dur <- duration(cashflow, maturity, by[,"Yield"])
```

위 코드를 실행하면 포트폴리오의 모든 채권에 대한 연 단위 지속기간duration, 수정된 지속기간modified duration, 가중치weights를 반환한다. 포트폴리오 구성을 보고 싶다면 출력 행렬의 세 번째 열을 볼 수 있다. 세 번째 열은 투자에 대한 가중치이며 가중치의 합은 1과 같다.

```
> sum(dur[,3])
[1] 1
```

▋ 신용 스프레드

신용 리스크는 금융기관의 주요 문제 중 하나다. 주요 원인은 신용도credit quality이며, 신용 스프레드credit spread 값들은 신용도에 따른 신용 리스크를 이해하는 데 도움이 된다. 신용 스프레드는 채권의 품질이나 등급에 따라 달라지므로 신용 스프레드는 기관 트레이딩에서 중요한 개념이다. 만기가 비슷하지만 채권 등급이 다른 두 채권의 채권 수익률에는 차이가 있다.

스프레드가 경제 용어로 사용되면 '차이' 또는 '차액'을 의미한다. 예컨대 장단기금리 스프레드는 장기금리에서 단기 금리를 뺀 것이다. 따라서 신용 스프레드란 손실 위험에 따른 금리 차이를 말하며, 이는 결국 이종 혹은 동종채권 사이의 신용등급간 금리차이를 의미한다. 즉 신용등급이 다른 발행사의 채권간에 얼마나 금리차가 나는가를 나타낸 수치로서 기업의 재무변수와 거시경제변수의 변동에 따라 큰 영향을 받으므로 기업의 신용위험을 살펴보는 데 유익한 지표로도 활용된다.

다음 명령을 사용해 CreditMetrics 패키지를 설치하고 R 작업공간으로 불러온다.

```
> install.packages("CreditMetrics")
> library(CreditMetrics)
```

신용 스프레드는 두 개의 파라미터를 갖는 cm.cs() 함수를 사용하여 계산한다. 첫 번째 파라미터는 신용등급을 발행하는 일부 기관이나 정부에 대한 1년 변동 행렬one-year migration matrix이며, 두 번째 파라미터는 부도 시 손실률LGD: loss given default로 신용 채무자가 채무불이행하는 경우 최대 손실을 의미한다. 일반적으로 AAA 등급의 신용이 상단에 위치하며 안전하다고 간주하며, D 등급의 신용은 하단에 위치하며 파산으로 간주한다.

다음 코드는 모든 신용등급의 벡터다.

```
> rc <- c("AAA", "AA", "A", "BBB", "BB", "B", "CCC", "D")
```

위 코드를 통해 8개의 등급이 있음을 알 수 있다. 전이 행렬transition matrix은 한 신용등급에서 다른 등급으로 갈 확률이다.

다음 코드는 색인과 열 이름으로 등급이 지정된 8x8의 확률 행렬을 생성한다.

```
> M <- matrix(c(90.81, 8.33, 0.68, 0.06, 0.08, 0.02, 0.01, 0.01,
+               0.70, 90.65, 7.79, 0.64, 0.06, 0.13, 0.02, 0.01,
+               0.09, 2.27, 91.05, 5.52, 0.74, 0.26, 0.01, 0.06,
+               0.02, 0.33, 5.95, 85.93, 5.30, 1.17, 1.12, 0.18,
+               0.03, 0.14, 0.67, 7.73, 80.53, 8.84, 1.00, 1.06,
+               0.01, 0.11, 0.24, 0.43, 6.48, 83.46, 4.07, 5.20,
+               0.21, 0, 0.22, 1.30, 2.38, 11.24, 64.86, 19.79,
+               0, 0, 0, 0, 0, 0, 0, 100
+ )/100, 8, 8, dimnames = list(rc, rc), byrow = TRUE)
```

다음과 같이 명령 프롬프트에서 M 변수를 입력하면 이 행렬을 볼 수 있다.

```
> M
       AAA     AA      A     BBB     BB      B     CCC      D
AAA 0.9081 0.0833 0.0068 0.0006 0.0008 0.0002 0.0001 0.0001
AA  0.0070 0.9065 0.0779 0.0064 0.0006 0.0013 0.0002 0.0001
A   0.0009 0.0227 0.9105 0.0552 0.0074 0.0026 0.0001 0.0006
BBB 0.0002 0.0033 0.0595 0.8593 0.0530 0.0117 0.0112 0.0018
BB  0.0003 0.0014 0.0067 0.0773 0.8053 0.0884 0.0100 0.0106
B   0.0001 0.0011 0.0024 0.0043 0.0648 0.8346 0.0407 0.0520
CCC 0.0021 0.0000 0.0022 0.0130 0.0238 0.1124 0.6486 0.1979
D   0.0000 0.0000 0.0000 0.0000 0.0000 0.0000 0.0000 1.0000
```

위 표의 마지막 열에서 모든 등급의 채권에 대한 파산 확률을 볼 수 있다. 즉, AAA, AA, A 등급 채권은 파산 가능성이 매우 낮다. 그러나 채권 등급이 CCC로 악화되면 파산 확률이 증가한다. 마지막 행은 마지막 열을 제외하고 모두 0이다. 이는 파산한 채권이 등급이 향상될 확률은 0이라는 의미다. 아래 코드와 같이 부도 시 손실률[dg] 파라미터를 0.2로 설정할 수 있다.

```
> lgd <- 0.2
```

전이 행렬을 설계했고 lgd 파라미터를 설정했으므로 이제 cm.cs( ) 함수를 사용해 신용 스프레드를 생성할 수 있다.

cm.cs( ) 함수를 사용해 모든 등급에 대한 신용 스프레드를 계산하는 방법은 다음과 같다.

```
> cm.cs(M, lgd)
         AAA           AA            A
0.0000200002 0.0000200002 0.0001200072
         BBB           BB            B
0.0003600648 0.0021222504 0.0104544579
         CCC
0.0403845902
```

위 결과는 신용 스프레드가 좋은 신용등급의 채권은 적으며, 우측(하단)으로 갈수록, 즉 파산 확률이 높을수록 증가한다. 위 M 행렬에 의하면 가장 우측에 있는 CCC 등급은 CCC 등급 채권의 파산 확률이 19.79%이므로 4%의 가장 높은 스프레드를 보인다.

이 신용에 대한 VaR^Value at Risk는 파라미터가 9개인 cm.CVaR( ) 함수를 사용해 계산할 수 있다. 처음 두 파라미터는 cm.cs( ) 함수와 동일하다. 즉, 변동 행렬과 부도 시 손실률이며, 나머지는 부도 시 익스포져^EAD: exposure at default, 회사 수, 시뮬레이션 된 난수의 수, 무위험 이자율, 상관행렬, 신뢰수준, 회사등급이다.

적용한 모든 파라미터는 다음과 같다.

```
> ead <- c(4000000, 1000000, 10000000) # 부도 시 익스포져
> N <- 3 # 회사 수
> n <- 50000 # 시뮬레이션 된 난수의 수
> r <- 0.03 # 무위험 이자율
> rating <- c("BBB", "AA", "B") # 선택된 회사 등급
> firmnames <- c("firm 1", "firm 2", "firm 3")
> alpha <- 0.99 # 신뢰 구간
# 상관행렬
> rho <- matrix(c(1, 0.4, 0.6, 0.4, 1, 0.5, 0.6, 0.5, 1),
+               3,
+               3,
+               dimnames = list(firmnames, firmnames),
+               byrow = TRUE)
```

신용 VaR는 다음 명령과 같이 사용할 수 있다. 파라미터는 앞서 정의한 바와 같다.

```
> cm.CVaR(M, lgd, ead, N, n, r, rho, alpha, rating)
    1%
1613602
```

이 신용 VaR 숫자는 연율화^annualized 됐으며, 이는 세 회사의 포트폴리오가 내년에 이 가치를 잃을 가능성은 1%라는 의미다. 결과는 시뮬레이션 된 가격을 기반으로 한다. 시뮬

레이션 된 가격은 실행할 때마다 변경되므로 위 코드를 실행할 때마다 cm.CVaR() 함수의 출력도 변경될 수 있다. ca.gain() 함수는 알파를 제외하고 cm.CVaR() 함수와 필요한 파라미터가 동일하며 시뮬레이션 된 손익을 계산할 때 사용한다. 수행 방법은 다음과 같다.

```
> pnl <- cm.gain(M, lgd, ead, N, n, r, rho, rating)
```

▌신용파산스왑

신용파산스왑CDS: credit default swaps은 간단히 말해 준거 대상reference entity(기업 또는 주권자)의 신용 리스크를 한 당사자에서 다른 당사자로 전가하는 데 사용된다. 표준 CDS 계약에서 한 당사자는 신용 사건credit event에 따른 자산의 액면가 손실을 충당하기 위해 다른 당사자로부터 신용 보장credit protection을 구입한다. 이때 신용 사건이란 일반적으로 파산bankruptcy, 지불 불이행failure-to-pay, 구조조정restructuring 같은 법적으로 정의된 사건들을 말하며 보장은 특정 만기일까지 지속된다.

즉 CDS는 신용파생상품의 가장 기본적인 형태로 채권이나 대출금 등 기초자산의 신용 리스크를 전가하고자 하는 보장매입자protection buyer가 일정한 수수료premium를 지급하는 대가로 기초자산의 채무불이행 등 신용사건 발생시 신용위험을 떠안은 보장매도자protection seller로부터 손실액 또는 일정금액을 보전 받기로 약정하는 거래를 말한다.

수수료 지불 규모는 호가파산스왑quoted default swap 스프레드로부터 계산된다. 이는 지불하는 보장에 대한 액면가face value다. 이러한 지불은 신용 사건 발생 또는 만기일 중 먼저 일어난 날짜까지 발생한다. CDS 파생상품의 발행인은 판매 전에 가격을 책정해야 한다. 이를 위해 credule 패키지를 사용하겠다.

다음 두 코드를 이용해 credule 패키지를 설치하고 R 작업공간으로 불러온다.

```
> install.packages("credule")
> library(credule)
```

priceCDS( ) 함수는 수익률 곡선과 신용 곡선으로부터 만기가 다른 여러 CDS 스프레드를 계산한다. 여기서 CDS 가격결정에 사용할 파라미터를 정의하겠다. 수익률 곡선 벡터는 아래와 같이 정의했으며 이는 몇 년간 각 수익률 곡선의 테너tenor[9]다.

```
> yct = c(1, 2, 3, 4, 5, 7)
```

다음 벡터는 수익률 곡선 할인율을 정의하며 가격결정 CDS 함수에서 두 번째 파라미터가 된다.

```
> ycr = c(0.0050, 0.0070, 0.0080, 0.0100, 0.0120, 0.0150)
```

다음 두 줄의 코드는 년 단위의 신용 곡선의 테너와 테너에 대한 생존 확률을 정의한다.

```
> cct = c(1, 3, 5, 7)
> ccsp = c(0.99, 0.98, 0.95, 0.92)
```

다음은 가격을 결정한 년 단위의 CDS의 만기를 정의한다.

```
> tenors = c(1, 3, 5, 7)
```

아래에 정의한 또 다른 파라미터는 채무불이행에 대한 회수율recovery rate이다.

```
> r = 0.40
```

필수 파라미터를 성공적으로 정의했다.[10] 다음 줄은 여러 테너의 CDS 가격을 결정한다.

---

[9] 테너는 채무발생일로부터 만기일까지의 기한이다. 결제기간이나 결제조건이라고도 한다.
[10] 파라미터로 입력한 변수들에 대한 영문약어의 의미는 다음과 같다.

- yct: yield curve tenor
- ycr: yield curve rate
- cct: credit curve tenor
- ccsp: credit curve survival probability

338

```
> priceCDS(yct, ycr, cct, ccsp, tenors, r)
  tenor     spread
1     1 0.006032713
2     3 0.004057761
3     5 0.006101041
4     7 0.007038156
```

위 함수는 첫 번째 열이 테너이고 두 번째 열이 해당 테너에 대한 CDS 스프레드인 데이터프레임을 반환한다. CDS의 확률분포를 이해하기 위해 부트스트랩bootstrap 기법[11]을 사용하고 싶다면 bootstrapCDS( ) 함수를 사용할 수 있다. 이 함수에는 수익률 곡선 테너yield curve tenor, 수익률 곡선 금리yield curve rates, CDS 테너, CDS 스프레드, 회수율을 설정한다. bootstrapCDS( ) 함수에서 사용할 다른 모든 파라미터는 위에서 이미 정의했으므로 cdsSpread 파라미터를 정의한다.

```
> cdsSpreads = c(0.0050, 0.0070, 0.0090, 0.0110)
```

다음 명령으로 다양한 만기에 대한 CDS 스프레드의 부트스트랩 신용 곡선을 확인할 수 있다.

```
> bootstrapCDS(yct, ycr, cct, ccsp, r)
  tenor     survprob       hazrate
1     1 0.187640397 1.673228e+00
2     3 0.007953847 1.580436e+00
3     5 0.007953847 2.081668e-15
4     7 0.007953847 4.579670e-15
```

위 명령을 실행하면 세 개의 열이 생성된다. 첫 번째 열은 테너, 두 번째 열은 각 테너에 대한 생존 확률survival probability이며, 마지막 열은 각 테너에 대한 위험률hazard rate, 즉 포아송 분포의 발생강도intensity다.

---

[11] 부트스트랩은 실제 조사한 결과를 바탕으로 가상의 표본추출을 수행하고 수행된 결과를 기반으로 결과의 정확성을 평가하거나 분포를 추정하는 것으로 부트스트랩의 수치는 가상의 표본추출 횟수를 의미한다.

금리 파생상품

금리 파생상품^{interest rate derivatives}의 가격은 GUIDE 패키지를 사용해 계산한다.

```
> install.packages("GUIDE")
> library(GUIDE)
```

다음 명령을 수행하면 그림 9.5와 같이 모든 파라미터를 요구하는 팝업 창이 나타난다. 팝업 창에 필요한 파라미터를 입력하면 금리 파생상품 가격을 생성한다.

```
> irswapvalue()
```

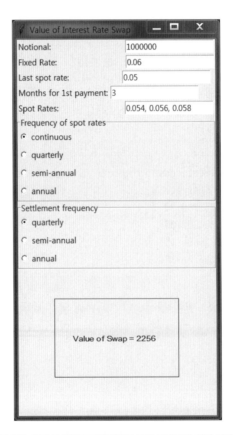

그림 9.5 금리 파생상품 가격결정을 위한 파라미터 입력 팝입 창

팝업 창에서 입력하는 파라미터는 다음과 같다.

- Notional(명목가): 십진법으로 입력
- Fixed rate(고정금리): 십진법으로 입력, 예컨대 6%라면 0.06
- Last spot rate(최종 현물금리)[12]: 십진법으로 입력, 예컨대 5%라면 0.05
- Months for 1st payment(1차 지불 개월): 3개월열 경우, 3
- Spot rates(현물금리): 쉼표(,)로 구분하여 입력, 예컨대 0.054, 0.056, 0.058
- Frequency of spot rates(현물금리의 빈도): 연속continuous/분기quarterly/반기semi-annual/연간annual 중에 선택
- Settlement frequency(정산 빈도): 분기quarterly/반기semi-annual/연간annual 중에서 선택

▌이색 옵션

아시안Asian, 경계barrier, 바이너리binary, 룩백lookback 옵션 같은 몇 가지 이색 옵션exotic options
이 있다. 이색 옵션은 일반적인 미국식 옵션이나 유럽식 옵션, 또는 바닐라vanilla 옵션[13]과
상당히 다르며 가격을 결정하기에 매우 복잡한 몇 가지 새로운 특징이 있다. 미국식이나
유럽식 콜옵션 또는 풋옵션은 비이색non-exotic 옵션이나 바닐라 옵션으로 간주한다. 이색
옵션이 복잡한 이유는 다음과 같은 몇 가지 특징 때문이다.

- 옵션 만기 시 다양한 방법으로 권리를 실행할 수 있다. 스톡옵션stock option뿐 아니라 현금화도 가능하다.
- 환율도 옵션에 적용시킬 수 있다.

---

[12] sport rate(현물금리)는 만기까지 이자 지급이 없는 할인채의 금리로서 채권 가격의 정확한 가치평가(valuation)를 위해 사용되는 금리다.

[13] 바닐라 옵션이라는 말은 보통 아이스크림의 기본 향이 바닐라라는 것에서 유래됐다. 파생상품에서 콜옵션과 풋옵션은 가장 기본적인 옵션으로 이를 바닐라 옵션이라고 한다. 그리고 바닐라옵션이 아닌 옵션, 즉 표준적인 옵션의 거래조건을 변형시킨 옵션을 이색 옵션이라고 한다.

- 만기(권리행사 시)에 받는 보수는 기초 주가뿐 아니라 계약기간 동안 수 차례의 변동되는 가치(값)에 따라 결정된다.

fExoticOptions 패키지를 사용해 다양한 유형의 이색 옵션 가격을 결정하겠다. 이를 위해 다음 두 줄의 코드를 사용하여 fExoticOptions 패키지를 설치하고 R 작업 공간으로 불러온다.

```
> install.packages("fExoticOptions")
> library(fExoticOptions)
```

아시안옵션[14]은 다양한 방식으로 가격을 결정할 수 있다. 다음은 아시안옵션 가격을 결정하는 몇 가지 함수다. GeometricAverageRateOption( ) 함수는 기하평균율^{geometric average} ^{rate} 옵션을 기반으로 아시아 옵션 가격을 결정한다.

다음은 기하평균율 옵션을 사용하는 아시안 콜옵션 가격결정 함수를 활용한 코드다. 첫 번째 파라미터는 콜(c) 옵션이고, 이외 파라미터는 주가(110), 권리행사가격^{exercise price}(120), 만기까지의 시간(0.5, 즉 6 개월), 무위험 이자율(3%), 보유비용(5%), 변동성(10%)이다.

```
> price <- GeometricAverageRateOption("c", 110, 120, 0.5, 0.03, 0.05, 0.1)
> price

Title:
 Geometric Average Rate Option

Call:
 GeometricAverageRateOption(TypeFlag = "c", S = 110, X = 120,
     Time = 0.5, r = 0.03, b = 0.05, sigma = 0.1)
```

---

[14] 아시안옵션은 현금흐름이 일정기간 동안의 기초자산에 대한 평균가격에 의존하는 옵션이다. 표준 옵션이 만기일 당일의 기초자산의 가격(market price)과 이미 정해져 있는 권리행사가격(strike price)을 기준으로 현금흐름이 발생하는데 비해, 아시안옵션은 일정기간 동안의 기초자산의 평균가격이 만기일의 기초자산의 평균가격을 대신하거나 권리행사 가격을 대신하게 되는데 전자를 평균가격옵션(average price option), 후자를 평균행사가격옵션(average strike price option)이라고 부른다. 아시안옵션은 비슷한 종류의 거래가 일정기간 동안 빈번히 발생할 때 가격변동위험을 헷지할 때 적합하다.

```
Parameters:
          Value:
 TypeFlag c
 S        110
 X        120
 Time     0.5
 r        0.03
 b        0.05
 sigma    0.1

Option Price:
 0.06067219

Description:
 Mon Sep 11 18:54:48 2017
```

---

c를 p로 변경하면 아시안 풋옵션의 가격도 계산할 수 있다. TurnbullWakemanAsianApp roxOption( ) 함수로도 아시안옵션 가격을 계산할 수 있으며, 이는 턴불Turnbull과 웨이크 맨Wakeman의 근사값을 기반으로 한다. GeometricAverageRateOption( ) 함수에서 사용한 파라미터 외에도 SA, time, tau 같은 새로운 파라미터를 사용한다. 사용 방법은 다음과 같다.

```
> TurnbullWakemanAsianApproxOption(TypeFlag = "p",
+                                  S = 100,
+                                  SA = 102,
+                                  X = 120,
+                                  Time = 0.50,
+                                  time = 0.25,
+                                  tau = 0.0,
+                                  r = 0.03,
+                                  b = 0.05,
+                                  sigma = 0.1)@price
[1] 18.54625
```

아시안옵션 가격을 계산하는 또 다른 방법으로 레비Levy의 근사값을 사용하는

LevyAsianApproxOption( ) 함수가 있다. 이 함수에서 사용하는 모든 파라미터는 tau를 제외하고는 TurnbullWakemanAsianApproxOption( ) 함수에서 사용한 파라미터와 동일하다.

```
> LevyAsianApproxOption(TypeFlag = "p",
+                       S = 100,
+                       SA = 102,
+                       X = 120,
+                       Time = 0.50,
+                       time = 0.25,
+                       r = 0.03,
+                       b = 0.05,
+                       sigma = 0.1)@price
[1] 18.54657
```

경계 옵션barrier option은 외환시장 등에서의 다양한 이색 옵션 중 하나다. 경계 옵션은 기초자산의 가격이 옵션기간 동안 특정한 경계점을 지나는 경우에 옵션의 효력이 상실되는 계약종료 옵션knock-out option 또는 효력이 발생하는 진입 옵션knock-in option을 말한다. 또한 행사가격보다 높거나 낮은 하나의 지표가격을 가진 단일경계 옵션single-barrier option과 행사가격의 상한과 하한의 양쪽 지표가격을 가진 이중경계 옵션double-barrier option이 있다.

경계 옵션에는 경계의 수준에 대한 초기 자산가격의 위치(down 혹은 up), 경계의 성격(in 혹은 out), 그리고 옵션의 기본적인 형태(call 혹은 put)에 따라 총 8가지의 종류가 존재한다. 기초자산 가격이 만기가 되기 전에 경계 가격에 이르면(knock) 옵션이 유효(in)나 무효(out)가 된다. 이때 경계가 행사가격보다 위에 있으면 up 형태이고 행사가격보다 아래에 있으면 down 형태다. 지금까지 설명을 표로 정리하면 다음과 같다.

	down	up	옵션 분류
out	down and out	up and out	knock-out 옵션
in	down and in	up and in	knock-in 옵션

표 9.1 경계옵션 구분

낙아웃 옵션(knock-out option)은 처음에는 유효화 상태이다가 기초자산 가격이 경계 가격에 이르는(knock) 순간 무효(out)가 된다. 반면에 낙인 옵션(knock-in option)은 처음에는 무효상태이다가 경계 가격에 이르러야(knock) 유효(in)가 된다.

4가지 기본형태에 대한 콜과 풋 옵션이 모두 가능하다. 콜옵션에 대해 가격하락시무효 콜옵션(down-and-out call option)과 가격하락시유효 콜옵션(down-and-in call option), 그리고 가격상승시무효 콜옵션(up-and-out call option)과 가격상승시유효 콜옵션(up-and-in call option)이 가능하다. 풋옵션의 경우도 마찬가지이다.

경계 옵션의 경우에도 가격을 계산하는 많은 함수가 존재한다. 표준경계 옵션, 이중경계옵션, 룩백경계 옵션이 그 중 일부다. 단일경계 옵션에는 네 가지 유형이 있다.

TypeFlag 파라미터가 cdi면 down-and-in 콜옵션을, cui면 up-and-in 콜옵션을, cdo면 down-and-out 콜옵션을, cuo면 up-and-out 콜옵션을 의미한다.

다음 명령은 StandardBarrierOption( ) 함수를 사용해 표준경계 옵션 가격을 계산하며, 이 함수에는 GeometricAverageRateOption( ) 함수의 파라미터에 경계값$^{barrier\ value}$과 리베이트값$^{rebate\ value}$[15]이라는 두 개의 파라미터를 추가로 설정한다.

첫 번째 파라미터가 옵션 유형이므로, 다음 명령은 가격하락시무효 콜옵션이다.

```
> StandardBarrierOption(TypeFlag = "cdo",
+                       S = 100,
+                       X = 90,
+                       H = 95,
+                       K = 3,
+                       Time = 0.5,
+                       r = 0.08,
+                       b = 0.04,
+                       sigma = 0.25)@price
[1] 9.024584
```

---

[15] 녹아웃의 경우 무효화 되면 일종의 위로금같이 미리 약정한 환불금을 지급받도록 하는 경우도 있는 데 이를 리베이트(보상수익)가 있는 녹아웃 옵션(knock-out with rebate option)이라 한다.

위 명령에서 H = 95는 경계값이고, K = 3은 리베이트값이다. 이중경계 옵션에는 하한(L)과 상한(U) 경계의 곡률과 함께 하한(L)과 상한(U) 경계가 필요하다. 즉, delta1과 delta2가 필요하며, 4가지 유형의 옵션이 있다.

TypeFlag 파라미터가 co면 up-and-out-down-and-out 콜옵션을, ci면 up-and-in-down-and-in 콜옵션을, po면 up-and-out-down-and-out 풋옵션을, pi면 up-and-in-down-and-in 풋옵션을 의미한다. 이를 표로 정리하면 다음과 같다.

TypeFlag	옵션 종류	설명
co	up-and-out-down-and-out call (이중 낙아웃 콜옵션)	상단과 하단 경계 어느 한 쪽이라도 지나가면 계약이 무효knock-out가 되는 콜옵션
ci	up-and-in-down-and-in call (이중 낙인 콜옵션)	상단과 하단 경계 어느 한 쪽이라도 지나가야 계약이 유효knock-in가 되는 콜옵션
po	up-and-out-down-and-out put (이중 낙아웃 풋옵션)	상단과 하단 경계 어느 한 쪽이라도 지나가면 계약이 무효knock-out가 되는 풋옵션
pi	up-and-In-down-and-in put (이중 낙인 풋옵션)	상단과 하단 경계 어느 한 쪽이라도 지나가야 계약이 유효knock-in가 되는 풋옵션

표 9.2 이중경계옵션의 종류

다음 명령에서는 이중경계옵션 가격을 계산하기 위해 다른 파라미터와 함께 TypeFlag 파라미터를 co로 설정했다.

```
> DoubleBarrierOption(TypeFlag = "co",
+                     S = 100,
+                     X = 100,
+                     L = 50,
+                     U = 150,
+                     Time = 0.25,
+                     r = 0.10,
+                     b = 0.10,
+                     sigma = 0.15,
+                     delta1 = -0.1,
+                     delta2 = 0.1)@pricc
[1] 4.351415
```

이처럼 기초자산의 가격변동 폭에 두 개의 제한를 두는 옵션이 이중경계 옵션이다. 옵션 투자자가 원하는 수익payoff을 얻기 위해서는 낙인 옵션의 경우 가격이 제한폭에 이르러야 하고, 반대로 낙아웃 옵션은 가격이 제한폭을 넘지 않아야 한다. 즉 낙아웃 옵션은 기초자산의 가격이 가격의 제한폭에 한번이라도 이르는 경우 옵션이 소멸되는 반면, 낙인 옵션의 경우 기초자산의 가격이 가격의 제한폭에 이르러야 효력(옵션에 대한 권리)이 발생한다.

룩백 경계는 또 다른 형태의 경계옵션으로 TypeFlag 파라미터에는 cuo(up-and-out) 콜옵션, cui(up-and-in) 콜옵션, pdo(down-and-out) 풋옵션, pdi(down-and-in) 풋옵션과 같이 4가지를 설정할 수 있다. 옵션의 경계 모니터링 기간은 0 시간에서 시작하여 만료 전 임의의 날짜에 종료된다. 경계가 이 기간 동안 시작되지 않으면 경계 테너 끝에서 고정 권리행사 룩백 옵션이 시작된다.

룩백 옵션은 옵션 만기일까지의 기초자산 가격 중 옵션 매입자에게 가장 유리한 가격으로 행사가격이 결정된다. 룩백콜 옵션의 경우는 만기까지의 최저가격이, 룩백풋 옵션은 최고가격이 행사가격이 된다. 룩백 옵션의 행사가격은 미리 정해져 있지 않고 해당기간 최소치나 최대치는 만기시점이 돼야 알 수 있다. 즉 룩백콜 옵션은 해당기간 내 최소치에 기초자산을 매수할 수 있는 권리이며 룩백풋 옵션은 해당기간 내 최고치에 기초자산을 매도할 수 있는 권리다.

다음 코드는 룩백 경계 중 cuo 옵션 가격을 계산한다.

```
> LookBarrierOption(TypeFlag = "cuo",
+                   S = 100,
+                   X = 100,
+                   H = 130,
+                   time1 = 0.25,
+                   Time2 = 1,
+                   r = 0.1,
+                   b = 0.1,
+                   sigma = 0.15)@price
[1] 17.05969
```

경계 옵션은 디지털 옵션digital options16이라고도 하는 이색옵션의 또 다른 종류다. 표준 유럽식 옵션과는 달리 바이너리 옵션에 대한 지불금payout은 돈이 얼마인지에 달려 있지 않고 돈이 있는지 여부에 달려 있다. 옵션의 수익은 옵션의 시작 시점에서 고정되며 만기일의 기초자산 가격을 기준으로 한다. 바이너리 옵션에는 갭Gap, Cash or Nothing, Two Asset Cash or Nothing이 있다. 갭 옵션에 대한 보수는 일반 옵션plain option의 일반적인 요인에 따라 다르지만 긍정적 또는 부정적일 수 있는 행사 가격의 갭에 영향을 받는다. 다음 명령은 바이너리 옵션 중 하나인 갭 옵션을 계산한다. GapOption( ) 함수를 사용하는 옵션 가격과 이 함수의 X1과 X2 파라미터는 갭 옵션을 생성하는 두 개의 행사 가격이며 다른 모든 파라미터는 앞서 살펴본 바와 같다.

```
> GapOption(TypeFlag = "c",
+           S = 50,
+           X1 = 50,
+           X2 = 57,
+           Time = 0.5,
+           r = 0.09,
+           b = 0.09,
+           sigma = 0.20)
```

CashOrNothingOption( ) 함수는 Cash or Nothing 옵션의 가격을 계산하며, Cash or nothing 콜옵션(풋옵션)은 만기 시점에 기초자산의 가격이 행사가격을 초과할(미달할) 경우에 미리 정해진 금액을 지불하는 옵션이다. 이 옵션의 가격은 경로 독립적이다. 이 옵션은 행사가격을 지불할 필요가 없다. 행사가격은 옵션이 보수를 반환하는지 여부를 결정한다. Cash or Nothing 콜(풋) 옵션의 값은 고정 현금 지불의 현재 가치에 최종 가격이 행사 가격보다 클(낮을) 확률을 곱한 값이다. 다음 코드에서 S는 주가, X는 행사 가격, K는 옵션으로 만기가 되면 만기에 지불할 현금 액이다.

---

16 디지털 옵션은 바이너리 옵션이라고도 하며 기초자산 가격이 옵션계약 당사자간에 정한 수준이 되면 미리 정해진 이익을 얻고, 기초자산 가격이 미리 정해진 가격 이상으로 상승하더라도 정해진 수준 이상의 이익을 얻을 수 없는 옵션 거래 유형이다. 반면, 기초자산 가격이 설정된 가격 이하일 경우에는 이익이 상실된다. 디지털이 0 아니면 1인 것처럼 투자자는 이익의 전부 또는 전무 중 하나만 선택할 수 있다는 의미에서 디지털옵션이라 한다.

```
> CashOrNothingOption(TypeFlag = "p",
+                     S = 100,
+                     X = 80,
+                     K = 10,
+                     Time = 9/12,
+                     r = 0.06,
+                     b = 0,
+                     sigma = 0.35)
```

Two Asset Cash or Nothing 옵션도 보다 복잡한 이색 옵션을 구성하기 위한 방법으로 Two Asset Cash or Nothing 옵션에는 네 가지 유형이 있다. 처음 두 개의 상황은 만기 시 첫 번째 자산의 가격이 첫 번째 자산의 행사 가격보다 높거나(낮거나), 두 번째 자산 가격이 두 번째 자산의 행사 가격보다 높을(낮을) 경우 고정 현금 금액을 지불한다. 다른 두 가지 상황은 다음과 같은 조건에서 발생한다. Two Asset Cash or Nothing 다운업[down-up]은 첫 번째 자산의 가격이 첫 번째 자산의 행사 가격보다 낮고(높고), 두 번째 자산의 가격이 만기 시 두 번째 자신의 행사 가격보다 높을 때(낮을 때) 고정된 현금을 지불한다.

다음 함수는 Two Asset Cash or Nothing 옵션 가격 계산 작업을 수행한다.

```
> TwoAssetCashOrNothingOption(TypeFlag = "c",
+                             S1 = 100,
+                             S2 = 100,
+                             X1 = 110,
+                             X2 = 90,
+                             K = 10,
+                             Time = 0.5,
+                             r = 0.10,
+                             b1 = 0.05,
+                             b2 = 0.06,
+                             sigma1 = 0.20,
+                             sigma2 = 0.25,
+                             rho = 0.5)@price
[1] 2.49875
```

여기서 파라미터의 의미는 다음과 같다.

- TypeFlag: 옵션 유형(c: 콜, p: 풋)
- S1, S2: 두 자산의 주가
- X1, X2: 두 행사가격
- K: 만기 시 지불해야 하는 현금액
- Time: 만기까지의 잔존기간
- r: 무위험 이자율
- b1, b2: 두 자산의 보유비용
- sigma1, sigma2: 두 자산의 변동성
- rho: 두 자산의 상관관계

다른 모든 유형의 변형 옵션에 대한 자세한 내용과 변형 옵션에 대한 자세한 내용은 웹에서 다운로드할 수 있는 fExoticOptions 이름의 PDF 파일을 참조해야 한다.

❚ 질문

1. 옵션, 채권, 이색옵션 가격결정에 사용하는 패키지들은 무엇인가?
2. BS[Black-Scholes]와 CRR[Cox-Ross-Rubinstein] 방식을 사용해 옵션 가격을 계산하는 데 사용하는 함수는 무엇인가?
3. CRR 가격은 어떻게 이항 가격에 수렴하며, 그릭스를 계산하기 위해 어떤 명령을 사용하는가?
4. 내재 변동성을 계산하는 명령을 작성하시오.
5. 채권 가격결정 함수에 사용될 형태로 cashflow와 maturity 행렬을 준비하는 방법은 무엇이며, 채권 가격결정에 사용되는 함수는 무엇인가?
6. 신용 스프레드[credit spread]와 신용파산스왑[CDS]에 사용되는 함수는 무엇인가?

7. 아시안 옵션 유형, 경계옵션 유형, 디지털 옵션 유형은 무엇인가?

8. 질문 7의 옵션에 대해 사용할 함수는 무엇인가?

▌ 요약

9장에서는 R의 구현의 관점에서 파생상품 가격결정에 대해 알아봤으며, 가격옵션, 채권, 신용 스프레드, 신용파산스왑, 금리 파생상품에 대해 foptions, termstrc, CreditMetrics, credule, GUIDE, fExoticOptions와 같은 다양한 패키지와 서로 다른 유형의 이색 옵션을 살펴봤다. 파생상품 가격결정은 파생상품 트레이딩에서 매우 중요하며 반드시 알아야할 주제다.

또한 그릭스와 옵션에 대한 내재 변동성과 더불어 BS와 CRR 방법을 살펴봤다. 또한 채권 가격과 수익률 곡선도 살펴봤다. 그리고 신용 스프레드, 신용파산스왑, 금리 파생상품의 가격결정 방법을 설명하는 함수에 대해서도 알아봤다. 마지막 부분에서는 다양한 유형의 이색 옵션을 다뤘다. 그리고 관련 패키지에서 제공하는 데이터를 사용하고 함수를 구현했다.

| 찾아보기 |

에이콘출판의 기틀을 마련하신 故 정완재 선생님 (1935-2004)

R고 하는 금융 분석

핵심 금융 이론부터 고급 분석 기법까지 R로 이해하기

발 행 | 2018년 1월 2일

지은이 | 파람 지트 · 파라샨트 바츠
옮긴이 | 홍영표 · 오승훈

펴낸이 | 권 성 준
편집장 | 황 영 주
편 집 | 이 지 은
디자인 | 박 주 란

에이콘출판주식회사
서울특별시 양천구 국회대로 287 (목동)
전화 02-2653-7600, 팩스 02-2653-0433
www.acornpub.co.kr / editor@acornpub.co.kr

한국어판 ⓒ 에이콘출판주식회사, 2018, Printed in Korea.
ISBN 979-11-6175-084-2
ISBN 978-89-6077-210-6 (세트)
http://www.acornpub.co.kr/book/quantitative-finance-r

이 도서의 국립중앙도서관 출판시도서목록(CIP)은 서지정보유통지원시스템 홈페이지(http://seoji.nl.go.kr)와
국가자료공동목록시스템(http://www.nl.go.kr/kolisnet)에서 이용하실 수 있습니다.(CIP제어번호: CIP2017031031)

책값은 뒤표지에 있습니다.